# NEUE KONZEPTE der Klinischen Psychologie und Psychotherapie

Herausgegeben von

E. BIEHL, E. JAEGGI, W.R. MINSEL,
R. v. QUEKELBERGHE, D. TSCHEULIN

dgvt

GwG

Erscheint in der Sonderreihe:

**Klinische Psychologie und Psychotherapie**
herausgegeben von Steffen Fliegel und Bernd Röhrle

In dieser Reihe erscheinen ferner:

**Gemeindepsychologische Perspektiven der Klinischen Psychologie und Psychotherapie, Band 1 – 3**
(Hrsg.: Belschner, Cramer, Ernst, Fliegel, Giese, Gottwald, Kaiser, Köppelmann, Kommer, Röhrle, Rudeck, Scholten, Sommer)
ISBN 3-922686-59-1 (Bd. 1), 3-922686-60-5 (Bd. 2), 3-922686-61-3 (Bd. 3)

**Anwendungsfelder der Klinischen Psychologie und Psychotherapie in verschiedenen Lebensaltern:** Kinder- und Jugendlichenpsychotherapie; Familientherapie; gemeindepsychologische Perspektiven der Situation älterer Menschen
(Hrsg.: Junkers, Petermann, Rönnecke, Schmidtchen)
ISBN 3-922686-57-5

**Herausforderung und Grenzen der Klinischen Psychologie:** Schizophrenie – Ansätze stationärer psychiatrischer Behandlung; Delinquenz und psychologische Intervention; psychosoziale Aspekte bei der Betreuung unheilbar Kranker/Sterbender; Ergebnisse, Methoden, Probleme und Verbesserungsmöglichkeiten der Versorgung suizidaler Patienten; psychosomatische Störungen
(Hrsg.: Fiedler, Franke, Howe, Kury, Möller)
ISBN 3-922686-56-7

**Diagnostik und Praxiskontrolle in der Klinischen Psychologie**
(Hrsg.: Bommert, Petermann)
ISBN 3-922686-55-9

**IMPRESSUM:**

ISBN 3-922686-58-3

Gesamtherstellung: Steinbauer & Rau, 8000 München 2
Printed in Germany, 1. Auflage 1982

Deutsche Gesellschaft für Verhaltenstherapie (DGVT)
Gesellschaft für wissenschaftliche Gesprächspsychotherapie (GwG)

**Zu beziehen durch:**
DGVT, Postfach 1343, 7400 Tübingen
GwG, Richard-Wagner-Str. 12, 5000 Köln 1
und den Buchhandel

## Zu diesem Band:

Es ist schwierig, Themen einer so breit angelegten wissenschaftlichen Tagung, wie die des 2. Kongresses für Klinische Psychologie und Psychotherapie – „Gemeindepsychologische Perspektiven" – zu einer gedanklich homogenen Gestalt zu verhelfen. Wir hoffen, daß die Zusammenstellung der verschiedenen Beiträge in den Bänden ein wenig dieser Vorstellung nahekommt. Sicherlich werden verschiedene einleitende Bemerkungen der Herausgeber der einzelnen Themenblöcke ihren Teil dazu beitragen, die gedanklichen Linien der einzelnen Bände deutlicher als bislang herauszustellen.

Wir wünschen uns sehr, daß beim Lesen der Beiträge die gedanklichen Leitlinien und Auseinandersetzungen des Kongresses bemerkt werden. Wir hoffen sehr, daß nicht nur Fortschritte bei der Bearbeitung und Darstellung recht vielfältiger klinisch-psychologischer Themenstellungen ihren Beifall finden, sondern daß auch bestimmte Formen der Tradition ihre Würdigung erhalten. So ist uns insbesondere auch wie schon früher daran gelegen, gerade ersten gedanklichen Zugängen zu verschiedenen Problemstellungen eine Chance zu geben, in der Öffentlichkeit diskutiert zu werden, auch wenn sie noch kein ausgereiftes Stadium erreicht haben oder kein perfekter Forschungsapparat dahintersteht.

Vor allem aber soll deutlich werden, daß früher begonnene Problembearbeitungen, wie etwa die Beantwortung der Fragen zur Integration der verschiedenen Psychotherapieformen, die Suche nach theoretischen Positionen in der Klinischen Psychologie und nach phänomenangemesseneren methodischen Zugangsweisen und das Aufzeigen von sozialpolitischen und institutionellen Barrieren und Erfordernissen verschiedener Formen Helfens und Handelns in diesen Bänden weitertradiert werden.

Verknüpft aber ist dieses Ziel mit der großen Erwartung, daß das Schwerpunktthema des Kongresses „Gemeindepsychologische Perspektiven" eine konzeptuell, politisch und auch praktisch orientierte, noch weitergehende Sichtweise von der Entstehung und Behandlung individueller und sozialer Probleme möglich macht. So mag der Weg geöffnet werden für engagierte Herangehensweisen an Problemstellungen, wie sie sich dem Praktiker im Alltag stellen und wie sie von Wissenschaftlern der Klinischen Psychologie in der Bundesrepublik Deutschland doch weitgehend unbehandelt bleiben. Damit verbunden bleibt abzuwarten, ob diese Bände etwas zur Diskussion um den Sinn und Unsinn kurativen Handelns beitragen und ob auch erkannt wird, daß eine gemeindepsychologische Perspektive keine einfache Erweiterung der Aufgabenstellungen von Praktikern und Wissenschaftlern, sondern vor allem eine Form von Haltung der Professionellen gegenüber den Betroffenen und möglichen bestehenden Problemzusammenhängen darstellt.

Im vorliegenden Band geht es um die Weiterentwicklung psychotherapeutischer Konzeptionen. Ob es sich bei diesen Fortentwicklungen um den Ausdruck einer „Krise" der Psychotherapie handelt, ob wirklich neue, z.T. umwälzende Neuerungen vorgebracht werden, ist nicht leicht zu beurteilen. Ein unseres Erachtens sehr wichtiger Weg wurde von jenen beschritten, die mit einem neuen Wissenschaftsverständnis und einer neuen Weltsicht (phänomenologisch oder sprachphilosophisch geprägt) eine neue, noch enttechnisiertere Form der Begegnung zwischen Klienten und Therapeuten suchen. Sie tragen unseres Erachtens wesentlich dazu bei, menschliches Leid und die Auseinandersetzung des Therapeuten damit phänomennah zu begreifen. Sie wollen den Weg zu noch Ungedachtem öffnen. Abwartende Haltungen und die Suche nach der Qualität menschlichen Zusammenlebens (auch zwischen Therapeuten und Klienten) sollen Kraft geben, um sozialpolitisch und erkenntnismäßig bedingte Krisen der Psychotherapie und der psychosozialen Versorgung überwinden zu können.

Andere wiederum tradieren begonnene Suchrichtungen, indem sie kognitiven und insbesondere handlungstheoretischen Konzepten zur weiteren Reputation verhelfen wollen. Sie zeigen Möglichkeiten auf, mit Hilfe entsprechender Begrifflichkeiten Gegenstände zu fassen, die ursprünglich nur im Sprachgebrauch der Psychoanalyse waren. Unterscheiden kann man hierbei Zugänge, die von einem eher umfassenden Menschenbild ausgehen (z.B. historisch-materialistisch oder humanistisch geprägtes), von solchen, die in allgewohnter Manier aus anderen Gebieten der Psychologie (insbesondere der Allgemein- und Sozialpsychologie) Konzepte für klinisch-psychologische Fragestellungen fruchtbar machen wollen. Einige hängen noch etwas in der Entwicklung nach und gliedern sich der „Gemeinde" an, die inzwischen glaubt, das behavioristische Paradigma gestürzt zu haben.

Auch bei der Suche einer mehr auf den einzelnen Menschen ausgerichteten sogenannten differentiellen Gesprächspsychotherapie deuten sich Spannungsverhältnisse an, die zwischen dem manipulativ-technischen Pol und dem mehr verstehend-akzeptierenden Pol liegen.
Die Fortsetzung eines Forschungsprogramms der Differenzierung von psychotherapeutischen Konzepten scheint zumindest nicht unbeschwert fortgeführt werden zu können.

Alle, die mit Aus- und Weiterbildung beschäftigt sind (Ausbilder, Auszubildende und Studienreformer), werden in diesem Band wertvolle Hinweise und Erfahrungen für eine praxisgerechtere Konzeption finden. Im Rahmen der Verhaltenstherapieausbildung werden Selbsterfahrungsprozesse ein wichtiger, neuer Bestandteil. Die Vermittlung von Techniken und Wissen ist nurmehr ein Teil und in manchen Fällen zumindest in quantitativer Hinsicht ein unwesentlicher Teil der Aus- und Weiterbildung geworden.

Dieser Band verdankt wie auch die anderen Bände der Sonderreihe sein Entstehen dem Bemühen einer Vielzahl von Kolleginnen und Kollegen, die schon an der Verwirklichung des 2. Kongresses für Klinische Psychologie und Psychotherapie beteiligt waren. Die Ergebnisse dieses Kongresses liegen den Inhalten der Sonderreihe zugrunde.
Wir danken recht herzlich allen Moderatoren, Planern, Organisatoren und Herausgebern für ihre zuverlässige und auf Kooperation bedachte Mitarbeit; nicht zuletzt gilt unser Dank der Firma Steinbauer & Rau in München für die gute Zusammenarbeit bei der Drucklegung der Bände.

*Steffen Fliegel*
*Bernd Röhrle*

# INHALTSÜBERSICHT

# Theoretische Entwicklungen

Herausgeber:

Eva Jaeggi
Institut für Psychologie, Technische Universität Berlin
Dovestraße 1-5, 1000 Berlin 10

Renaud van Quekelberghe
EWH Rheinland-Pfalz, Abt. Landau
Arbeitsgruppe Klinische Psychologie
Industriestraße 15, 6740 Landau

## Vorwort

Es ist unmöglich, die Sektion „Theoretische Entwicklungen" so einzuleiten, daß sich etwa eine ganz spezifische Leitlinie der Diskussion über die Theorie der Psychotherapie aufweisen ließe. Die hier vorgestellten Beiträge zeigen zwar kein einheitliches Grundmuster, doch sind sie sicher „typisch" für den derzeitigen Diskussionsstand.

So finden wir sehr viele Überlegungen und Untersuchungen zu den kognitiven Anteilen des psychotherapeutischen Prozesses. Van Quekelberghe unternimmt dabei den Versuch, das Konzept der unbewußten Kognitionen – auf handlungstheoretischer Grundlage – zu integrieren und streift damit natürlich auch das Problem des Handlungsmotivs. Empirische Arbeiten etwa über veränderte Attribuierungsgewohnheiten als Erfolgskriterium der Psychotherapie (Hinsch & Pfingsten) oder die Veränderung der semantischen Distanz zwischen emotional hoch geladenen Begriffen während einer Psychotherapie (Geuss, Howe & Schmelz) zeigen die vorherrschenden Überlegungen an.

Ganz anderes finden wir bei einigen Hamburger Psychologen, die – angeregt von Alice Miller – den Versuch machen, weg vom formalen Entwicklungskonzept der GT zu einem inhaltlich bestimmten zu gelangen. Hier spielen prinzipielle Überlegungen zum Menschenbild des Psychotherapeuten eine wichtige Rolle.

In den Referaten von A. Sichel und P. Gottwald wird dieser Aspekt in noch viel grundsätzlicherer Weise aufgegriffen. Der Mensch im Spannungsfeld von technischer Alltagsrationalität und Sinnsuche ist das beherrschende Thema, von dem aus eine Einschätzung der Möglichkeiten und Begrenzungen von Psychotherapie versucht wird.

Theoretische Überlegungen zur Psychotherapie scheinen nur mehr vage schulengebunden. Eine Erweiterung der Themen und Konzepte ist in jeder der traditionellen psychologischen Therapieformen zu erkennen. Wir haben dies mit Interesse zur Kenntnis genommen. Mit besonderer Freude aber erfüllte es uns, daß Psychotherapeuten nun – frei von allzu starrem akademischen Zwang – wieder grundsätzlichere und philosophische Überlegungen zum Wesen des Menschen anstellen.

# Phänomenologie und Psychotherapie

*Adelmo Sichel*

Die Beziehung zwischen Phänomenologie und Psychotherapie erscheint problematisch. Der Schritt von einer phänomenologisch orientierten Forschung zur Grundlegung einer therapeutischen Technik zur Anwendung im Bereich der Psychiatrie erscheint auf den ersten Blick unverwirklichbar.

Die von der modernen Wissenschaft abgeleitete Technik konstituiert sich als Handlung des Menschen, der die Natur zwingt, ihre Energien in den Dienst eines Gebrauchs zu stellen, der sich in der Herstellung von Werkzeugen realisiert. Die Herstellung von Instrumenten vollzieht sich durch eine technologische Aktivität, die zur Konstruktion von immer vollkommeneren, entwickelteren Anlagen führt bis zu den „Geschöpfen", die den Weltraum erobern.

Aber technische Werkzeuge sind auch die Konzepte, mit denen der Intellekt analysiert, die Bedeutungen (Energien) der die Gegenstände, die sich ihm darbieten, erforscht und sich zunutze macht. Am Horizont dieser Objektivität, die durch die produktive Aktivität des wissenschaftlichen Denkens vorbereitet ist, präsentiert sich notwendig auch der Mensch.

Aber da die phänomenologische Forschungsmethode den Charakter der Sicherheit erschüttert, den die Wissenschaft den Ergebnissen ihrer Arbeit verleihen müßte, ergibt sich, daß der Verlust der Möglichkeit, der Technik die Fähigkeit anzuerkennen, gültigen Instrumenten Raum zu geben, mit denen die Beziehung zu den Menschen und der Welt expliziert werden könnte, stellt sich statt dessen die Notwendigkeit, daß das Konzept der Technik selbst neu betrachtet werden muß in Hinblick auf ihren möglichen Gebrauch in einer Weltsicht, die beeinflußt ist von der phänomenologischen Betrachtungsweise.

Die Einstellung der Wissenschaft in ihrer Entwicklung durch das wesentliche Denken ist die, der Vernunft die Möglichkeiten zu verleihen, durch welche ihre Macht in der Welt die Rationalität entfalten kann.

Eine ursprüngliche Nichtexistenz der Welt der Dinge wird zum Leben erweckt durch die Aktivität des denkenden Subjekts. Die Wissenschaft erarbeitet die Schöpfung einer Welt von Wesenheiten aus dem Nichts, indem sie die Präsentation der Realität in ihrer Wahrheit antizipiert, und indem sie aus der Nichtform die vorgesehene und von der Theorie nur konstruierte Form hervorgehen läßt. Die ganze Welt der Dinge ist so das Werk eines wissenschaftlichen Subjekts, welches, nachdem es zuvor schon die Präkonstitution der Welt erarbeitet hat (begrenzt auf die Möglichkeiten der Vernunft), dieses hervorruft (es zu sich ruft) und davon jenen Teil in Existenz treten läßt, den die Vernunft mit dem Wort definieren, mit dem Intellekt begreifen und in mathematischen Gesetzen formulieren kann. Aber das, was zurückbleibt, innerhalb der Dinge, hinter ihnen, in der Welt *nach* dieser extraktiven Handlung, fährt fort, eine potentielle Gelegenheit zu sein, die sich aufrechterhält und dazu neigt, das Verborgene ans Freie zu führen. Die Dinge hören nicht auf, in sich zu sein, nachdem sie von der Vernunft in Beschlag genommen und in die von der Theorie aufbereitete Welt hereingenommen worden sind, sondern fahren fort, sich auszudrücken, indem sie sich im Erlebnis enthüllen.

Die therapeutischen Techniken der Psychiatrie berücksichtigen nur wenig, daß die physische und psychische Objektivität des Menschen nicht vollständig das Wesen des Menschen ausmacht, sondern eine begrenzte Form seiner Möglichkeiten repräsentiert, zu erscheinen, aufzutauchen in der Totalität von all seinen Komponenten.

Schon in der dem Körper zugeschriebenen Objektivität beginnt das Problem, komplex und verwickelt zu sein. All die beschriebenen Operationen, alle Untersuchungen über das Funktionieren, alle möglichen Beobachtungen über die physiologischen Aktivitäten, die man am menschlichen Körper ausüben kann, lassen die Substanz intakt, aufgrund derer der Körper im Existieren verantwortlich ist für seine Erscheinung, unabhängig von der ausgeübten Vor-Berufung [pro-vocazione] an ihnen durch den Akt der Forschung

Die Bedingung des Erscheinens als einfaches Angebot an die wissenschaftlichen Aktivitäten seitens des menschlichen Körpers ist eine konstruierte Anmaßung des Intellekts, der ihn erwartet, um sich disponibel zu machen, um in die vorbereiteten Schemata aufgenommen zu werden.

Schon im Existieren vollzieht der Körper einen Akt, der über die einfache Tatsache des Gegenwärtigseins hinausgeht. Aus der körperlichen Realität entweicht eine körperliche Subjektivität, die sich in der Umwelt und in der Welt ausbreitet, treu dem Prinzip des Ausdrucks, der sich realisiert, indem das Unaussprechliche und das Geheimnisvolle aufrechterhalten wird. Mit anderen Worten: Der Körper des Menschen selbst ist nicht das, was man messen und interpretieren kann in konventionellen mathematischen Größen, sondern der Körper ist etwas, was bei seinem Erscheinen Verwunderung, Attraktion, Faszination oder Ärger, Ablehnung, Widerwillen auslöst. Noch bevor er mit den Mitteln seiner Stimme oder seiner Bewegungen das ausdrückt, was die Kultur, die Vorbereitung, die Fähigkeiten ihm erlauben, hat der Körper von sich zu erzählen in einem kontinuierlichen Ausdruck seiner selbst, und trägt kontinuierlich einen Sinn in die Welt, der über die ihm zugeordneten Bedeutungen hinausgeht. Der Sinn, lebend in einen Raum einzutreten.

Die psychiatrische Wissenschaft arbeitet, indem sie sich bemüht, auch die menschliche Psyche objektiv erscheinen zu lassen, indem sie darauf zurückbezogen wird, ihre Sinngehalte zu erhalten durch ein wissenschaftliches Vorgehen, was als Psychologie definiert ist.

Noch stärker, als es für den Körper gesagt worden ist, oder vielleicht von anderer Wichtigkeit, vielleicht weil sie für die Wirkungen, die die Psyche um sich in der Welt verbreitet, stärker verantwortlich ist, bewahrt sich auch die Psyche vor und nach jedem gelungenen Versuch, innerhalb von Erklärungen und Definitionen zu reduzieren, eine Unerreichbarkeit, die sich nicht konstituiert als ein Sich-Entziehen, sondern die sich fortwährend entfaltet, um die Existenz über die Nichtexistenz zu bestätigen und zu realisieren. Der Übergang von der Nichtexistenz zur Existenz ist nicht das Werk oder der Verdienst eines intelligenten, rationalen Wesens, das sich die Welt erschafft, sondern der Schritt von der Nichtexistenz zur Existenz manifestiert sich wie ein Akt der Natur selbst. Die Technik selbst ist zu betrachten als eine Handlung, die Instrumente hervorbringt, die die Welt gestalten in Richtung auf Vorstellungen und Ähnlichkeit mit der Theorie, oder als ein Sich-Vorbereiten zum Helfen, auf das Begleiten und auch zum Begünstigen, zum Helfen darin, daß sich die Begegnung zwischen dem Menschen und seiner Welt natürlich enthüllt und sich darstellt als freundschaftliche Begegnung, indem der Übergang vom Präsent-Sein als Faktum zur Existenz als Handlung erleichtert wird.

Wenn wir die gebräuchlichen psychotherapeutischen Techniken betrachten, sehen wir, daß sie generell auf dem Konzept des Herstellens basieren: Die psychoanalytische Technik z.B. vollzieht sich, indem sie eine Reihe von Konzepten und Prinzipien akkumuliert, die sie konstruiert, indem sie diese aus dem Steinbruch der Psyche in ihren bewußten oder unbewußten Momenten (oder Orten) extrahiert.

Dieses Material, das aus der Analyse der Symptome gewonnen wird, elaboriert wird durch die Interpretationen, herausgeschält und begrenzt wird in Vorstellungen, die unverändert und für immer wiedererkennbar aufgestellt werden; dieses Material wird in den Schatz des Wissens transferiert, über das man entsprechend den eigenen Plänen verfügt. Bevor er von einer technischen Intervention profitiert, wird der Mensch dazu aufgefordert, sich der Technik zur Verfügung zu stellen, um sich der Beraubung seiner Objektivität zu unterwerfen. Im Laufe dieser Intervention wird die Entscheidung darüber getroffen, was ausgedrückt [portare fuori] werden muß sowie über die Modalitäten, die angewendet werden müssen. In der Erforschung der Daten (heuristische Phase), während der Interpretation (hermeneutische Phase), während der Anpassung an die Welt der Realität (therapeutische Phase), behandelt die Psychoanalyse das, was gesammelt wird, ausgedrückt und geordnet wird in einem System, wie etwas Selbständiges. Dies alles, auf dessen Ausdruck durch den Kranken gedrängt wird, wird angehalten in seinem Ablauf, in der Theorie akkumuliert, und es wird darauf gedrängt, sich hervorzurufen (produzieren) in einem anderen, der dafür der Grund, d.h. verantwortlich ist.

Die technische „Produktion" ist eine Operation des Menschen, welche eine Intervention betrifft, die der Anlage der Natur helfen soll in der Aktualisierung ihrer Enthüllung, und zielt daher nicht darauf, die Natur zu zwingen, ihre Energien freizugeben, um sich zu versklaven.
Die psychotherapeutische Intervention bedeutet nicht, die Gesundheit mit technischen Mitteln in eine verwirrte oder erschütterte Lage zu überführen, die sich eine Rettung erwartet, sondern bedeutet, die Bedingungen vorzubereiten, damit sich der Plan von Gesundheit realisiert, die jedem menschlichen Wesen innewohnt.

In diesem Sinne ist es möglich zu beginnen, an eine Psychotherapie zu denken als eine Technik, die sich eingliedert in die phänomenologische Art und Weise, die Realität aufzunehmen und arbeitend in sie einzutreten. Die Technik, an die wir nun zu denken beginnen können, konstituiert sich durch das Fragen, das auf definitive Antworten verzichtet, sondern sich in der Einfachheit des Sagens aufrechterhält. Damit dies möglich ist, ist es notwendig, auf den Gebrauch vorbereiteter Antworten zu verzichten, sondern sich statt dessen darum zu bemühen, die Frage bezüglich dessen, was sich von Mal zu Mal manifestiert, offen zu halten.

Die Wege des Vorgehens mit dem anderen ändern sich kontinuierlich entsprechend den Momenten, in denen man sich gemeinsam auf den Weg begibt, entsprechend der Länge und der Schwierigkeit des Vorgehens, entsprechend der Weite des Plans, der sich während des Vorgehens entwickelt, indem er sich öffnet in Richtung auf das, was eine weitere Verfolgung, Vertiefung verdient.

Um besser zu verstehen, was hier intendiert wird, ist ein Vergleich der gebräuchlichen und verbreiteten Techniken angebracht. Wenn ein psychotherapeutischer Akt so angelegt wird, in einer definierten Situation mit einer Diagnose zu intervenieren, setzt er eine von einer Technik vordefinierte Aktivität in Gang; der Träger der symptomatologischen Manifestation ist aufgefordert, den Anforderungen des technischen Instruments zu entsprechen, das interveniert. Zu dieser Beschränkung des therapeutischen Aktes trägt in großem Maße die Tatsache bei, daß sowohl Therapeut wie Patient berufen [pro-vocati] sind von der Forderung nach Heilung; wenn der Therapeut dem Klienten die Heilung zuweist, dann deshalb, weil auch er beauftragt und provoziert ist. Dies zwingt den kranken Menschen dazu, sich auf eine Funktion zu beschränken, die sich auf das Kalkül der Technik bezieht, und betrachtet zu werden wie eine Sache, die in Ausübung der Technik angewandt wird, innerhalb derer sich auch die Intervention des Therapeuten vollziehen muß.

Die Technik verliert ihre Bedeutung als Mittel, um die des Zwecks zu erhalten; nicht Mittel zur Begünstigung durch die Teilnahme an der natürlichen Entwicklung des existierenden Subjekts, sondern Zweck, der darin besteht, den anderen in Besitz zu nehmen als gegenwärtiges Objekt.

Beim phänomenologischen Vorgehen erhält die Technik ihre Funktion als Mittel zurück, die sich an die Natur richtet, die im Menschen die Natur des Menschen ist, indem sie die Charakteristik des Wächters im Prozeß der Enthüllung, der vom Gegenwärtigsein zur Existenz verläuft, einnimmt. Die so verstandene Technik stellt sich erneut vor als Eingliederung in die Praxis des Humanen, sie stellt sich erneut dar im Respekt vor dem Bestehenden, das sich definiert im Austausch seiner fortwährenden Enthüllung an die Welt.

Es mag erscheinen, daß diese Konzeption den Techniker jeder eigenen Funktion beraubt, es mag scheinen, daß dem Techniker nichts bleibt als seine Gegenwart und sein liebevolles Begreifen dessen, was der andere ausdrückt in der Art, sich darzustellen; es mag erscheinen, daß der Techniker in keiner Weise intervenieren dürfte, um die Freiheit des anderen in der Herstellung seiner Realisation zu respektieren. Schon dieses Verhalten stellt ein Positivum dar gegenüber dem Negativum der Techniken, die intervenieren, indem sie manipulieren und im Vergleich zu denen sie sich wie eine Verdammung darstellt. Aber das ist nicht alles. Die Position des Phänomenologen ist die desjenigen, der, indem er den anderen sich ausdrücken läßt, diesen gleichzeitig befragt mit dem, was er von sich ausdrückt. Damit konstituiert sich die Basis, auf der allein eine Psychotherapie anwendbar wird: die Begegnung.

Man fragt sich: der Mitarbeiter in der Psychiatrie, der zum Psychotherapeuten wird auf der Basis von Ausbildungsprozessen, die strikt an Erlernung von provokanten technischen Instrumenten und der völligen Aneignung seiner selbst, ist er ein Mensch? Wieviel hat er von seiner Totalität in der Ausbildungspraxis aufgegeben, die dazu geführt hat, daß er die Qualifikation und Qualität des Therapeuten erworben hat? Um wieviel hat er es aufgegeben zu fragen, was der Mensch ist, um sich zu engagieren, um den Anforderungen zu entsprechen, was ist seine Kenntnis des Menschen?

Wir fragen: Was bedeutet es, ein Psychotherapeut zu werden? Was bedeutet es, ein fertiger Psychotherapeut zu sein?

Diese beiden Fragen enthüllen zwei mögliche Bedingungen des (Hier-)Seins: die, zu Werden in einem Prozeß, und die, in einem Zustand zu verbleiben. Die beiden Dinge stellen sich nicht getrennt dar, es ist vielmehr angezeigt, die beiden Elemente des Widerspruchs zusammenzusetzen. Die Einheit, die daraus resultiert, ist die ständige Erlangung der Vervollkommnung seiner selbst; es ist die Erfahrung, sich ständig im Zustand der Überschreitung der vorhergehenden Stufen zu fühlen; sowie die Fähigkeit, in der Erfahrung der Begegnung den Widerspruch zwischen der Erfahrung des Voranschreitens und der Erfahrung der Fakten zu absorbieren.

Das, was man als wissenschaftliche Praxis in der Anwendung ihrer praktischen Realisierung definiert (Technik), wüßte ich nicht angemessener zu sehen denn als Erfahrung der Möglichkeiten in ihrer Entfaltung.

Ein Psychotherapeut ist ein solcher, wenn er sich selbst bemüht, in der Totalität seines Menschseins, teilzunehmen an den Entwicklungen einer Beziehung, von der aus er die Möglichkeiten des In-der-Welt-Seins-mit-dem-anderen auftauchen läßt, und nicht, wenn er der Begegnung die Charakteristika seines Wissens aufdrückt in der Vollkommenheit seines Technikerseins, gesichert nur in der Fähigkeit, seine Instrumente auf die Situation anzuwenden.

Wenn die wissenschaftliche Forschung die Pläne des Bewußtseins vorbereitet hat, um sich die Objektivität des anderen anzueignen, und die Technik, um ihn zu manipulieren, korrigieren, modifizieren, kontrollieren, hervorgebracht hat, wissen wir nicht mehr, ob das, was die Wissenschaft beobachtet, wirklich das ist, was zu beobachten ist, und wieviel unbeobachtbar bleibt, und auch, ob das, was man beobachtet, nichts anderes ist als das, was resultiert aus dem Zusammenstoß zwischen dem Instrument, das beobachtet (Gerät oder Konzept) und der Vermutung einer beobachtbaren Realität.

In dieser Ablösung der wissenschaftlichen Wahrheiten in den technologischen Realisierungen, ist die einzige Wahrheit, die bleibt, die Wahrheit der Technik, die sich selbst in jedem Schritt bestätigt, den sie geht, um ihre Kreationen zu erreichen.

In diesen Schöpfungen, die gezwungen sind, jede ihrer Bedeutungen zu exponieren (bezüglich der Diskussion, die uns betrifft, können wir sie im gesunden Menschen wie im Geisteskranken finden und in der Verschiedenheit, die aus den Schemata der Normalität hervorgeht), wird der tiefe Sinn des Prozesses der Enthüllung vergessen, für den kein Geschöpf sich hervorbringt, indem es sich als Wahrheit definiert, sondern nur, indem es sich zeigt, um in der Wahrheit aufgenommen zu werden.

Die Technik kann der Prozeß sein, der agierend innerhalb der ihr vom wissenschaftlichen Wissen unterworfenen Wahrheit Resultate schafft, indem sie (die Technik) die Energien nutzt, die in den Objekten enthalten sind, die sie manipuliert, oder aber die Annäherung an die Wahrheit, wobei die Unerreichbarkeit der Grenzen akzeptiert wird, wobei deren sich niemals erschöpfende Manifestation vorausgesetzt wird, und man glaubt fast in ihrer Brust zusammen mit anderen Manifestationen sein zu können; in diesem Sinne stellt sich die Technik dar als Verzicht auf das Kalkül, das dem Sich-Aneignen des anderen als Objekt vorangeht, um sich als denkende Aktivität darzustellen, die sich als Spur auf dem langen Weg darstellt, auf dem das Versteckte sich enthüllt, an diesem Prozeß der Enthüllung teilnimmt und aktiv mit verschiedenen Elementen hilft, um sich anders in einer freundlicheren Begreifbarkeit darzustellen.

Das technisch psychotherapeutische Thema, das als Linie die verschiedenen Übergänge, die „logische" Entwicklung einer Psychotherapie ausdrückt, existiert nicht; wenn es sich stellt, bewegt es sich auf Ebenen, auf denen die Erfahrung nicht mehr präsent ist. Das, was als psychotherapeutisches Thema manipuliert wird, ist die Theorie, zu deren Teilnahme die Person eingeladen, überzeugt, gezwungen wird.

Das psychotherapeutische Thema kann sich nur stellen innerhalb der generell existierenden Thematik, d.h. in der Erfahrung, wie sie in der Lebenssituation gesammelt wird. Angesichts der Lebenssituation, in der Ausdehnung ihrer vielschichtigen Möglichkeiten, schließt sich ein systematisches Vorgehen von selbst aus. Das, was bleibt, ist die Entwicklung von immer neuen Variationen innerhalb desselben Themas. Der Verzicht auf die Konstituierung einer psychotherapeutischen Technik, die sich eines Themas bemächtigt, das sich innerhalb eines kalkulierten Plans entwickelt, erlaubt es, das Thema der Existenz unverändert auf ihrem Hintergrund aufrechtzuerhalten.

Die Basis der psychotherapeutischen Konzeption darf nicht eine Forschung sein, die auf eine Antwort für alles besteht, sondern die fragende, sich ständig für das Thema der Existenz offen haltende Aufmerksamkeit.

Die Forschung und Explikation wird sich so ersetzen durch das Auftauchen ungezählter und veränderlicher Formulierungen über die Bedeutungen des Lebens, über die zu erreichenden Ziele, über die zu wählenden Wege und Verhaltensweisen.

Die Technik, die sich aus einer vordefinierten theoretischen Konzeption ableitet, die sich aus einem einzigen Denkansatz entwickelt, ist nicht ausreichend. Das menschliche Sein ist komplex, es fordert dazu auf, verschiedene und mehrfache Tendenzen zu verfolgen. In Anbetracht dessen ist das erste Arbeitsinstrument im psychotherapeutischen Feld die von der Sensibilität und der Intuition getragene Beobachtung.

Aus dieser Feststellung könnte das Mißverständnis erwachsen, daß es sich um eine Beobachtung handeln könnte, die, sich selbst überlassen, die Bildung einzelner Überzeugungen produziert, und der willkürliche Einstellungen und Verhaltensweisen entsprechen, aus denen sich improvisierte und rein subjektive Interventionen ergeben würden. Man könnte befürchten, daß jedermann im Handeln ohne vorausgesetzte und vorgefertigte Erkenntnisse und theoretische Konstruktionen im Vertrauen nur auf seine eigenen Eindrücke von Mal zu Mal seine Überzeugungen bildete, die ihn dazu außerhalb und weit entfernt von einer Vision der Welt führen würde, welche von irgendeiner Logik und in irgendeiner Form inhaltlich geprägt wäre.

Aber die Beobachtung, gleich in welche Richtung sie sich wendet, kann sich nicht darauf beschränken, einfache Gegenstände und einfache Fakten zu beobachten, weil dahinter eine Theorie existiert, als Theorie der Natur, die sich in ihrem Emportauchen vor den Augen dessen, der beobachtet, in seinem Verstand und in seinem Herzen konstituiert.

In der psychotherapeutischen Beziehung darf der Patient nichts lernen. Eine psychotherapeutische Beziehung, die vorgibt, mehr oder weniger direkte und unverhüllte Belehrungen hervorzubringen, die mehr oder weniger an Ideologien, Doktrinen oder Religionen gebunden sind, ist nichts anderes als ein Modeprodukt, mit dem die Psychotherapie äußerlichen Anforderungen geopfert wird, die ihr den Sinn rauben. Heilen heißt nicht, etwas über sich gelernt zu haben von der Welt, vom Leben, sondern bedeutet vor allem die Überzeugung, immer lernen zu wollen, d.h. sich in die Lage zu versetzen, von sich, von der Welt, vom Leben zu lernen.
Heilen heißt, sich an die Welt zu richten als Fragender, und nicht als Verkünder.

Im allgemeinen glaubt man, die Psychotherapie könne die Grundlagen der menschlichen Psyche erreichen, die Dynamiken herausschälen, die sich in ihr entfalten, die Störungen erkennen, die diese Dynamiken betreffen, erkennen und aus dieser Kenntnis eine Interpretation zu gewinnen, die die Harmonie des menschlichen Wesens definiert. Aus all diesem leitet sich die Illusion ab, die Psychotherapie könne die Basis wiederherstellen, auf der Menschlichkeit des Menschen beruht, um damit einen Zustand wiederherzustellen, der von den anderen als Gesundheit definiert wird. Dieses exzessive Vertrauen in die Psychotherapie, das von den Psychotherapeuten selbst gefördert wurde, erzeugt die Enttäuschung, die sich häufig in gerechtfertigtes Mißtrauen und in die Abwertung der Psychotherapie selbst verwandelt.

Die Psychotherapie ist niemals die Trägerin von Kräften, die sofort die Bedingungen schaffen könnte, um die Basis für Handlungen zu schaffen, die den Menschen in eine kreative Einstellung gegenüber sich selbst versetzen könnte innerhalb seiner eigenen Biographie. Häufig verliert sich eine direkte Beziehung zwischen Ursache und Wirkung. Häufig bestimmen unzählige und unvorhersehbare Schritte den Erwerb eines Wissens, das sich aus Gedanken und Gefühlen zusammensetzt und in der Lage ist, eine existentielle Dimension, die sich als Frage öffnet, herzustellen.

Wenn also die Psychotherapie nicht in der Lage ist, die entscheidenden Grundlagen für die Wiederherstellung eines verlorenen Gleichgewichts bereitzustellen, ist sie dann wenigstens in der Lage, schematische Ordnungen, Systeme des Verhaltens aufzuweisen, die in der komplexen Topographie der Welt einen Führer darstellen, um ein Ziel zu erreichen? Mir scheint, auf diese Frage keine positive Antwort geben zu können. Die erste Aufgabe der Psychotherapie ist es, Wege zu öffnen, und nicht, den Menschen in ein Labyrinth einzuschließen, um ihn dann zu lehren, wie er sich darin bewegen kann, ohne sich zu verlieren.

In dem Bereich, in dem sich psychotherapeutische Probleme stellen, beobachten wir, daß die Begegnung ihren Ursprung hat in der Präsentation des anderen (Patient) in der Komplexität dessen, was er darzustellen hat. Diese erste Begegnung bringt eine nur scheinbare und oberflächliche Erkenntnis hervor, in der aber die Wahrheit der Positionen der Teilnehmenden enthalten ist; eine Position, die, indem sie das Nicht-Wahre enthüllt (d.h. das Falsche der therapeutischen Situation), sich öffnet in

Richtung auf die noch nicht wahre Möglichkeit. Die Begegnung beginnt mit der Präsentation derer, die daran teilnehmen. Diese stellt den Eindruck in das Licht seiner eigenen Wahrheit, oder: davon auszugehen, das Sich-Präsentierende zu betrachten als das, was es ist.

In dem Moment, in dem der Therapeut die Prüfung dessen, was sich in der Begegnung zeigt, übernimmt, betritt er die Szene in der Dimension des Prüfens. Damit tut er nichts anderes, als die Präsentation auszuführen, indem er der Begegnung die Be- oder Erleuchtung der Wahrheit gibt; denn das Sich-Präsentieren ist nicht nur eine Hervorbringung der Erkenntnis als Ausgangspunkt, sondern ist auch als solches Erkenntnis.

In der Begegnung mit einer Person dürfen wir uns nie irgend etwas sicher sein; wir können niemals unsere Kenntnis der Person, ihrer Geschichte, der Ereignisse, die sie geprägt haben oder ihre Symptome begründen auf einem Vertrauen, das seinen Angelpunkt in einer Idee dessen hat, was sich manifestiert, wenn wir uns nicht vorher in die gleiche Denkweise des Menschen eintreten fühlen, in die sich die Person zurückzieht, um sich der Beobachtung zu entziehen.

Die Begegnung ist nicht der gewohnte Effekt einer Beziehung, sondern repräsentiert eine Ausnahme. Diese realisiert sich, indem die alltäglichen Sicherheiten verlassen werden, auf die sich der Gebrauch gründet, den jeder Mensch von seinem Nächsten macht. Im übrigen existieren diese Sicherheiten nicht an einem Ort, von dem sie ausgehen, um sich in die Realität zu übersetzen. Im Gegenteil entfalten sie sich im Zirkel eines Bereichs, der schon die Regeln der Beziehung und der Erkenntnis festgesetzt hat.

Um sich der Erkenntnis des Menschen zuzuwenden, ist es angezeigt, ihn von den Sicherheiten zu entfernen, die ihn als vertraut erscheinen lassen, und ihn zu vergessen, um sich dann erneut ihm anzunähern in einer ruhigen, für jede Aufnahme offenen Beziehung. Man wird beginnen, ihn erneut zu begreifen, wenn man ihn nicht mehr in den vorbereiteten Schemata versteht; wenn der Enthusiasmus und das Vertrauen in die Instrumente und in die Instrumente, die uns diese verliehen haben, verblassen; dann also taucht der Mensch allein als immense existierende Realität in seinem unsicheren Schwanken und seinen flüchtigen und ungreifbaren Vorstellungen auf; er wird wieder zu dem, an dessen Seite man gehen kann, und den wir auf dem Grund des Geheimnisses, das uns gemein ist, fühlen: die Niedergeschlagenheit des Schmerzes, die Freudensausbrüche, das Wachsen der Hoffnung, das Sich-Verlieren in der Enttäuschung.

Das Wort, das uns ein Zeichen läßt, das verletzt, das, einmal ausgesprochen, die Seele bluten läßt, bleibt und reproduziert sich stets, in dem Ruf, der dem Menschen folgt für sein ganzes Leben; das Wort, das tröstet, das erleichtert, das heilt, muß jeden Tag wiederholt und gehört werden. Das Überdauern dieser Stimme scheint in der Alltagswelt zu fehlen. Um seine volle Wirkung zu tun, muß das Wort als aus der Stille kommend gehört werden.

Die Psychotherapie ist nichts anderes als die Lehre des Zuhörens dieser leisen Stimme, die zu jedem von uns spricht.

Übersetzung: Eckhard Giese

**Kontaktadresse:** Dr. Adelmo Sichel
Via Alfredo Jona, 8, I-42100 Reggio Emilia

# Psychotherapie und kein Ende . . .

## Ein Versuch über Nutzen und Grenzen der Rationalität im Bereich von Psychotherapie

*Peter Gottwald*

### 1. Einleitung

Dieser Bericht handelt von den Schwierigkeiten des Versuchs, eine psychologische Propädeutik als „Vorschule des vernünftigen Lebens" zu entwerfen, in der auch Psychotherapie als „Unterrichtsfach" einen angemessenen Platz findet. Im Verlaufe dieses Versuchs zeigte sich einerseits, daß er endlos, schwierig, aber auch zu jeder Zeit unausweichlich notwendig ist; andererseits aber verschob sich auch die Zielperspektive. Bei genauerem Hinsehen ergab sich nämlich ein gegenwärtig oft verstellter Ausblick auf die älteste „Vorschule des Lebens", freilich keine psychologische. Ich möchte das, was sich in unerwarteter Richtung, aber in einer für den Verfasser willkommenen Gestalt zeigte, schildern.

Meine Suche nach ethischen Prinzipien zur Bewertung von verhaltenstechnologischer Rationalität begann schon bald nach der „gesundheitspolitischen Wende" der GVT (1973), setzte sich in einem Handbuchbeitrag fort (*Gottwald* 1978a) und mündete in einen Artikel über Aktionsforschung als den Anspruch, Subjekt-Subjekt-Beziehungen im Forschungsprozeß zu realisieren (*Gottwald* 1978b).
Die Suche ging von einigen Problemen der Psychotherapie aus (Paradigmastreit, Ideologiestreit, Methodenstreit in den Psychotherapien und Streit um ihre gesellschaftlichen Realisationen). Je genauer ich diese Probleme betrachtete, umso mehr erweiterten sie sich ins allgemein Gesellschaftliche. Hier jedoch klafft heute eine Schere: Auf der einen Seite eine immer schärfer differenzierende, extreme Rationalität „reflexiver Subjekte",[1] oder einer „Nicht-Aussagen-Theorie",[2] auf der anderen Seite eine Rationalitäts-Feindlichkeit oder -Verachtung, Irrationalität. Die Theoretiker, geprägt vom Anspruch vorherzusagen und zu kontrollieren (das „predict and control"-Erbe des Behaviorismus übernehmend), treffen auf soziale Bewegungen als Alternativbewegungen, die ohne die Intellektuellen auskommen. Ein berechtigtes Mißtrauen gegen Sprache greift um sich, denn Sprache (und Theorie) sind zu Kampfmitteln gemacht worden; sie dienen nicht mehr dem Diskurs freier Menschen, sondern der gewaltsamen Durchsetzung von Interessen. Diese Entwicklung führt (neben anderen schädlichen Folgen) zu Sprachverwirrung, -zerfall und -zerstörung, und damit werden die Analyse der Probleme und rationale Ansätze zu ihrer Lösung erschwert. Als existiere dieser Teufelskreis nicht, erleben wir:
Es wird die extreme Rationalität, blind, losgelassen auf das Leben. Rationalität, die blind ist für gesellschaftliche und humane Zwecke, wird angewandt zur Lebens- und

---

1) Vgl. *Gröben & Scheele* 1977.

2) Vgl. *Kraiker* 1980.

Problembewältigung. Eine Psychologie, die in einer solchen Rationalität gründet, wird unreflektiert eingesetzt innerhalb eines Gewalt- und Herrschaftssystems; der Psychotherapeut wird in ein schlechtes Gesundheitswesen eingeplant, in einer durch Reglementierung verdummten Form, als Verhaltenstherapeut im Sinne des Arzt-Ersatzkassen-Vertrags.[1] Politik und Aktionsforschung, statt sich zu befruchten im sozialen Experiment, schließen sich gegenseitig aus.[2] In einem machtorientierten System fehlt die Perspektive für eine echte Gemeindepsychologie, die mehr sein müßte als ein Gespenst der Subversivität in der gegenwärtigen Struktur, und etwas anderes als eine weitere Alternativbewegung innerhalb eines schädigenden politisch-ökonomischen Beziehungsgefüges. Überall in diesen Sätzen und auf diesen Schauplätzen geschieht *Bewertung* – wie wird sie verteidigt und anderen vermittelt? Wie kann ich überzeugen? Denn es hat sich ja gezeigt, daß unsere Bewertung, z.B. der DGVT, nicht übernommen wurde in die politischen Entscheidungen. Wir haben Machtlosigkeit erlebt; Ohnmacht beim Bewußtsein, die besseren Argumente zu haben. Wie können wir sicher sein, die besseren Argumente zu haben?

## 2. Die Suche nach wissenschaftsphilosophischen Fundamenten für Theorien der Psychotherapie

Ich habe mich zunächst mit der wissenschaftsphilosophischen Suchrichtung zu befassen, die mir nötig schien, um schärfer zu sehen, was im Positivismusstreit nicht gelöst, sondern stehengelassen worden war: Die Verbindung von Rationalität und Kritik, die auf Werten gründet. Wir haben dieses Problem schon öfter umkreist (*Innerhofer & Gottwald* 1977, *Gottwald & Innerhofer* 1980).
Mir scheint, in den zuletzt veröffentlichten Thesen über „Sprachspiele und Lebensformen" (Zürich 1980) hätten wir zu kurz gegriffen. Wir sind bei Formulierungen stehengeblieben, die Endlosigkeit und Beliebigkeit der Spielentscheidungen hervorhoben und damit das Schwindelgefühl betonen, vom dem *J. Huizinga* 1956 sprach:

„Wer in den ewigen Umwälzungen des Spiel-Ernst-Begriffs fühlt, wie seinen Geist ein Schwindel ergreift, der findet den Stützpunkt, der ihm im Logischen entsank, im Ethischen wieder." (S. 203)

Jedoch: Den „Stützpunkt", der einem „im Logischen entsinkt", „im Ethischen wiederzufinden", scheint heute nicht mehr so selbstverständlich möglich, wie dies noch im Huizinga-Zitat klingt.

*Wittgenstein* betonte dieses Problem als er 1937 sagte:

„. . . daß die jungen Menschen heutzutage plötzlich in der Lage sind, daß der normale, gute Verstand für die seltsamen Ansprüche des Lebens nicht mehr ausreicht. Es ist alles so verzwickt geworden, daß, es zu bewältigen, ein ausnahmsweiser Verstand gehörte. ***Denn es genügt nicht mehr, das Spiel gut spielen zu können; sondern immer wieder ist die Frage: ist dieses Spiel jetzt überhaupt zu spielen und welches ist das rechte Spiel?"***
(L.W.: Vermischte Bemerkungen, S. 57)

---

1. Vergleiche dazu die Analysen und Vorschläge in den „Mitteilungen der DGVT" der letzten Jahre.
2. Erfahrungen aus dem sog. Modellverbund des Bundesministeriums für Jugend, Familie und Gesundheit „Zur ambulanten, psychiatrischen und psychotherapeutisch/psychosomatischen Versorgung". Erfahrungsberichte und gemeinsamer Zwischenbericht.

Es scheint so, als falle uns das Ethische nicht (mehr) in den Schoß, als müsse es mit einer äußersten Anstrengung erarbeitet werden. Wittgenstein hat, wie andere große Menschen vor ihm, sein Leben einer solchen äußersten Anstrengung gewidmet (*Heller* 1960 u.v.a.). Alle Überlegungen, welche die Spielmetapher der Sprache nutzen wollen, müssen deshalb mit einer allgemeinen Vorstellung von Qualität (von Wahren, Schönen und Guten) zusammengebracht werden. Diese Einsicht verdanke ich so verschiedenen Werken wie *R.M. Pirsigs* (1978) „Zen und die Kunst ein Motorrad zu warten" und *K. Heinrichs* (1981) „Tertium datur. Eine religionsphilosophische Einführung in die Logik".
Der Versuch, als Psychologe und Psychotherapeut in einer solchen Lage aus dem Werk L. Wittgensteins zu lernen, liegt deshalb nahe, weil dieses Werk die Mittel bereitstellt, den Nutzen wie die Grenzen von Rationalität deutlich zu machen. Die Methode, die wir benutzen, ist eine an den „Philosophischen Untersuchungen" Wittgensteins geschulte funktionale Analyse von Sprachspielen in Lebensformen. Wir haben festgestellt (*Innerhofer & Gottwald* 1977), daß derjenige Operationismus, der heute noch weitgehend im Schwange ist, ein schwach gewordener Operationismus aus der Erbmasse Bridgemans, Carnaps, Borings und Stevens' ist. „Eine Variable operationalisieren" oder „wir wollen dieses Anliegen einmal so operationalisieren", das ist heute Jargon an Stelle von „eine Variable festlegen, definieren", „ein Anliegen oder ein Ziel bestimmen", die Redeweise ist leer geworden, sie hat die wissenschaftstheoretische Bedeutung verloren. Andererseits ist auch der operationistische Ansatz B.F. Skinners mit Recht in Mißkredit geraten durch die Übergeneralisierung des Modells des operanten Konditionierens, worauf hinreichend hingewiesen worden ist. Wir haben dagegen schon 1977, dann noch einmal 1980, einen *Spät-Operationismus* (weil vom Spätwerk Wittgensteins abgeleitet) vorgeschlagen, der eine funktionelle Auffassung psychologischer (und psychotherapeutischer) Theorien nahelegt. Unsere Thesen von 1980 möchte ich in einigen Punkten verändern und nun so darstellen:

1. Dem Frühoperationismus (als einem begrenzten Verständnis des Tractatus logico-philosophicus) stellen wir den Späterorationismus gegenüber, der von Wittgenstein in seinen „Philosophischen Untersuchungen" entfaltet wird, und der in der Metapher der Sprache als „Sprachspiele" seinen Ausdruck findet.
   „Ich werde auch das Ganze: der Sprache und der Tätigkeiten, mit denen sie verwoben ist, das ‚Sprachspiel' nennen." PU, § 7
   „Das Wort ‚Sprachspiel' soll hier hervorheben, daß das Sprechen einer Sprache ein Teil ist einer Tätigkeit, oder einer Lebensform . . .
   . . . Mannigfaltigkeit der Sprachspiele . . .
   Befehlen, und nach Befehlen handeln –
   Beschreiben eines Gegenstands nach dem Ansehen, oder nach Messungen –
   Herstellen eines Gegenstands nach einer Beschreibung –
   Berichten eines Hergangs –
   Über den Hergang Vermutungen anstellen –
   Eine Hypothese aufstellen und prüfen –
   Darstellen der Ergebnisse eines Experiments durch Tabellen und Diagramme –
   Eine Geschichte erfinden; und lesen
   Theater spielen – Reigen singen – Rätsel raten – . . . Bitten, Danken, Fluchen, Grüßen, Beten." PU, § 23

Schon hier werden wir innehalten und uns fragen: Diese menschlichen Tätigkeiten sollen als Spiele betrachtet werden dürfen? Die Antwort ist, daß wir frei sind, diese Metapher zu wählen – aber wir haben die Folgen zu tragen: Eine solche Sprechweise hat sich zu bewähren – und die philosophischen Untersuchungen führen diesen Nachweis. Wo diese Sprechweise versagt oder schadet, muß wiederum gezeigt werden. Erst dann kann begründet gewarnt werden. M.a.W.: dieses Unternehmen, eine Metapher von Sprache in ihren Auswirkungen zu untersuchen, hat den Charakter eines Experiments.

2. In der bisherigen Rezeption Wittgensteins ist die Einheit der Sprachspiele mit Lebensformen nicht genügend betont worden. „Befehlen, fragen, erzählen, plauschen gehören zu unserer Naturgeschichte so wie gehen, essen, trinken, spielen." PU, § 25
   So blieben Fragen an die Philosophie im Vordergrund der Interpretation, die Fragen nach einer anderen Lebensform wurden zurückgedrängt. Doch wenn das „Ziel in der Philosophie" gemäß Wittgenstein (PU, § 309) heißt: „. . . Der Fliege den Ausweg aus dem Fliegenglas zu zeigen", darf man sagen, daß ein Ziel in der Philosophie, wenn man die Einheit von Sprachspiel und Lebensform anerkennt, stets auch ein Ziel für die Menschen in der Welt ist!
3. Hinsichtlich dieser Einheiten zeigen die Menschen Unterschiede, sie werden in unterschiedliche Lebenswelten geboren und erzogen; mit dem Sachverhalt der Andersartigkeit unseres Mitmenschen müssen wir erst noch richtig umgehen lernen. Dabei fehlt es nicht an guten Vorbildern (tolerieren, erziehen, argumentieren, appellieren, überzeugen). Ab diesem „Guten" steht in der Wirklichkeit unserer Welt der „böse Umgang" mit der Andersartigkeit gegenüber (überreden, bedrohen, verletzen, foltern, töten).
4. Seit Menschengedenken gibt es die „Spielzüge des Guten" im Sprachspiel der „Suche nach Qualität". Die frühesten Zeugnisse des Menschen sprechen von „Göttern", von „Gott", vom „Tao"; wir kennen „frohe Botschaften", Prinzipien wie „Hoffnung" und „Aufgabe, das Unendliche zu denken und zu meditieren". Wir suchen nach Qualität, d.h., wir schließen uns dieser Tradition an und ziehen daraus Konsequenzen für Psychologie und Psychotherapie. Wir stellen die Psychologie in den Dienst dieser Tradition und sagen:
5. Wir fassen die psychologischen Theorien als Sprachspiele auf, und ihr Verhältnis zur Alltagssprache gemäß dem folgenden Bild aus den „Philosophischen Untersuchungen": „. . . Unsere Sprache kann man ansehen als eine alte Stadt: Ein Gewinkel von Gäßchen und Plätzen, alten und neuen Häusern, und Häusern mit Zubauten aus verschiedenen Zeiten; und dies umgeben von einer Menge neuer Vororte mit geraden und regelmäßigen Straßen und mit einförmigen Häusern." PU, § 18
   Wissenschaftliche und Alltagssprache dienen unterschiedlichen Bedürfnissen, sie spielen ihre Rollen in unterschiedlichen Aufgabenbereichen. Eine funktionale Analyse unserer Sprachspiele und unserer Lebensformen als Psychologen und Psychotherapeuten ist notwendig. Auch für diese Reflexion gilt:
6. Unsere Reflexion ist selbst ein Spiel. Der Lebenszusammenhang, in dem es steht: der allgemeine Anspruch an den praktisch arbeitenden Psychologen, sein Tun ge-

mäß einer Theorie zu konzipieren; die Vielzahl von Theorien, die ihn verwirren und es unmöglich machen, sein Tun aus einer Theorie abzuleiten; die Untauglichkeit der Theorien für die praktische Arbeit. Die Aufgabe, Psychologen für den Umgang mit Theorie, und für die praktische Arbeit auf der Basis von Theorie, auszubilden.

## 3. Anwendung der Spielanalyse auf Verhaltenstherapie und deren „kognitive Wende" – eine grobe Skizze

Die Spielanalyse, die sich gemäß diesen Thesen durchführen läßt, können wir mit Gewinn auf ein Stück Psychotherapiegeschichte anwenden, die uns besonders angeht, nämlich der Verhaltenstherapie und ihrer „kognitiven Wende" zu einer angewandten Handlungstheorie.

Auch hier wieder wird die Verwendung des Spielbegriffs stutzig machen. Therapie geschieht aus Not, Angst und Sorge heraus, sie trägt für den Hilfesuchenden wie für den Therapeuten alle Züge eines ernsten, ja gefährlichen Unternehmens. Therapie bedeutet weiterhin finanzielle Belastung und daß sich der Hilfesuchende in eine Abhängigkeit begibt, wo er doch gerade Abhängigkeit überwinden will usw. So muß sich der Spielbegriff auch gegenüber dieser Besorgnis erst bewähren.

Ich will dies nur in einigen Punkten skizzieren. Verhaltenstherapie trat mit Kritik an der Psychoanalyse und mit Propaganda für das experimentelle Vorgehen, Objektivität, Einfachheit, Effektivität auf den Plan. Über dem Anfangsenthusiasmus für das „neue Spiel" wurden theoretische Probleme lange übersehen oder ignoriert: Wichtige Bereiche des Lebens (Mathematik, Rechtswesen, Sprache) zwängte man in die neue Sprechweise hinein – die des operanten Konditionierens. Die entstehende Verfälschung führte erst später zum Eingeständnis des Ungenügens. Anfangs entwarf man Hilfskonstruktionen wie z.B. Selbstverstärkung, die das operante Paradigma sprengten, die keine Spielzüge im Behaviorismus sind – was zunächst nicht erkannt wurde.

Nun dreht sich das Rad erneut: Vom Überdruß am Behaviorismus und an der Verhaltenstherapie profitieren Handlungstheorie und kognitive Therapien als neue Spiele. Auch hier überwiegt zunächst Enthusiasmus, Kritik folgt später. Indessen hatte schon *Argyris* (1975) die Handlungstheorie wegen der Nichtberücksichtigung emotionaler Anteile, wegen der Gefahr elitären Denkens und wegen der Nichtbeachtung der Gefahr, zum Werkzeug perfektionierter Herrschaft werden zu können, kritisiert. Wir können hinzufügen, daß ein fehlendes Bewußtsein für die Grenzen der Reichweite der Theorie, für den Geltungsbereich ihrer Spielregeln, einmal im Vergleich zu anderen Theorien, zum anderen für die Grenzen von Rationalität überhaupt, gefährlich sei, da es die Mannigfaltigkeit der Spielmöglichkeiten verkennt. Diese viel zu kurzen Anmerkungen haben viel Ähnlichkeit mit der Kritik, die von marxistischer Seite am Behaviorismus und der Verhaltenstherapie zu Beginn der 70er Jahre geübt worden ist. Diese Ähnlichkeit resultiert m.E. aus der Tatsache, daß im Marxismus wertgeleitet argumentiert wird, und zwar im Hinblick auf Freiheit, Gleichheit und Gerechtigkeit. Die Ähnlichkeit hört auf, wo Marxisten es ablehnen, ihr eigenes Theoriegefüge und ihre ideologischen Grundannahmen als Sprachspiel in einer Lebensform zu reflektieren und eine Diskussion darüber zuzulassen. Aber nicht nur für eine klarere Kritik ist die Analyse psychotherapeutischer Theorien als Spiele nützlich. Wir können auch positiv formulieren:

1. Das Spiel ist eine willkürliche Schöpfung des Menschen. Betrachten wir Therapierichtungen als Spiele, so sind wir frei, alles in Frage zu stellen, aber auch frei, das Positive zu sehen: Wir lernen, die Modelle in ihren Stärken zu sehen und zu nutzen; das Argumentieren von ihren Schwächen her ist untergeordnet.
   - Die Lerntheorien setzten einen neuen Standard der Genauigkeit und Objektivität; sie entwickelten ein Modell der Abhängigkeit menschlichen Verhaltens $V = f(U)$, das zur Änderung von Fehlverhalten in der Erziehung eingesetzt werden kann.
   - Die Psychoanalyse schafft ein Verständnis für die Komplexität einer Biographie, sie nimmt den einzelnen Menschen als Individuum mit seinen Gefühlen ernst.
   - Die Pädagogik hat uns das Bild eines willensbestimmten zielorientierten Menschen vermittelt.
2. Der Spielbegriff lenkt unsere Aufmerksamkeit auf Regeln, die vereinbart werden, und auf Zwecke; diese beiden Größen sind die einzigen, die einen Spielzug begründen können; Regeln werden durch die Tradition bzw. durch Zwecke begründet.
3. Der Ernst des Spiels gilt nie generell, sondern immer nur relativ zu einer bestimmten Situation, zu einem bestimmten Lebenszusammenhang. So lehrt uns das Spiel, nach bestimmten sozioökonomischen Situationen, nach dem bestimmten Lebenszusammenhang zu fragen; wir lernen, über Lebensbezüge zu Gesellschaftsbezügen weiterzudenken; wir versuchen, den eingeschränkten Lebenszusammenhang, den die Psychologie gewählt hat, zu erweitern.
4. Das Spiel lehrt uns auch, die Wissenschaft als Kunst zu betrachten, als ein Können und nicht als ein Abbilden. Damit entfällt das autoritäre „so ist es wirklich . . .", und jedes Gesetz, jede Theorie muß sich durch ihre Qualität ausweisen. Kriterien von Qualität sind nicht nur Nützlichkeit, Wirtschaftlichkeit oder Wirksamkeit, sondern auch Angemessenheit, z.B. in bezug auf eine anthropologische Sicht, eine ethische Grundhaltung.

## 4. Die Frage nach den Kriterien von Kritik

Wo immer wir ein Sprachspiel kritisieren, stellen wir uns *außerhalb* des kritisierten Spiels, stehen aber *innerhalb* eines anderen Spiels, des kritischen Spiels, dem wir „Kriterien der Kritik" entnehmen.

Diese Haltung ähnelt derjenigen von Paul *Feyerabend* (1980), die in den Thesen aus „Erkenntnis für Freie Menschen" vorliegt; auf den ersten Blick entspricht sein Begriff „Tradition" dem Wittgenstein-Begriff „Sprachspiel im Lebenszusammenhang".

Die Feyerabend-Thesen, verkürzt:

I. Traditionen sind weder gut noch schlecht; sie existieren einfach.

II. Eine Tradition erhält erwünschte und unerwünschte Züge nur, wenn man sie auf eine Tradition bezieht, das heißt, wenn man sie als Teilnehmer einer Tradition betrachtet und aufgrund der Werte dieser Tradition beurteilt.

III. Die Thesen I und II führen zu einem Relativismus . . ., der die Vielzahl von Traditionen und Werten beachtet.

IV. Traditionen haben verschiedene Mittel, um Anhänger zu gewinnen. . . . Die Methoden einer Tradition sind akzeptabel, lächerlich, „rational", närrisch, je nach der Tradition, von der aus man sie beurteilt. . .

V. Maßstäbe werden gelegentlich durch den Vorgang der Beurteilung selbst konstituiert; die Urteile sind antizipierende und nicht konservative Urteile . . .

VI. Es gibt zumindest zwei verschiedene Wege, auf denen man kollektive Probleme einer Lösung zuführen kann. P.F. nennt diese Wege einen freien Austausch und einen gelenkten Austausch . . . Eine rationale Diskussion ist ein Sonderfall eines gelenkten Austausches . . . Ein freier Austausch hingegen beruht auf einer pragmatischen Philosophie und antizipierenden Überlegungen. Er konstruiert die Tradition, die ihn beheimaten soll und paßt sie an die besonderen Umstände an.

VII. Eine freie Gesellschaft ist eine Gesellschaft, in der alle Traditionen gleiche Rechte und gleichen Zugang zu den Zentren der Erziehung und anderen Machtzentren haben . . .

VIII. Eine freie Gesellschaft . . . tritt überall dort hervor, wo Menschen in dem Versuch, besondere Probleme gemeinsam zu lösen, Schutzstrukturen . . . einführen. Bürgerinitiativen in kleinem Maßstab, die Zusammenarbeit von Nationen – das sind die Entwicklungen, die mir vorschweben.

IX. Die Debatten, Auseinandersetzungen, die Austauschverfahren, die eine freie Gesellschaft begründen, sind freie Verfahren, nicht gelenkte Verfahren.

X. Eine freie Gesellschaft trennt Staat und Wissenschaft (und sie trennt auch den Staat von jeder anderen Tradition).

Der *Traditionsbegriff* betont die Bindung des Subjekts, das in einer Tradition verankert ist, die es nicht ohne Gefahr verlassen kann. Der Spielbegriff betont die Freiheit des Subjekts, das ein Spiel wählt (oder ändert, oder verläßt). Beide Modelle sind Aspekte desselben Anliegens: die Reichweite von Rationalität (der Entscheidung) zu vergrößern und innerhalb dieser Reichweite präziser zu sein. Beide Modelle, zusammengenommen, zeigen: Es gibt den Zwang nicht als Spielzug. Eine Regel *führt*, aber das Subjekt kann sich dieser Führung anvertrauen oder versagen, indem es das Spiel, zu dem die Regel gehört, verweigert. Spiel impliziert Freiheit – ein erzwungenes Spiel ist kein Spiel. Die *rationale* Suche nach den Werten mündet also in die Endlosigkeit der Freiheit und der (scheinbaren) Beliebigkeit der Spielentscheidung. Habermas hat gesagt, in der Nachfolge Wittgensteins hätten sich die Sprachspiele verbreitet, und ein unterkühltes Disengagement komme auf seine Kosten. Es wäre kein größeres Mißverständnis Wittgensteins denkbar als dieses, daß er zum Disengagement anleite. Gerade das Gegenteil sollte der Fall sein: anzuerkennen, daß die Suche nach Qualität, nach dem Besten, das ganze Leben Wittgensteins bestimmt. Seine gedankliche Bemühung geht immer wieder darauf aus, andere zu einem anderen Denkstil zu bewegen. Auch Feyerabend ist ja moralisch nicht indifferent; doch *zeigt* sich seine Werthaltung, die natürlich eine Tradition ist, in der Betonung der Freiheit: Erkenntnis für *freie Menschen.*

Ein Bekenntnis zu dieser Tradition fällt nicht schwer, und doch hat man damit einen Sprung getan, der über eine Grenze von Rationalität führt.

Wir stehen ja noch vor der Frage: Wie kommen wir von der Beliebigkeit von Sprachspielen los, wie erreichen wir den Bereich des Unbedingten von Qualität?

Bis hierher, so könnte ich sagen, sind dies Ergebnisse einer jeden „Vorschule des vernünftigen Denkens und Handelns". Von diesem Punkt aus begannen *Kamlah & Lorenzen* (1967) ihre auf Wittgenstein gründende „Logische Propädeutik, Vorschule des vernünftigen Redens" und formulierte die nachfolgende „Erlanger Schule", ihr Anliegen einer geregelten Neubegründung von Sprache durch strikte Vereinbarung und widerspruchsfreie Regeln. Aber worauf gründet sich diese Neugründung, diese „neue Vorstadt der Sprache"? (PU, § 18). Nicht auf Rationalität allein. Diese begründete nicht die Werte, mag sie auch auf Werte innerhalb einzelner Spiele hinweisen. Rationalität nennt nur begrenzte Kriterien der Wahl zwischen Spielen: z.B. Nützlichkeit, Stimmigkeit, Sparsamkeit, Einfachheit, Symmetrie. All dies kann und wird von Menschen bestritten werden; so gibt es keine rationale Antwort auf die Frage „welches ist das rechte Spiel?"

Was bleibt übrig? Wir können, wie der Fuchs, immer noch einmal springen, oder, wie Wittgenstein sagen würde, immer noch einmal gegen dieses Problem wie gegen eine Mauer rennen – oder wir können innehalten, unsere Beulen betasten und nach einer Besinnungspause aufblicken und die „Mauer" fest ins Auge fassen.

Zu dem Zeitpunkt, als die theoretisch-philosophische Analyse diesen Punkt erreicht hatte, zeigte sich auch im gesundheitspolitischen und kommunalpolitischen Bereich, daß die besten Argumente nichts vermögen im politischen Alltag. Psychiatriereform fand nicht mehr statt, wohl aber vermehrte Rüstung; psychosoziale Initiativen, beflügelt von den Ergebnissen der Enquete-Kommission, gerieten unter den Druck von Behörden, die keine eigenen Konzepte entwickelten, sondern blockierten und kürzten; diese Entwicklungen erschwerten den größten Teil der Projekte, an denen ich beteiligt war, die Tätigkeit im Modellverbunde des Bundesministeriums für Jugend, Familie und Gesundheit (*Gottwald et al.* 1981), für psychosoziale Arbeitsgemeinschaften mit dem Ziel der Verbesserung der psychosozialen Versorgung (*Gottwald* 1980).

Nicht nur schienen die Versuche zur rationalen Begründung von Werten endlos, sie waren in der politischen Auseinandersetzung *nicht gefragt.* Hier bestimmten „handfestere" Sorgen, Bedürfnisse und auch Interessen die Entscheidungen. Eine „Sinnkrise" ist ja in der Politik nicht vorgesehen, wohl aber trifft Politik auf Krisen der Möglichkeit des „Machbaren", und dies gegenwärtig gleichzeitig in den verschiedenen, aber zusammenhängenden Bereichen von Friedenssicherung, Ökonomie, Ökologie und Ideologien der Lebensformen. Hier bestand nun für mich die Gefahr, die Krise als eine Machtkrise zu deuten und Macht zu suchen. Aber politische Macht (an der Hochschule, im gesundheitspolitischen Bereich) hebt ja eine Sinnkrise nicht auf, kann sie nur verschleiern.
Es stand jedoch zu hoffen: Eine *Bewältigung* der Sinnkrise andererseits würde eine andere Einstellung zur politischen Macht oder Ohnmacht erlauben. Aber eine Sinnkrise, die immer eine persönliche ist, ist nicht einfach so „machbar", das ist ja bekannt. Es schien zunächst eine Pause nötig, zum Atemholen, aber womit? Und wozu?

Nun bin ich Segler – und diese Situation ist ähnlich der, die der Segler kennt, wenn er im Sturm beidreht, wenn er nicht mehr gegen Sturm und See ankommt, wenn die Segel zu zerreißen drohen. Er dreht bei und „driftet lateral"; in der Blasenbahn seiner Drift brechen sich die Wellen, ehe sie das Schiff erreichen. Man braucht zu dieser Kunst nur Geduld – und Seeraum; wehe, man driftet auf eine Felsenküste! Also muß man die Augen offenhalten! Und das heißt für mich, lesen, beobachten, meinen Kollegen zuschauen, die ihrerseits noch kämpfen oder ebenfalls beidrehen, oder den Kurs wechseln. Beidrehen ist nicht aufgeben; wer beidreht, gibt Schiff oder Ziel nicht auf, er wählt eine Form des passiven Widerstandes gegen zeitweilige Übermacht der Elemente.

## 5. Eine laterale Drift und was dabei über den Horizont heraufkam

Ich muß nun berichten, was ich während meiner eigenen lateralen Drift sah, die etwa zwei Jahre andauerte, nachdem ich einen Versuch unternommen hatte, ein Sprachspiel mit Fundamentalnormen als Grundlage von Aktionsforschung zu entwickeln (*Gottwald* 1978b). „Laterale Drift" – der Ausdruck stammt von *Pirsig*, dem Autor von „Zen und die Kunst ein Motorrad zu warten", ein entscheidendes Lese-Erlebnis während der Drift. *Pirsig* wurde aus der Bahn des Wissenschaftlers geworfen, als er die Auswirkungen der Wahrheitssuche in der Wissenschaft sah.
Er schrieb:

„Indem die Wissenschaft neue Fakten, Daten, Theorien und Hypothesen in sprunghaft steigender Zahl hervorbringt, führt sie die Menschheit von einzelnen, absoluten Wahrheiten zu vielfachen, unbestimmten, relativen Wahrheiten. Hauptverursacher des sozialen Chaos, der Unbestimmtheit des Denkens und der Werte, die durch das rationale Wissen beseitigt werden sollen, ist niemand anderer als die Wissenschaft selbst . . . Jetzt ist überall in der technisierten Welt von heute zu sehen: Durch die Wissenschaft verursachtes wissenschaftsfeindliches Chaos." (1978, S. 118)

*Pirsig* meint, „die Ursachen unserer gegenwärtigen sozialen Krisen . . . ist ein genetischer Defekt in der Natur der Rationalität. Und solange dieser genetische Defekt nicht beseitigt ist, werden die Krisen andauern" (S. 119).
Es gibt zunächst keine Hinweise auf die Natur dieses Defekts. Im Vorgriff können wir sagen, der Defekt bestehe in der Entwicklung ohne Rücksicht auf Qualität in *allen* ihren Aspekten, aber das wird sich erst noch zeigen müssen.

Nach mancherlei Lektüre ergab sich so etwas wie ein Bild: *Rationalität unter Belagerung.* Als säßen in einer gut verteidigten Festung die Verfechter der Rationalität in der Psychologie und Technik, Popper, Albert, Th. Herrmann u.a., die kognitiven Verhaltenstherapeuten, die Handlungstheoretiker – und über allen wehe die Flagge mit der Inschrift „summa technologiae"!
Um den äußeren Verteidigungsring tummeln sich die Angreifer älteren und neueren Datums: die Sophisten rücken an, Habermas führt sie, Benjamin reitet einher, die Frankfurter Schule – ist dies ein Bild des alten Positivismusstreits? Ich denke, es sind mehr und verschiedenartigere Leute einbezogen – und manchmal ist nicht klar, kämpfen sie gegen Rationalität oder hoffen sie diese zu „ersetzen", ihr einen Ausfall zu ermöglichen oder gar tragen sie weiße Fahnen, um einen Dialog zustandezubringen? Je schärfer ich sah, umso mehr schienen sich auch fremdartig gekleidete Männer einzumischen, Asiaten zumal. Ich begann mich zu fragen, muß das so sein, legt unsere Spielauffassung nicht gerade nahe zu sagen: Laßt uns das Positive der Rationalität wie ein Werkzeug nutzen? Aber freilich, zu welchem Zweck und mit welchem Aufwand? Im Gegensatz zu Pirsig wollte ich den Geist der Rationalität

nicht „verdreschen", wenn ich ihn fände, sehr wohl aber kritisch befragen, vielleicht auf Diät setzen.

## 6. Individualpsychologie und Infinalität

Hier muß ich zunächst auf einen Individualpsychologen, an dem ich vorbeidriftete, hinweisen, über dessen Sattelfestigkeit keine geringeren Psychologen als Adler und Wolfgang Metzger uneins waren, nämlich Fritz Künkel. Hier war jemand, der in aller wünschenswerten Klarheit der Rationalität und der psychologischen Analyse als Charakterkunde eine überaus nützliche Rolle zuwies, aber ebenso deutlich sagte, was über die Rationalität hinausweise. Der Psychologie gestand er Nützlichkeit beim Aufweis des Schädlichen, der schlechten Entwicklung zu; beim Übergang vom Finalen i.S. der Analyse der Wirkungen der causa finalis, also etwa der Ziele in der Handlungstheorie, zum Infinalen jedoch habe sie zu schweigen. Was ist damit gemeint? Psychologie befaßt sich nach Künkel mit dem „Ich", das eine Krankheit ist, nicht eine Instanz wie bei Freud: „Ichhaftigkeit" bei Künkel ist eine Maske vor dem Subjekt, eine durch Unachtsamkeit, Ungeduld oder eigene Ichhaftigkeit der Erzieher in das kindliche Subjekt hineingetragene schädliche Struktur, die sich zwischen Subjekt und Welt stellt, die wünschenswerte „Sachlichkeit" in dem Wechselspiel zwischen Subjekt und Welt stört um des Dienstes am Ich-Ideal willen. Hier ist die Rede von Egoismus, besser: Egozentrizität, die ihre eigene Dynamik haben, den Menschen in mancherlei Aktivitäten, die nicht positiv zu werten sind, sondern zu einer immer stärkeren Psychosklerose, einem immer starreren Anhaften an der Aufrechterhaltung des Ich-Ideals führen können. Persönliches Wachstum des Subjekts ist damit blockiert. Einen Ausweg gibt es nur durch die Krise – und hier unterscheidet sich Künkel von Adler –, die über die egoistische oder scheinheilige Not zu einem Klärungsprozeß führen kann, früher oder später, den der Psychologe nicht herbeiführen, den er jedoch fordern kann. Grenzen der Rationalität werden durch zwei Begriffe markiert: die nonische Haltung und Infinalität. Beide zusammen drücken eine *religiöse Grundhaltung* aus, deren Tradition in der Technologie Negativa zu suchen sind. Betrachten wir diese beiden Begriffe genauer. Die Handlungstheorie Künkels betont die Mittel-Zweck-Verbindung zwischen Handeln und Ziel; der Mensch handelt, „um zu . . ." oder: „auf daß . . ." i.S. von „damit . . . geschieht". Dieses Finalitätsprinzip wird über weite Strecken für angemessener als das Kausalitätsprinzip erachtet welches sagt: Etwas (beispielsweise ein Umwelt- oder ein Triebzustand) ändert sich, *so daß* der Mensch etwas tut. Dies ist z.B. das S-R-Modell, jenes das finale Modell, nach dem der Mensch „der Träger seiner Ziele und Zwecke (ist); ja, er ist nur vorhanden, sofern er Ziele und Zwecke in sich trägt" . . . „Aber die Pyramide seiner Zwecke hat einen Gipfel, der sich im Unendlichen verbirgt. Die dem Leben innewohnende Zweckhaftigkeit führt uns über jeden angeblichen Endzweck hinaus. Oder anders ausgedrückt: Der Sinn der Finalität ist die Infinalität, der Endzweck ist unendlich" (*Künkel* 1975, S. 159). Aus dieser Haltung wird auch der Begriff der Nonik als Methode verständlich. Angesichts der Unendlichkeit der Zwecke können wir positive Ziele nicht angeben. Wir können nur negative Zwecke, am deutlichsten die Zwecke im Dienste der Ichhaftigkeit, im Dienste am Ich-Ideal, kennzeichnen und dazu „nein" sagen.

„Die Charakterkunde, die sich von diesem Standpunkt aus ergibt, nennen wir die nonische . . . Sie hat in ihrem Prinzip Ähnlichkeit mit der sogenannten negativen Theologie . . ., die von dem Gedanken ausging, daß jede Aussage, die man über Gott machen kann, notwendigerweise falsch sein muß . . .
So wissen wir, daß alles, was wir über den Menschen aussagen können, notwendigerweise unzulänglich ist. Es betrifft stets nur seine einzelnen Charakterzüge, seine Grenzen, Fehler und Beschränktheiten oder seine Ziele, Mittel, Fähigkeiten und Möglichkeiten. Aber es betrifft nicht ihn selber, der sich die Ziele setzt und die Mittel schafft, und der die Ziele und die Mittel beibehält oder verändert. Gegenstand einer nonischen Wissenschaft ist also nicht das, was sie letzten Endes erforschen will, sondern nur das, was diesem letzthin Gemeinten im Wege steht oder ihm dient. Paradox ausgedrückt: der Gegenstand der nonischen Forderung ist nur die Grenze ihres Gegenstandes. In diesem Sinne ist der Charakter die Grenze des Menschen. (S. 166)

Halten wir fest: Es ist Religiosität, die nach *Künkel* eine Grenze für die Reichweite der Handlungstheorien setzt. Infinalität heißt ja, daß Finalität, als Rede über die causa finalis, nicht mehr herangezogen werden kann, um menschliches Tun zu erklären und vorherzusagen – oder besser: nur begrenzt herangezogen werden kann. Von hierher bekommt der Titel meines Vortrags seine besondere Bedeutung: Psychotherapie und Infinalität – kein Ende, nämlich i.S. von Begrenzung der Aussagen über Zwecke/Ende. *Künkel* schrieb:

„Die Religion beginnt erst da, wo die Ziele über alle Zweiheit von Subjekt und Objekt hinausweisen, und wo die Herrschaft dem Infinalen eingeräumt wird, das jenseits von Raum und Zeit und darum auch jenseits von Subjekt und Objekt gedacht werden muß, und das infolgedessen nicht mehr gedacht werden kann." (S. 118)

Was bei *Künkel* klar und deutlich ist, aber altmodisch klingt, scheint bei vielen Psychotherapeuten so versteckt, daß *Alan Watts* (1980) geradezu fordert, es müsse jeder Psychotherapeut seinen eigenen unbewußten metaphysischen Hintergrund erkennen lernen:

So geht der Psychotherapeut bei seiner Arbeit von einem nahezu völlig ungeprüften „philosophischen Unbewußten" aus. Aufgrund seiner hochspezialisierten Ausbildung neigt er nicht nur zu einer mangelnden Kenntnis der gegenwärtigen Wissenschaftsphilosophie, sondern auch der verborgenen metaphysischen Prämissen, die allen wichtigen Formen der psychologischen Theorie zugrunde liegen . . . Die Schwierigkeit besteht darin, daß der Mensch ohne irgendeine metaphysische Prämisse, ohne irgendein grundlegendes Axiom, das er weder verifizieren noch vollständig definieren kann, so gut wir gar nicht zu denken oder zu handeln imstande ist. Solche Axiome sind wie Spielregeln: Manche schaffen die Grundlage für interessante und ergiebige Spiele, andere wiederum nicht, doch ist es immer wichtig, daß man die Spielregeln so gut wie möglich kennt. (S. 27)

*Watts* faßt hier den Spielbegriff ebenso weit wie dies oben These 4 tut.

## 7. Der religiöse Modus

Beim jetzigen Stand der Untersuchung können wir aber auch dem Vorbild Bubers folgen und sagen: Die Begriffe „Spiel" und „Ernst" reichen nicht in einen Bereich hinunter, der vom Buberschen Grundwort „Ich-Du" bestimmt wird.

### 7.1 M. Bubers „Grundworte"

Dieses eine stiftet eine Beziehung, die tiefer reicht als alle Formen des ewig wandelbaren Grundwortes „Ich-Es" der rationalen Erfahrungen und ihrer theoretischen Verknüpfungen. „Spiel" und „Ernst" wären dann Variationen dieses zweiten Grundwortes.

Therapie aber hat etwas mit dem Grundwort „Ich-Du" zu tun, sie erschöpft sich nicht in der Ausfaltung der Ich-Es-Erfahrungen, obwohl diese von Fall zu Fall von solchen (theoretischen) Konstrukten profitieren kann. Denn auch eine Ich-Du-Beziehung stellt sich nicht immer her, sie ist störanfällig. Es bedarf oft vorbereitenden Wissens um Kommunikationsformen, Abwehr usw.; aus diesem Wissen können dann Interaktionsformen abgeleitet werden, die in den Dienst der Suche nach der Ich-Du-Beziehung gestellt werden. Was immer Wissenschaft im Laufe der Entwicklung der Ich-Es-Beziehungen zur Verfügung gestellt hat, was immer noch an wissenschaftlichen Elementen, an Theorien *im Spiel ist,* als Spielmöglichkeit anerkannt ist, kann zwecks Herstellung der Ich-Du-Beziehung und zu ihrer Aufrechterhaltung genutzt werden – freilich nie als eine zureichende Bedingung, wohl aber gelegentlich als eine notwendige Voraussetzung. Somit läßt sich auch in dieser Tradition ein Nutzen der Rationalität (gleich einem Lockern des Bodens, auf dem die Ich-Du-Beziehung wachsen kann) zeigen.[1]
Was Martin Buber mit der Ich-Du-Beziehung angesprochen hat, läßt sich mit Künkel als eine Subjekt-Subjekt-Beziehung der Wirhaftigkeit auffassen. Diese gründet in einer Haltung *des Respekts vor dem Infinalen;* hier bedarf es nicht der Begründung durch Rationalität. Aber Rationalität kann (als das nonische Verfahren) sinnvoll genutzt werden, um Hindernisse zu beseitigen, insbesondere solche, die sich aus Ichhaftigkeit ergeben. Dies geschieht im Vorfeld des therapeutischen Prozesses, der bei Künkel Hilfe bei der Bewältigung der Krisen der Ichhaftigkeit ist. Auch in einem solchen Rahmen kann immer wieder, in bestimmter Absicht, ein Subjekt-Objekt-Spiel eingeführt werden, sei es, daß einmal wieder ein Angstverhalten versuchsweise als f(U), als Funktion der Umwelt betrachtet wird, sei es, daß Handlungen analysiert werden, die immer wieder ihr vorgebliches Ziel verfehlen (Handlungstheorie).
Nur am Rande: Eine solche Auffassung menschlicher Beziehungen als Subjekt-Subjekt-Verhältnisse ist von der bisherigen Aktionsforschung zwar intendiert, aber sicher noch nicht klar anvisiert worden.

### 7.2 Die Suche nach Qualität

Künkel sprach von Religion, Buber von Grundworten; in demselben Geiste spricht Pirsig von Qualität. Wer ist Pirsig? Robert M. Pirsig, Computerfachmann, Philosoph, Journalist, Motorradfahrer, begann seine abenteuerliche Suche nach dem „Geist der Rationalität", den er „zu verdreschen" dachte, mit der Frage: Was ist Qualität? Wie stellen wir sie fest? Was bewirkt sie, was bewirkt ihr Fehlen?
Er entschloß sich (gegen jede wissenschaftliche Gepflogenheit) den Begriff *undefiniert zu lassen* und ihm auch nicht den Status zu geben, den in der Mathematik die Axiome haben – die sich als Basis von Strukturen erst bewähren müssen. Er erkannte intuitiv, daß jeder Versuch einer Definition in Sackgassen führte. Die Folge dieses Entschlusses war, grob gesprochen und stark verkürzt, daß er Qualität als ein Drittes zwischen Subjektivität (als das Geistige) und Objektivität (als das Materielle) stellte (*Pirsig* 1978, S. 244ff.). Pirsigs Art, wenig von Zen, viel von Technik, von der Seelenruhe als notwendiger Voraussetzung für die Montage von Fahrrädern und die Wartung von Motorrädern, und viel von Mut, Entmutigung und Ermutigung zu spre-

1) Diesen Hinweis verdanke ich Peter Kastner, Berlin.

chen, ja sogar die Ichhaftigkeit zu erwähnen, erinnert stark an Individualpsychologie Künkelscher Prägung.
Bleibt zu fragen: Was ist Zen?

### 7.3 Zen

Wenn ich sage, Zen ist eine der Formen, in denen sich das Infinale zeigt, so ist das keine Definition – das Infinale ist nicht definierbar. Wenn ich sage, Zen sei die Betonung des Unterschiedes zwischen Teekochen und Teezeremonie – in der Absicht, diesen Unterschied aufzuheben, so ist diese Paradoxie vielleicht reizvoll. Aber solche Paradoxien sind nichts anderes als bewußt eingesetzte Hilfsmittel, um diese Fragen offen zu *halten*.
Es herrscht indessen kein Mangel an kommentierender Literatur über Zen in westlichen Sprachen, seit Okakura um 1910 sein „Buch vom Tee" für den Westen schrieb; nicht nur haben westliche Schüler des Zen Bücher geschrieben, von Eugen Herrigel über Karlfried Graf Dürckheim bis zu Hugo Enomiya-Lassalle, um nur wenige zu nennen – auch in der jüngsten Vergangenheit haben Zen-Meister selber Texte verfaßt, wie z.B. „Die große Befreiung" von Suzuki Daisetz und „Zen-Geist/Anfänger-Geist" von Suzuki Shunryu. Je mehr ich in der Folge der Pirsig-Lektüre über Zen gelesen habe, umso mehr schien es mir, der Worte in diesen Schriften bedürfte es vorwiegend zum Wecken eines latenten Bedürfnisses *und*, hat man sich auf den Weg eingelassen, zur Ermutigung, die Übungswege, sei es nun „einfach Sitzen", Bogenschießen, Teezeremonie, Schwertkampf, Blumenstecken u.v.a. durchzuhalten, nicht aufzugeben; denn es soll sich zeigen, daß auch der Alltag selbst ein solcher Weg ist! Was der Übende erreichen kann, möglicherweise, nie sicher i.S. von technisch zuverlässig machbar, bleibt in den Schriften der Meister ungesagt, weil unbeschreibbar, allenfalls mit dem Begriff der Erleuchtung umschrieben. Gerade dieses Verstummen aber *zeigt*, daß auf diesen Wegen mystische Erfahrung möglich ist, die der christlichen mystischen Erfahrung wesensverwandt ist.
Zen gehört also dem religiösen Modus zu, ist Religion nicht nur aus der Tradition des Buddhismus in seiner Verschmelzung mit dem Taoismus, sondern aus seinem Grundanliegen, den Alltag des Menschen zu heiligen!
Was tut der Wissenschaftler, wenn er mit den Paradoxien der Zen-Texte konfrontiert wird? Vielleicht versucht er einen Weg zu gehen – aber mit Sicherheit zieht er auch sein Handwerkszeug hervor, übt Rationalität (mit Recht, wie Alan Watts betont), beschreibt, unterteilt, kurz, er betreibt vergleichende Religionswissenschaft. Wissenschaftlich vergleichende Literatur über „Zen und . . ." kenne ich in vier Varianten, die ich mit je einem Beispiel und nur ganz knapp ansprechen möchte.

1. Kunstwissenschaftliche Darstellung.
   In dem Buch „Zen-Kunst" weist *H. Munsterberg* (1978) auf den durchgehenden Einfluß des Zen auf alle japanischen Kunstformen hin – ein Erbe der taoistischen Betonung des Schönen, wie *Okakura* (1910) in seinem „Buch vom Tee" anmerkte.
2. Marxistische Analyse.
   *Konchok Dorje* (1980) unternimmt sehr spontan den Versuch, Marxismus und Meditation zu einer „Psychologie der Praxis" zu integrieren. Es finden sich zahlreiche Bezüge zu *Bahros* „Alternative" (1977).

3. Vergleichend psychologische Analyse.
*Alan Watts* vergleicht in seinem Buch „Psychotherapie und Östliche Befreiungswege" unter Bezug auf Wittgenstein die Haltung der analytischen Psychotherapeuten und der Zen-Meister und kommt zu ähnlichen Schlußfolgerungen wie *Sheldon Kopp* (1978). Die Hilfe zur Befreiung, die Meister und Therapeut bieten, besteht in dem Aufweisen der sozialen Wirklichkeit als Illusion i.S. von „durch uns selbst ins Spiel gebracht, von uns selbst inszeniert". So sind wir verantwortlich für das Spiel, daß es „das rechte ist und daß es gut gespielt wird".
4. Theologische Analysen.
4.1 Katholisch-theologisch vergleichende Analyse.
*H. Dumoulin* (1966) hält „östliche Meditation" für einen Weg der „natürlichen Mystik".
4.2 Jüdisch theologisch vergleichende Analyse.
*Martin Buber* (1963) hat den „Ort des Chassidismus in der Religionsgeschichte" bestimmt und gemeint, „wir kommen der Erkenntnis des dem Chassidismus Eigentümlichen weit näher, wenn wir einige seiner Legenden mit Legenden des Zen vergleichen".
5. Zen und Psychotherapie.
Zen als religiöse Grundhaltung hat auch zahlreiche Psychotherapeuten angesprochen, z.B. C.G. Jung, A. Adler, E. Fromm, C. Rogers und F. Perls, es hat auch zu eigentümlichen Entwicklungen den Anstoß gegeben (Gestalttherapie durch Fritz Perls, Initiatische Therapie von Maria Hippius und K. Graf Dürckheim). Auf diese Prozesse kann ich hier nicht eingehen, doch müßte untersucht werden,
   1. wie weit der Vorwurf *R. Jacobys* (1978) zutrifft, daß einige der Genannten eine Position des Revisionismus gegenüber der Freudschen Psychoanalyse eingenommen haben, und ob mit dem Zen-Gedanken eine religiöse Grundhaltung der Freudschen areligiösen Haltung (Projektionsdeutung) gegenübergestellt wird (so daß ein Revisionismusvorwurf unangebracht wäre). Diese Diskussion wird auch von *Jeremias* (1982) belebt;
   2. ob nicht das, was sich aus der Weiterentwicklung der Laboratoriumsmethode zum Sensitivity-Training, aus Gestalttherapie und Bioenergetik entwickelte, als Scheinreligion i.S. *Künkels* bezeichnet werden müßte: „Es fragt sich nun, ob und wieweit auf diesem Wege das Wirksam-Werden infinaler Zwecke tatsächlich zustandekommen kann. Und die Antwort muß lauten: Es kann gar nicht zustande kommen. Denn Klärung ist nur da, wo alle Zielsetzungen ins Unendliche münden, wo alle Finalität übergeht ins Infinale . . .

Eine Lehre, die dem Ich noch eine Lücke läßt, ist nicht um des Infinalen willen da, sie ist nicht Religion, sondern sie ist um des Ich willen da, sie ist eine Scheinreligion . . ." (1975, S. 118)

Die sich daran anschließenden Fragen sind wichtig und sollen nicht vergessen werden – aber für einen, der beigedreht liegt und lateral driftet, ist die wissenschaftliche Beschäftigung mit Zen die weniger wichtige Dimension. Es gibt für ihn, wenn er sich *ergreifen* läßt, vielleicht, eine andere als die rationale Weise, Zen aufzunehmen. Er kann sich nämlich (dank der Ermutigung, die von seinen Gedanken und Verheißungen ausgeht – daß nämlich hier Qualität zu finden und herzustellen sei –, und der Mut entsteht nach Pirsig bei Kontakt mit Qualität) entschließen, die Zen-Praxis zu üben, d.h. erneut Segel setzen und einen neuen Kurs steuern, oder eben mit neuem Mut den alten Kurs.

## 8. Vernunft als Nutznießerin und wortlose Propädeutik

Was nützt uns nun diese ganze Betrachtung? Diese Frage würde ich an den Fragesteller zurückgeben, für mich ist sie positiv beantwortbar. Ich habe Klarheit gewonnen über einen Aspekt der Conditio Humana; der religiöse Modus erweist sich als unverzichtbar, er ordnet Rationalität (als das ausgezeichnete Sprachspiel des wissenschaftlich Wahren) wieder in die Familiengemeinschaft der Sprachspiele der Qualität ein. Aber ist das, was hier, mit Worten, rational gesagt wird, nicht doch wieder nur Erweiterung von Rationalität?
Schon – beachten wir nur, was *nicht* gesagt wird, was sich an einem Text wie diesem und einer Aktivität wie dieser *zeigt*, und, ebenso wichtig, was sich an der zugehörigen Lebensform (an der Hochschule, auf einem Kongreß) zeigt und nicht zeigt!

Alle Rede (jedes Sprachspiel) bleibt jedenfalls nur der eine Teil der Einheit „Sprachspiel und Lebensform". Und es zeigt sich an unserer Lebensform, jetzt, hier, was uns fehlt, wenn wir von Gemeindepsychologie sprechen: die Gemeinde als Lebensform, die auf den arbeitsteilig ausgebildeten und arbeitsteilig tätigen Psychotherapeuten und auf den Gemeindepsychologen verzichten kann! Alles was nicht so hoch greift, greift nicht nur zu kurz, sondern stört die mögliche Entwicklung, die einzige Hoffnung, die wir haben!
Wer Zen, oder wer Meditationskurse präsentiv in unserem Gesellschaftssystem einsetzen will, kann leicht das Grundanliegen verfehlen, in Scheinreligion oder in die Korruption des Marktgeschehens hineingeraten. Zen aber als Lebensform enthält ein wortloses Versprechen.
Freilich gibt es auch falsche Propheten.
Ich möchte deshalb auf die achtsamen, klugen und liebevollen Texte hinweisen, die *Paul Engelmann* (1970) seinen „Briefen und Begegnungen mit Ludwig Wittgenstein" beigegeben hat und in denen sich ein „wortloser Glaube" zeigt.

Ein letztes Mal können wir auch einen Rückblick auf Pirsig werfen, dessen Anliegen war: Statt, was gibt es Neues? zu fragen: Was ist das Beste? Vielleicht kommt mit Zen etwas sehr Altes und sehr Gutes zu uns?
Suzuki meinte:

„Wir müssen Anfänger-Geist haben, frei von irgendeinem Besitz, einen Geist, der weiß, daß alles in fließender Änderung ist. Nichts existiert außer im Augenblick in seiner gegenwärtigen Form und Farbe. Ein Ding fließt in das andere und kann nicht gefaßt werden. Ehe der Regen aufhört, hören wir einen Vogel. Selbst unter dem tiefen Schnee sehen wir Schneeglöckchen und neues Wachstum. Im Osten sah ich schon Rharbarber. In Japan essen wir im Frühling Gurken." (Epilog)

Wenn wir es uns erlauben, auf diesen Ton zu hören, der so ganz irrational klingt, aber rein und richtig, dann kann uns selber, gelernte Rationalisten, die wir sind, einmal etwas widerfahren: Wir können ergriffen werden. Somit gilt das Älteste auch heute noch, wie ein Blick auf Tschuangtse zeigt, dessen Formel für den Umgang mit der Vielfalt der Traditionen der Alten lautete:

*„Manche der Lehren der Alten bestanden in folgendem . . .* (Es folgt diese Lehre) *. . . N.N. und M.M. hörten von diesen Lehren und liebten sie."* aus: Laotse, Fischer TB 89.

Was ich Ihnen sagen wollte, lautet also kurz: Ich hörte die Lehren des Zen und liebe sie. Und nun frage ich Sie und fragen Sie sich und Ihre Nachbarn: Was hörten Sie, was lieben Sie?

**LITERATUR:**


ADLER, A.: ***Der Sinn des Lebens.*** Fischer Taschenbuch, 6179.

ARGYRIS, C.: Dangers in applying results from experimental social psychology. ***Amer. Psychologist,*** 1975, 469-485.

BAHRO, R.: ***Die Alternative. Zur Kritik des real existierenden Sozialismus.*** Hamburg: Rowohlt, Sachbuch rororo, Nr. 7331, 1980.

BENJAMIN, W.: Geschichtsphilosophische Thesen. In: ***Zur Kritik der Gewalt und andere Aufsätze.*** ed. suhrkamp. Nr. 103, Suhrkamp. 1965.

BUBER, M.: ***Werke, Bd. 3: Schriften zum Chassidismus. Der Ort des Chassidismus in der Religionsgeschichte.*** Kösel Verlag und Verlag Lambert Schneider, 1963.

BUBER, M.: ***Das dialogische Prinzip.*** Heidelberg: Verlag Lambert Schneider, 1979.

CROAKE, J.W. & RUSK, R.: The theories of Adler and Zen. ***Journal of Indiv. Psychol.,*** 36, 1980, 219-226.

DORJE, Konchok: ***Marxismus und Meditation.*** München: Trikont, Dianus, 1980.

DÜRCKHEIM & GRAF, K.: ***Zen und wir.*** Frankfurt: Fischer Taschenbuch Nr. 1539, 1974.

DÜRCKHEIM & GRAF, K.: ***Vom doppelten Ursprung des Menschen.*** Freiburg: Verlag Herder, 1973.

DUMOULIN, H.: ***Östliche Meditation und christliche Mystik.*** Freiburg, München: Verlag K. Alber, 1966.

ENGELMANN, P.: ***Ludwig Wittgenstein. Briefe und Begegnungen.*** München, Wien: Verlag R. Oldenbourg, 1970.

ENOMIYA-LASSALLE, H.M.: ***Zen Weg zur Erleuchtung.*** Freiburg: Verlag Herder, 6. Aufl., 1981.

ENOMIYA-LASSALLE, H.M.: ***Zen Meditation. Eine Einführung.*** Heyne-Verlag, Reihe „Religion und Glaube" Nr. 13, 1982.

FEYERABEND, P.: ***Erkenntnis für freie Menschen.*** ed. suhrkamp, Nr. 1011, Suhrkamp Verlag, 1980.

GOTTWALD, P.: ***Verhaltenstherapie und Verhaltensmodifikation. Die Kontrolle menschlichen Verhaltens.*** Jahrb. d. Max-Planck-Ges., 1973, 61-102.

GOTTWALD, P.: Forschung in der Verhaltenstherapie. In: Pongratz, L. (Hrsg.): ***Klinische Psychologie, Bd. 8/2 Handbuch der Psychologie.*** Göttingen: Hogrefe, 1978a.

GOTTWALD, P.: Aktionsforschung – welche Probleme will sie lösen, welche kann sie gegenwärtig lösen? In: Fiedler & Hörmann (Hrsg.): ***Aktionsforschung in Psychologie und Pädagogik.*** Bd. 5 der Reihe „Psychologie und Gesellschaft". Darmstadt: Steinkopff, 1978b.

GOTTWALD, P.: ***Psychosoziale Versorgung und Psychosoziale Arbeitsgemeinschaften.*** Oldenburg: Unveröffentlichte Projektberichte, 1980.

GOTTWALD, P. et al.: ***Psychosoziale Versorgung auf dem Lande. Dokumentation und Analyse der Arbeit des Modellprojekts: Psychosoziale Beratungsgruppe Varel.*** Unveröffentlichter Bericht, 1981.

GOTTWALD, P. & INNERHOFER, P.: ***Zur funktionalen Analyse psychosozialer Theorien. Behaviorismus und Behandlungstheorien als Sprachspiele in Lebenszusammenhängen.*** Bericht über den 32. Kongreß der DGfP, Zürich. Göttingen: Hogrefe Verlag, Bd. 1, S. 126-128, 1980.

GRÖBEN, N. & SCHEELE, B.: ***Argumente für eine Psychologie des reflexiven Subjekts.*** Darmstadt: Steinkopff-Verlag, 1977.

HEINRICH, K.: *Tertium datur. Eine religionsphilosophische Einführung in die Logik.* Basel, Frankfurt/M.: Strömfeld/Roter Stern, 1981.

HELLER, E.: Ludwig Wittgenstein. Unphilosophische Betrachtungen. In: *L. Wittgenstein/ Schriften, Beiheft 1.* Suhrkamp Verlag, 1. Aufl., 1960.

HERRIGEL, E.: *Zen in der Kunst des Bogenschießens.* München: O.W. Barth-Verlag, 1975, 17. Aufl.

HERRIGEL, G.L.: *Der Blumenweg.* München: O.W. Barth-Verlag, 1958, 5. Aufl.

HUIZINGA, J.: *Homo ludens. Vom Ursprung der Kultur im Spiel.* Rowohlts Deutsche Enzyklopädie, Bd. 21, 1956, 1. Aufl.

INNERHOFER, P. & GOTTWALD, P.: Wissenschaftstheoretische Grundlagen. Welche Bedeutung haben wissenschaftstheoretische Überlegungen für den klinisch arbeitenden Psychologen? In: Pongratz (Hrsg.): *Klinische Psychologie, Bd. 8/1, Handbuch der Psychologie.* Göttingen: Hogrefe, 1977.

JACOBY, R.: *Soziale Amnesie. Eine Kritik der konformistischen Psychologie von Adler bis Laing.* ed. suhrkamp, Nr. 859, Suhrkamp Verlag, 1978.

JEREMIAS, J.: *Die Theorie der Projektion im religionskritischen Denken Sigmund Freuds und Erich Fromms.* Universität Oldenburg: Unveröffentlichte Dissertation, 1982.

KAMLAH, W. & LORENZEN, P.: *Logische Propädeutik. Vorschule des vernünftigen Redens.* BI, Mannheim, Nr. 227/227a, 1967.

KOPP, Sh.B.: *Triffst Du Buddha unterwegs . . .* Fischer Taschenbuch Nr. 3374, Fischer, 1978.

KRAIKER, Chr.: *Psychoanalyse, Behaviorismus, Handlungstheorie. Theoriekonflikte in der Psychologie.* München: Kindler, 1980.

KÜNKEL, F.: *Einführung in die Charakterkunde.* Stuttgart: S. Hirzel-Verlag, 1975.

LIN YUTANG (Hrsg.): *Laotse und Tschuangtse.* Fischer Taschenbuch Nr. 89, Fischer, 1955.

METZGER, W. (Hrsg.): A. Adler, der Sinn des Lebens, s. dort.

MUNSTERBERG, H.: *Zen-Kunst.* Dumont Kunsttaschenbücher Nr. 59, Köln: Dumont, 1978.

OKAKURA, K.: *Das Buch vom Tee.* Insel Taschenbuch Nr. 412, Insel-Verlag, 1981.

PIRSIG, R.M.: *Zen und die Kunst ein Motorrad zu warten.* Fischer Taschenbücher Nr. 2020, Fischer, 1978.

SUZUKI, D.T.: *Die große Befreiung. Einführung in den Zen-Buddhismus.* München: O.W. Barth Verlag, 1980.

SUZUKI, Sh.: *Zen-Geist / Anfänger-Geist.* Zürich: Theseus-Verlag, 1979, 2. Aufl.

WATTS, A.: *Psychotherapie und östliche Befreiungswege.* München: Kösel Verlag, 1980.

WITTGENSTEIN, L.: *Tractatus logico-philosophicus. Philosophische Untersuchungen.* Frankfurt/M.: Suhrkamp Verlag.

WITTGENSTEIN, L.: *Vermischte Bemerkungen.* Hrsg. G.H. v. Wright. Frankfurt/M.: Suhrkamp Verlag, 1977.

**Kontaktadresse:** Prof. Dr. Dr. P. Gottwald
Universität Oldenburg
Fach Psychologie
Birkenweg 5
2900 Oldenburg
West Germany

# Du sollst merken – wie willst du sonst verstehen

## Plädoyer für das tiefenpsychologische Modell der Entwicklung Person in der Gesprächspsychotherapie

*Eva-Maria Biermann-Ratjen und Jochen Eckert*

Wir vergleichen das Entwicklungsmodell in der Gesprächspsychotherapie mit dem psychoanalytischen Entwicklungsmodell von Alice Miller. Zunächst werden das Therapiemodell und das Veränderungsmodell der Gesprächspsychotherapie kurz skizziert, weil diese beiden Theorien die Prämissen für das Entwicklungsmodell der Gesprächspsychotherapie beinhalten.
Dann wird das Entwicklungsmodell dargestellt unter Betonung der darin beschriebenen Tragik der menschlichen Entwicklung im Gegensatz zu der weithin verbreiteten Meinung, der Gesprächspsychotherapie liege eine naiv-optimistische Vorstellung von den Entstehungsbedingungen einer Persönlichkeit zugrunde (*Bommert* 1977). Im nächsten Schritt werden die Theorien der Gesprächspsychotherapie mit den zuvor dargestellten psychoanalytischen Theorien von *Miller* (1979, 1980, 1981) verglichen.

Das *Therapiemodell* der Gesprächspsychotherapie (*Rogers* 1959) definiert als die notwendige und hinreichende Bedingung für das In-Gang-Setzen und die Aufrechterhaltung eines psychotherapeutischen Prozesses, daß den Therapeuten die Mitteilung an den Klienten gelingt, daß er ihn bedingungslos wertschätzt und empathisch versteht. Der Therapeut erlebt sich als dem Klienten bedingungslos zugewandt. Er kann das fühlen (*Biermann-Ratjen et al.* 1981). Der Therapeut ist in der Beziehung zum Klienten kongruent, d.h., er erfährt in dieser Beziehung nichts, was er von seinem Bewußtsein fernhalten muß, was sein Selbstkonzept bedroht.
Das Therapiemodell der Gesprächspsychotherapie ist ein „nur-wenn-dann"-Modell.

Das *Veränderungsmodell* der Gesprächspsychotherapie bildet das ab, was, vorausgesetzt ein psychotherapeutischer Prozeß ist in Gang gekommen und konnte aufrechterhalten werden, an Veränderungen beim Klienten beobachtet werden kann. Es sagt etwas aus über die Anteile des Klienten, die sich verändern, und etwas über die Richtung, in die die Veränderung geht. Und zwar: Der Prozeß einer Psychotherapie führt zu einer Veränderung des Selbstkonzeptes. Der Effekt dieser Veränderung besteht darin, daß das Selbst mehr Erfahrungen dem Bewußtsein zugänglich machen kann und seine Bewertungsprozesse ändern kann.

Das *Entwicklungsmodell* der Gesprächspsychotherapie beinhaltet eine Beschreibung der Entstehungsbedingungen des Selbstkonzeptes – weitgehend gefolgert aus der Analyse des Veränderungsprozesses unter der Bedingung Psychotherapie. Es besagt: Zur Aktualisierungstendenz des Menschen gehören die Fähigkeit und das Bedürfnis, ein Bewußtsein des eigenen Existierens und Funktionierens zu entwickeln. Dieses Bewußtsein, die Selbsterfahrung, wird angestrebt. Aus den Selbsterfahrungen bildet sich im Laufe der Entwicklung eine Gestalt, das sog. Selbst oder Selbstkonzept. Es bildet sich vor allem aus den Selbsterfahrungen in Interaktion mit der Umwelt, speziell in der Interaktion mit wichtigen anderen Menschen. Von wichtigen anderen Menschen geachtete und wertgeschätzte Selbsterfahrungen werden in das Selbstkonzept aufgenommen, mißachtete oder gar verachtete nicht. Es kann nach der Entwicklung des Selbstkonzeptes das Bewußt-Werden einer Erfahrung einfach deswegen unterbleiben, weil das Individuum diese Erfahrung als verachtenswürdig zu beurteilen gelernt hat auf der Grundlage früher erfahrener Verachtung bei einem solchen Erleben durch wichtige andere Menschen. Es gibt in der Realität immer eine Diskrepanz zwischen dem, was der Organismus als Ganzes wirklich erfährt, und dem, was er davon in seinem bewußten Erleben abbilden kann. Das Selbst verleugnet und verzerrt oder hält anderweitig vom Bewußtsein fern, was nicht in seine Werthaltungen paßt. Es ist bedroht, und das bedeutet für die subjektive Erfahrung einer Person, sie empfindet Angst, wenn diese abgewehrten Erfahrungen zu intensiv und zu zahlreich werden, denn sie sind von einer Art, daß, würden sie ins Bewußtsein eingelassen, so würden sie die Angemessenheit des Selbstkonzeptes in Frage stellen.

Mit diesem Modell der Entwicklung der Person in Interaktion mit den wichtigen frühen Bezugspersonen – gefolgert aus dem Modell der Entwicklung des Klienten in Interaktion mit einem Psychotherapeuten – hat die Gesprächspsychotherapie nicht nur ein Modell zur post hoc Erklärung psychotherapeutischer Prozesse entworfen, auch nicht nur ein Modell zur Erklärung des Phänomens, daß es z.B. Kamikazeflieger gibt, sondern sie hat auch auf die eigentliche Tragik in der Entwicklung der menschlichen Persönlichkeit hingewiesen, die Tragik, die darin liegt, daß die organismische und die Selbst-Aktualisierungstendenz gegeneinander arbeiten können, daß einem Menschen nicht nur im Zuge der Entwicklung seiner Person, seines Selbst, die Achtung und die Wertschätzung anderer Menschen wichtiger sind als die Aufrechterhaltung und Förderung seines Organismus als Ganzem, daß der Mensch in einer ganz fundamentalen Weise abhängig ist von anderen Menschen und es immer bleibt.

*A. Miller* entwirft eine Entwicklungstheorie auf der Grundlage dessen, was sie als den größten Besitz der Analytiker bezeichnet: „. . . die Kenntnis des Unbewußten und der dem menschlichen Dasein innewohnenden Tragik", bereichert um die seit *Winnicott* (1949) bekannte „Einsicht, daß der Zorn des Kindes eine Antwort auf narzißtische Versagungen und Kränkungen ist (wie das Nichtverstehen, das Verachten, Demütigen, Mißbrauchen . . .)" (1981, S. 77) und nicht Ausdruck eines Todestriebes, ferner unter Verzicht auf die Triebtheorie:
Das Kind ist am Anfang seines Lebens total abhängig von anderen Menschen. Spiegel dieser Abhängigkeit ist eine Trennungsangst, die die Qualität einer Todesangst hat, entsprechend der tatsächlichen Realität des Kleinstkindes: Es könnte nicht überleben ohne die Hilfe anderer Menschen. Der Vermeidung des Erlebnisses dieser Trennungsangst gilt die ganze psychische Entwicklungsanstrengung des Kleinstkindes: Es verdrängt das Erlebnis dieser Angst und alle Erlebnisse, die sie ausgelöst haben. Es verdrängt speziell jedes Erlebnis mit den frühen Eltern, in denen es Trennungsangst gefühlt hat.
Die nicht zum Bewußtsein zugelassenen Erfahrungen bleiben aber im Unbewußten erhalten.

Im Zusammenhang mit den Anstrengungen zur Vermeidung des Erlebens der Trennungsangst entwickelt sich ein sehr heftiges Bedürfnis nach Wahrnehmung und Anerkennung des eigenen Daseins und ein idealisiertes Bild der Eltern. Das führt zum einen dazu, daß das Kind alle Gefühle zu vermeiden sucht, die ihm keine Achtung und Anerkennung speziell seitens der Eltern einbringen, und daß es Erfahrungen verdrängt, in denen es sich ohnmächtig, mißachtet, gedemütigt fühlen müßte, sowie alle Erfahrungen, die das Bild seiner Eltern trüben könnten. Das kann im Extrem dazu führen, daß es nur noch Gefühle hat, nur noch empfindet, was die Eltern wollen, und daß es zur Rettung des Bildes seiner Eltern sich selbst alles zuschreibt und anlastet, was das Bild der Eltern trüben könnte. Nur die Gefühle, die von den Eltern gesehen, erkannt, verstanden und mit Achtung und Zuneigung beantwortet werden, können Bestandteil der bewußten Selbstdefinition des Kindes werden.
Das führt zum Wiederholungszwang: Da die Trennungsangst, die Enttäuschung und erst recht der Zorn, entfacht durch die lebensnotwendigen Eltern, nicht ausgedrückt und nicht gelebt werden können, im Unbewußten aber lebendig bleiben, wird auch jede Situation, die ein Bewußt-Werden dieser Gefühle möglich machen könnte, vermieden. Hingegen werden Situationen gesucht und auch aktiv hergestellt, die das Elternbild nicht ins Wanken bringen und die eigene Anstrengung, das Unbewußte nicht bewußt werden zu lassen, rechtfertigen.

Die Faszination für uns und für viele andere Gesprächspsychotherapeuten durch die Bücher von *A. Miller* hat unseres Wissens zwei Hauptquellen: Die eine ist die, daß die theoretischen Formulierungen einer in dieser Art revidierten psychoanalytischen Theorie in hohem Maße mit der Gesprächspsychotherapie kongruent sind. Die andere Quelle ist die, daß *A. Miller* die Traumen, die Gefühle und Erfahrungen, gegen deren Wahrnehmung sich unser aller Selbstbilder, speziell aber die unserer Patienten, mit Todesangst, auch mit Todesverachtung sträuben, inhaltlich benennt. Das tut die Gesprächspsychotherapie nicht.

Die Gesprächspsychotherapie-Theorien und eine psychoanalytische Theorie, die auf die Triebtheorie und die Annahme eines Todestriebes verzichtet, sind in folgenden Punkten kongruent:
Beide Theorien beschreiben den Therapeuten als „bestrebt, vollständig und unter allen Umständen zu seinem Patienten zu stehen, nicht zu urteilen, ihn in allem, was er sagt und tut, zu respektieren, ihn ernstzunehmen und ihn soweit wie möglich zu verstehen" (*Miller* 1981, S. 71). Beide Theorien betonen, daß das nur möglich ist, wenn der Therapeut konkruent ist – in der anderen Sprache ausgedrückt heißt das: nur wenn der Therapeut bereit und in der Lage ist, sich stellvertretend gebrauchen und verwenden zu lassen vom Klienten.
In der so beschriebenen therapeutischen Beziehung sehen beide Theorien die Möglichkeit für den Klienten, sein Selbstkonzept so zu verändern, daß bisher ins Unbewußte verbannte Erfahrungen bewußt erlebt werden können, der Wiederholungszwang verschwinden kann.
Beide Theorien suchen in ihrem Entwicklungsmodell nicht in den Traumen der frühen Kindheit die Pathogenese späterer Störungen, sondern sie suchen die Pathogenese in der Abbildung dieser Traumen in der psychischen Struktur, die sich entwikkelt. Nicht die Schmerzen der frühen Kindheit sind die Gefahr, die Tragik; die Ge-

fahr liegt darin, daß einem menschlichen Lebewesen der eigene Zugang zu den eigenen Erfahrungen, dazu gehören auch die Schmerzen, verstellt werden kann – und zwar dadurch, daß die Menschen, von denen das Überleben des Kindes abhängig ist, diese Erfahrungen schlicht nicht wahrhaben wollen oder können.
Nicht nur das Überleben und die Entwicklung des Organismus „Mensch" ist abhängig von den Pflegepersonen; auch das Überleben und die Entwicklung der psychischen Struktur „Mensch" ist abhängig von den Pflegepersonen; speziell aber die Vereinbarkeit von organismischer Aktualisierungstendenz und Selbst-Aktualisierungstendenz.

Bisher hat kaum einer so nachdrücklich und so einfach wie *A. Miller* die Gefühle beschrieben, mit deren Auftauchen beim Klienten der Therapeut im Verlaufe einer Psychotherapie rechnen muß. In der Gesprächspsychotherapieliteratur kann man wenig darüber finden, daß Menschen mit guten Gründen auch Angst vor einem therapeutischen Prozeß haben können, der sie ja schließlich in Kontakt bringt mit Gefühlen, die sie aus guten Gründen mit aller Gewalt ein Leben lang von sich ferngehalten haben: Mit dem Gefühl des total Ausgeliefertseins, der Abhängigkeit, der ohnmächtigen Wut bis zur Verzweiflung und Todessehnsucht beim Nicht-verstanden-Werden, Sich-nicht-verständlich-machen-Können, beim Verkannt-Werden, bei Mißachtung oder gar Verachtung, und mit den Selbstgefühlen, die daraus resultieren: den Gefühlen des Unfähigseins, Wertlosseins, Schuldigseins, Böseseins.
Ebensowenig findet man leider in der Gesprächspsychotherapieliteratur auch darüber, daß das Verständnis für den Klienten eine Vertrautheit des Therapeuten mit seinen eigenen frühen Kindheitserfahrungen, den konkreten Entstehungsbedingungen des eigenen Selbst – auch des Selbstverständnisses als Therapeut voraussetzt.

Dieses war ein Plädoyer für eine tiefenpsychologische Entwicklungstheorie in der Gesprächspsychotherapie, für eine Einbeziehung des Wissens von den Gefühlen aus der frühen Kindheit und der Entstehungsbedingungen des Selbst in das konkrete Verstehen-Können des Gesprächspsychotherapeuten.
Wir müssen uns erlauben können zu merken, sonst können wir nicht verstehen.

**LITERATUR:**

BIERMANN-RATJEN, E.-M., ECKERT, J. & SCHWARTZ, H.-J.: *Gesprächspsychotherapie. Verändern durch Verstehen.* Stuttgart: Kohlhammer, 1981[2].

BOMMERT, H.: *Grundlagen der Gesprächspsychotherapie.* Stuttgart: Kohlhammer, 1977.

MILLER, A.: *Das Drama des begabten Kindes und die Suche nach dem wahren Selbst.* Frankfurt: Suhrkamp, 1979.

MILLER, A.: *Am Anfang war Erziehung.* Frankfurt: Suhrkamp, 1980.

MILLER, A.: *Du sollst nicht merken. Variationen über das Paradies-Thema.* Frankfurt: Suhrkamp, 1981.

ROGERS, C.R.: A Theory of Therapy, and Interpersonal Relationships, as Developed in the Client-Centered Framework. In: Koch, S. (Ed.): *Psychology: A Study of Science. Study I, Vol. 3.* New York: McGraw-Hill, 1959, 184-256.

WINNICOTT, D.: Hate in the Counter-Transference. In: Winnicott, D.: *Collected Papers. Through Paediatries to Psycho-Analysis.* New York: Basic Books, 1949.

**Kontaktadresse:** Dipl. Psychologin E.-M. Biermann-Ratjen
Psychiatrische Universitätsklinik
Martinistr. 52, 2000 Hamburg 20

# Was heißt: Verändern durch Verstehen?

## Überlegungen zum sich anbahnenden Paradigmenwechsel im Verständnis der Gesprächspsychotherapie

*Wulf Hübner*

An die Stelle der traditionellen, am Reiz-Reaktionsdenken orientierten Betrachtungsweise, die die metatheoretische Frage „Wieso ist GT wirksam?" durch Rekurs auf GT-fremde psychologische Theorien zu *erklären* versucht hat, ohne damit jedoch einen relevanten Beitrag für das Verständnis der therapeutischen Praxis zu leisten, kann seit Erscheinen des Buches „Verändern durch Verstehen" von A. Biermann-Ratjen et al. die hermeneutisch-sprachanalytische Betrachtungsweise treten, die zu *verstehen* erlaubt, wieso GT heilsam ist. Die empirische Triftigkeit des Konzepts der GT als „korrigierende Beziehungserfahrung" hat Biermann-Ratjen inzwischen dadurch zusätzlich plausibel gemacht, indem sie gezeigt hat, wie zentrale Thesen der psychoanalytischen Entwicklungstheorie mit gesprächspsychotherapeutischem Wissen und Vokabular reformuliert werden können: Der Rolle, die das empathisch, wertschätzende Verstehen des Therapeuten beim Kongruent-Werden des Klienten in der GT spielt, entspricht das mißachtende, unempathische Nichtverstehen der frühkindlichen Bezugsperson(en) beim Inkongruent-Gewordensein des Kindes bzw. Klienten.
Diese Verknüpfung des Therapiekonzepts der GT mit dem der (Fehl-)Entwicklungstheorie der Psychoanalyse gibt den Weg frei, die metatheoretische Fundierung der GT aus den Ergebnissen sprachanalytischer Überlegungen zu beziehen, insbesondere aus solchen über die Bedeutung und den Erwerb der sprachlichen Ausdrücke, durch deren Gebrauch wir unsere psychische Befindlichkeit, also uns, äußern.

Diese These, mit der dem bislang vernachlässigten Umstand Rechnung getragen wird, daß GT expressis verbis *im Gespräch,* d.h. in und durch Sprache allein, vollzogen wird, werde ich in drei Abschnitten erläutern, um dann, abschließend, die Konsequenzen zu skizzieren, die diese Überlegungen für die Arbeit des Therapeuten haben.

### 1. Allgemeines zur Bedeutung psychologischer Ausdrücke

Psychische Zustände sind einzigartige empirische Phänomene. Denn die Ausdrücke, mit denen wir sie sprachlich artikulieren, sind durch einen besonderen Doppelcharakter ausgezeichnet: In Sätzen der 1. Pers.Sg., aus der Ich-Perspektive, bedeuten sie die Kundgabe eines psychischen Zustandes, von dem derjenige, der sich in diesem Zustand befindet, unmittelbar weiß.

Hier bekommt die sprachphilosophische These von der Unhintergehbarkeit der Sprache bei unserer Erkenntnis ein besonderes Gewicht. Es ist ja nicht nur so. daß wir – trivialerweise – Sprache verwenden müssen, um *über* empirische Phänomene überhaupt reden zu können, sondern im besonderen Fall der bewußten psychischen

Zustände ist es darüber hinaus so, daß sie als bestimmte empirische Phänomene, d.h. als bestimmte von anderen unterschiedene psychische Zustände, durch ihre sprachliche Äußerung konstituiert werden! Als bewußte gibt es die psychischen Zustände nur, *indem* sie wortsprachlich geäußert werden.
In Sätzen der 3. Pers.Sg. gebraucht, bedeuten psychologische Ausdrücke aber etwas anderes, nämlich das einem psychischen Zustand entsprechende, beobachtbare äußere Verhalten, das (körpersprachliche) Ausdrucksverhalten. In diesen Sätzen wird bloß ein indirektes Wissen artikuliert, eines, das auf Kriterien beruht. Daß sich jemand in einer bestimmten Weise verhält, sein Ausdrucksverhalten, ist für uns nur ein Indiz dafür, daß er sich in einem bestimmten psychischen Zustand befindet, kein Garant.

Diese Doppeldeutigkeit psychologischer Ausdrücke hat, systematisch betrachtet, weitreichende Folgen. Denn die Sätze „ich bin traurig" und „er sieht traurig aus / ist traurig" stellen – wenn mit „ich" und „er" dieselbe Person gemeint ist – denselben Sachverhalt dar! D.h., die Bedeutung von „traurig" umfaßt sowohl das Gefühlte und direkt Gewußte (= Ich-Perspektive) wie auch das entsprechende, beobachtete und Anlaß zu einem indirekten Wissen gebende Ausdrucksverhalten (= Betrachter-Perspektive). Das hat zur Folge, daß die Frage, ob ein einschlägiger Sachverhalt wirklich besteht oder nicht – ob jemand wirklich traurig ist –, nur so entschieden werden kann, daß geprüft wird, ob die Sätze der 1. und der 3. Pers.Sg., die ihn darstellen, beide wahr sind.
Diesem Doppelcharakter psychologischer Ausdrücke ist es zu verdanken, daß wir uns selbst nur so zu verstehen gelernt haben können, wie unsere relevanten frühkindlichen Bezugspartner uns verstanden haben.

## 2. Was bedeutet „eine-Beziehung-zu-sich-haben"?

Wenn wir Sprache expressiv, d.h. psychologische Ausdrücke in der Ich-Form verwenden, uns also äußern, dann dokumentieren wir zugleich, daß wir „eine bestimmte Beziehung zu uns haben". Das ist, systematisch-genetisch betrachtet, so zustande gekommen: Unsere frühkindlichen Bezugspersonen haben uns gelehrt, uns – nämlich die eigenen physiologischen Reaktionen – in bestimmter Weise zu verstehen, indem sie diese mit psychologischen Ausdrücken kommentiert und mit ihrem Ausdrucksverhalten dazu Stellung bezogen haben. *Sie* haben die kindlichen Äußerungen, also das beobachtbare Verhalten, als Darstellung/Ausdruck von Gefühlen interpretiert und so – für das Kind – die Verbindung von Empfindung, Verhalten und zugehörigen Worten hergestellt. Die Zuordnung der sprachlichen Ausdrücke für Gefühle, die das Kind – von > innen < – fühlt, erfolgt über die Interpretation des physischen Verhaltens des Kindes, also von > außen <; und zwar im Zusammenhang mit dem darauf bezogenen wort- und körpersprachlichen Verhalten der Mutter.

Diese Sichtweise entspricht der Grundthese Wittgensteins, daß die elaborierten sprachlichen Wendungen, mit denen wir eigene psychische Zustände äußern, sich von Ausrufen dem Status nach nicht unterscheiden:

„Ein Kind hat sich verletzt, es schreit; und nun sprechen ihm die Erwachsenen zu und bringen ihm Ausrufe und später Sätze bei. Sie lehren das Kind ein neues Schmerzbenehmen." (PU, § 244)

Um es deutlich hervorzuheben: Das Schreien des Kindes ist ein ursprünglicher, natürlicher Ausdruck seiner Empfindung; der Ausruf „au!" und später dann die Wendung „mir tut's so weh!" sind beides historisch-gesellschaftlich spezifische, konventionelle und als solche gelernte Formen der Äußerung. Sie sind Wortausdrücke des Schmerzens, die das Schreien ersetzen – und nicht den Schmerz beschreiben. Das Kind äußert sich, es verwendet Sprache expressiv!

Lange bevor dies dem Kind bewußt sein kann, hat es also mit diesen bestimmten Formen des Sich-Äußerns jeweils eine bestimmte Weise des Sich-zu-sich-Verhaltens gelernt. Pointiert gesagt: Die Mutter bzw. andere relevante Bezugspersonen haben dem Kind beigebracht, wie ihm zumute ist, wie es die anderen und vor allem sich zu verstehen habe bzw. wirklich versteht. Das bedeutet, daß wir gelernt haben, im wesentlichen genau die Beziehung zu uns zu haben, die unsere frühkindlichen Bezugspartner zu uns hatten.

Deswegen ist das Verständnis von GT, das diese als korrigierende Beziehungserfahrung beschreibt, angemessen. Weil nämlich die Korrektur der Beziehung, die jemand zu sich hat – das ist das Selbstverständnis, das jemand hat – nur wiederum in einer Beziehung zu einem anderen Menschen erfolgen kann.

## 3. Die Formen des Unbewußten und die Macht der Tradition

Weil psychische Zustände sowohl einen körper- wie auch einen wortsprachlichen Ausdruck haben, die in einem gegenseitigen Erläuterungsverhältnis stehen und einander entsprechen, geraten wir leicht in die Lage von Doppelwesen, die die Gefühle, die sie haben, nicht sagen können und die zu den Wörtern, die sie so behende, grammatikalisch und pragmatisch korrekt verwenden können, die entsprechenden Gefühle nicht erleben. Eben dies sind die beiden Formen, in denen Unbewußtes sich bemerkbar macht: darin, daß unser Reden nicht durch unser Fühlen und Erleben gedeckt ist, bzw. darin, daß wir bestimmte Gefühle haben, ohne zu wissen, daß wir diese haben. Beide Formen der Inkongruenz sind nur den Betrachtern unseres Redens und Verhaltens zugänglich; wenn überhaupt, ist nur aus ihrer Perspektive wahrnehmbar, daß die psychischen Zustände, die uns bewußt sind, Aspekte aufweisen, die uns unbewußt sind, die wir in unserem Verhalten aber gleichwohl äußern.
Auch diese haben wir gelernt. Denn indem wir eigene Gefühlsäußerungen nur im Kontext der Wahrnehmung des darauf bezogenen wort- und körpersprachlichen Verhaltens der Bezugspersonen gelernt haben, haben uns diese auch die ihnen selbst unbewußten Komponenten ihres Umgangs mit inneren Erlebnissen, die bloß an ihrem Verhalten sichtbar sind, vermittelt. Und für das Kind stehen das verbale und das averbale Verhalten (der Bezugsperson) und an diesem das ihr Bewußte und das ihr Unbewußte noch auf derselben Stufe der Wahrnehmung! Hierin liegt die Macht der Tradition, die Bedingung der Möglichkeit der Weitergabe auch unbewußter Einstellungen begründet. Die Beziehung, die das Kind zu sich zu haben lernt, kann als Internalisierung der Elternbeziehung zu ihm verstanden werden. Und weil diese „Selbstobjekte" einst selbst Kinder waren,

kommen bei der Erziehung des Kindes „nicht nur die persönlichen Eigenschaften dieser Eltern zur Geltung, sondern auch alles, was bestimmend auf sie selbst eingewirkt hat, die Neigungen und Anforderungen des sozialen Zustandes, in dem sie leben, die Anlagen und Traditionen der Rasse, aus der sie stammen." (Freud, Abriß XVII, 137f.)

Indem wir Sprache expressiv zu verwenden gelernt haben, haben wir – lange bevor uns das bewußt sein konnte – eine bestimmte Beziehung, die Elternbeziehung zu uns, zu aktualisieren gelernt. Damit uns dieses „Strukturverhältnis" bewußt werden kann, brauchen wir die Wahrnehmung eines anderen Menschen. Weil die uns unbewußten Aspekte an unserem bewußten Reden und Handeln an diesem zwar >sichtbar< sind, dies aber nur aus der >Betrachterperspektive<.

## 4. Die Arbeit des Therapeuten

In wesentlichen, strukturellen, Merkmalen entspricht die Beziehung des Therapeuten (Th.) zum Klienten (Kl.) einer Mutter-Kind-Beziehung. Dabei muß der Th. sich auf sein Erleben einlassen, um die Befindlichkeit des Kl. zu erfahren. Denn er soll anstelle des und für den Kl. tun, was dieser (noch) nicht kann, nämlich die unbewußten, unverstandenen – aber wirklich vorhandenen und sein Handeln und Erleben prägenden – Gefühle wahrnehmen, sprachlich artikulieren und dem Kl. so zum Bewußtsein bringen (hier ist die Variable „VEE" enthalten); dies kann ihm aber nur gelingen, wenn der Kl. sich völlig unverzerrt in seiner psychischen Realität zeigen kann (Kern der Variablen „unbedingtes Akzeptieren"); das aber ist abhängig davon, daß der Th. sich seiner psychischen Realität bewußt ist; d.h., daß er alle Gefühle, die er hat – das sind u.U. nicht weniger als Menschen überhaupt haben können –, auch bewußt erleben kann – eben auch die, die der Kl. mitbringt und in ihm auslöst (Variable „Kongruenz").

Im Mittelpunkt der therapeutischen Bemühungen des Th. um den Kl. steht also der Th. selbst, nämlich sein Bemühen, Inkongruenz auf seiner Seite aufzuheben, wann immer er sie in dieser Beziehung zu diesem Kl. spürt. Alles darüber hinausgehende, auf bestimmte Effekte abzielende Verhalten des Th. ist untherapeutisch und als Beziehungsstörung auf seiten des Th. anzusehen und entsprechend aufzuklären.

So hat denn Empathie, um diesen zentralen Terminus aufzugreifen, zunächst überhaupt nichts mit emotionalen Qualitäten wie Freundlichkeit oder positiver Wertschätzung zu tun. Sondern dieser Ausdruck steht für die Fähigkeit des Th., das verbale und averbale Verhalten des Kl. (diese Außenansicht) mit den dazugehörigen Gefühlen (dieser Innenansicht) in Verbindung zu bringen. Wenn das gelingt und von einiger Dauer ist, kann es gar nicht ausbleiben, daß sich zwischen den beiden eine, wie man sagt, tiefe menschliche Beziehung entwickelt. Nur, herstellen kann man so eine Beziehung nicht. Denn man kann Gefühle nicht >machen<, weder sich noch anderen, man kann sie nur erleben bzw. zulassen.

Das gesprächspsychotherapeutische Konzept „Verändern durch Verstehen" ist ein paradoxes Konzept – denn auch Verstehen kann man nicht >herstellen<. Schon gar nicht kann der Th. dem Kl. das Gefühl *geben,* er verstünde ihn. Er *kann* sich um eine Grundhaltung bemühen, die es erlaubt, die psychische Realität des Kl. unverzerrt wahrnehmen, sprachlich artikulieren und so seinem Bewußtsein zugänglich machen zu können. Insofern das geschieht, findet Gesprächspsychotherapie statt.
Im Rahmen der hermeneutisch-sprachanalytischen Betrachtungsweise wird die Antwort auf die meta-theoretische Frage „Wieso wirkt GT heilsam?" durch begriffliche Analyse des GT-Geschehens selbst zu entwickeln versucht, einfach indem eine Ant-

wort auf die Frage zu geben versucht wird „Was ist Gesprächspsychotherapie?". In diesem Beitrag habe ich mich bemüht, damit einen Anfang zu machen.

**LITERATUR zur Sprachphilosophie:**

TUGENDHAT, E.: *Selbstbewußtsein und Selbstbestimmung.* Frankfurt, 1979.

**Kontaktadresse:** Dr. Wulf Hübner
Philosphisches Seminar der Universität Hamburg
Von-Melle-Park 6
2000 Hamburg 13

# Unbewußte Kognitionen – eine konzeptuelle und methodische Herausforderung für das psychotherapeutische Handeln

*Renaud van Quekelberghe*

## 1. Einleitung

Das Gespent des „Unbewußten" scheint neuerdings über den ihm zuerkannten Bereich der Psychoanalyse und Tiefenpsychologie hinauszugreifen und sich in andere, neuere Bereiche der Psychotherapie zu verirren. Ich sehe darin weniger eine Gefahr als eine Herausforderung für neue Reflexionen über ein altes Problem und Phänomen. Auch wenn ich mich – gleichsam exemplarisch – auf kognitive Therapien beziehe, meine ich aber, daß unbewußte Prozesse nach wie vor eine Herausforderung für jegliches psychotherapeutische Handeln bedeuten.
Aus Platzgründen muß ich auf eine nähere Definition von Kognition verzichten. Nur zur Orientierung: Das Wort „Kognition" wird hier als allgemeiner Oberbegriff für Vorstellung, Bild, Idee, Gedanke, Einstellung, Erklärung u.ä.m. verstanden.

Bezugnehmend auf die kognitiv-psychologische Grundlagenforschung zeigt *Mahoney* (1980), daß die verhaltenstherapeutisch orientierten kognitiven Therapien unbegründet restriktiv hinsichtlich der Definition, Erfassung oder Erklärung von kognitiven Prozessen sind. Insbesondere werden vor- bzw. unbewußte Prozesse weder hinreichend noch adäquat artikuliert. Die Rolle, die bewußte oder gar rationale Vorgänge bei der Bewältigung von problematischen Situationen einnehmen, werden somit leicht überschätzt. Ferner befassen sich die verhaltenstherapeutisch orientierten kognitiven Therapien überwiegend mit situationsbezogenen, vordergründigen Gedanken und Vorstellungen. Haltungsmuster werden kaum thematisiert und therapeutisch angegangen. Die Heranziehung von handlungs- bzw. tätigkeitstheoretischen Ansätzen kann m.E. zu einer noch umfassenderen und präziseren Kritik von unbegründeten kognitiv-therapeutischen Restriktionen und Vereinseitigungen führen, als die erwähnte Kritik *Mahoneys.*

So z.B. lehnen die Handlungstheorien eine dichotomische Kategorisierung „Bewußtes versus Unbewußtes" ab und vermeiden so die damit verbundene Gefahr einer sprachlichen Hypostasierung, die das „Unbewußte" als eine psychische Realität herbeizaubert. Statt dessen betonen die handlungstheoretischen Ansätze die graduellen Unterschiede zwischen unbewußten und bewußten Vorstellungen und Denkmustern. Es wird z.B. von nicht-, vor-, rand- oder vollbewußten Kognitionen gesprochen. Multiple Entstehungsfaktoren werden für die unbewußten Kognitionen angenommen – dies im Gegensatz zu einer in der psychoanalytischen Literatur oft einseitigen Hervorhebung von Abwehrprozessen wie Verdrängung oder Verleugnung. Ferner wird die Gewohnheitsbildung oder Automatisierung als ein wichtiger Faktor bei der Entstehung von unbewußten Kognitionen angesehen. Auch wenn Autoren wie Hakker und Volpert „Handeln" als bewußt zielgerichtetes Verhalten definieren, bedeutet dies nicht, daß dem handelnden Subjekt alle Komponenten seines zielgerichteten Verhaltens bewußt sein sollten. Bei stark automatisierten Routinehandlungen, die sich vorwiegend auf der sensomotorischen Ebene abspielen, kann nicht nur die „aktuelle Bewußtheit" der Handlungsausführung weitgehend reduziert werden, auch die bewußte Zielsetzung (mit ihren Implikationen) bzw. Zielantizipation kann auf sehr wenig bewußtseinspflichtige Vorstellungen eingeschränkt werden. Im Extremfall ist lediglich die einmalige Bewußtmachung von einer hinreichend präzisen Zielsetzung und -antizipation notwendig.

Mit den beiden folgenden Annahmen,
- je höher das Regulationsniveau, umso bewußter die Steuerung und Regulation des Handelns und
- je unbewußter die Regulation, umso niedriger das Regulationsniveau,

stellen die Handlungsstrukturtheorien den Automatisierungsprozeß mit dem Unbewußtmachungsprozeß gleich.

Ergänzend und z.T. im Widerspruch zu den o.g. Handlungsstrukturtheorien implizieren Handlungsmodelle, die sich an dem persönlichkeits- und tätigkeitspsychologischen Ansatz *Leontjews* orientieren und höhere Regulationsebenen menschlichen Handelns als die intellektuelle Regulationsebene berücksichtigen, eine *Nicht-Automatisierungssicht unbewußter Kognitionen.* Dies führt dazu, daß die beiden o.g. Annahmen nicht mehr stimmen. Weite Teile von persongebundenen Ideologien sind z.B. dem in aktuellen Situationen handelnden Subjekt nicht bewußt, geschweige denn „begriffen". Dies drückt sich nicht zuletzt in der beim Menschen typischen Trennung zwischen Handlungsziel und Handlungsmotiv aus. Während Ziele zur Orientierung und Aktualisierung von Handlungsplänen und -operationen immer wieder bewußt gemacht werden, bedarf es – zumindest für die aktuelle Verwirklichung des jeweiligen Handlungsziels – keines Wissens um die personbezogenen Beweggründe.

## 2. Zwei Ebenen der Handlungsanalyse

Was die Erfassung von bewußten und unbewußten Kognitionen angeht, erscheint es mir hilfreich, mindestens zwei Ebenen der Handlungsanalyse zu unterscheiden.

### 2.1 Die Ebene der prozessualen Handlungsanalyse (was und wie es geschieht)

Zu dieser Ebene gehört der direkte Handlungsablauf mit den unmittelbar daran beteiligten Steuerungs- und Regulationsprozessen. Die prozessuale Handlungsanalyse kann in jeder Handlung mindestens drei Handlungsfelder und deren wechselseitige Interaktion untersuchen (Abbildung 1).
- Das aktionale Handlungsfeld: Hierzu gehören die für die Verwirklichung des Handlungsziels relevanten Steuerungs- und Regulationsprozesse und -schemata.
- Das para-aktionale Feld: Hierzu gehören Prozesse, die ohne explizite Steuerungs- und Regulationsrelevanz die Durchführung der Handlung begleiten. Solche Prozesse sind z.B. handlungsfremde Überlegungen, Tagträume, ablenkende Wahrnehmungen etc.
- Das super-aktionale Handlungsfeld: Hierzu gehören Aufmerksamkeitsprozesse, die die Prozesse aus beiden o.g. Feldern überwachen und deren Verhältnisse fördern oder hemmen, sowie Orientierungs- und Kontextbildungsprozesse, die über die jeweilige Situation und Tätigkeit hinausgehen bzw. kontextuellen Handlungshintergrund aktualisieren.

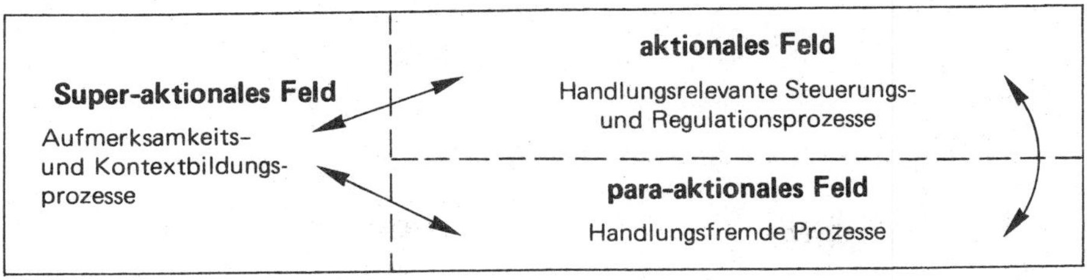


**Abbildung 1:** Prozessuale Handlungsanalyse
Drei Handlungsfelder des Handlungsablaufs

Die theoretische Annahme von drei Feldern im aktuellen Handlungsablauf, welche miteinander in Interaktion treten, erscheint mir sinnvoll, will man klinisch-psychologische Komplexhandlungen wie Dissoziation, Fehl- und Symbolhandlung sowie Handlungsregulationsstörungen beschreiben und erklären. Vor- bis unbewußte Kognitionen sind in allen drei Handlungsfeldern anzutreffen. Sie treten jedoch vorrangig im para-aktionalen Feld auf. Dies liegt daran, daß sich die Aufmerksamkeit des Handelnden zuallererst auf die Erreichung des Handlungszieles richtet.

Als Beispiel für unbewußte Kognitionen, die die prozessuale Handlungsanalyse bewußt machen soll, lassen sich die von Beck beschriebenen „automatischen Gedanken" anführen. Beck meint aufgrund seiner Beobachtungen, daß automatische Gedanken oder Vorstellungsbilder der Aufmerksamkeit leicht zugänglich gemacht werden können. Dies gilt anscheinend für automatische Gedanken oder Vorstellungen, die eine direkt inhaltliche und/oder funktionale Beziehung zum Handlungsziel aufweisen. Automatische Gedanken aus dem para-aktionalen Feld sind schon schwerer zu erfassen, nicht zuletzt wegen ihrer Nichtgebundenheit am Handlungsziel. Da aber Kognitionen aus dem para-aktionalen Feld je nach Regulierung eine wesentliche Auswirkung auf die Handlungszielverwirklichung haben können, lohnt es sich, sie zumindest thematisch zu erfassen. Zusätzlich zu einer genauen Handlungsprotokollierung kann man Verfahren einsetzen wie etwa das Schreiben eines Tagebuchs, die freie Assoziation, die Analyse von Tagträumen.

Als theoretischen Erklärungshintergrund für seine Beobachtungen scheint Beck eine gestaltpsychologische Einteilung des Bewußtseinsfeldes in Figur/Hintergrund anzunehmen. Was unbewußt ist, wird gleichsam entautomatisiert und in das Blickfeld der Aufmerksamkeit hineingeholt. Die situations- und persongebundene Bedeutung der dabei bewußtgemachten entautomatisierten Kognition ist Beck zufolge praktisch immer direkt nachvollziehbar und unmittelbar verständlich. Diese Annahme Becks erscheint mir sehr fraglich. Denn schon bei einfachen Routinehandlungen, wie ein Buch lesen oder Autofahren, impliziert die Bewußtmachung einzelner Handlungsschritte eine mühsame Rekonstruktionsarbeit der ursprünglichen angeeigneten Operationen. Außerdem verlangt die Rekonstruktionsarbeit der persönlichen Bedeutung von bewußtgemachten „automatischen Gedanken" sehr oft das Verlassen der prozessualen Handlungsanalyse zugunsten einer motivationalen Analyse der Handlung. Da aber die zur motivationalen Ebene gehörenden Kognitionen oft verborgen sind, bedarf es erneut einer Aufdeckungsarbeit, die mir im Vergleich zur Bewußtmachung von automatischen Gedanken 1. methodisch als weit schwieriger erscheint und 2. theoretisch, eine andere Sicht von unbewußten Prozessen als diejenige einer Automatisierung von Gedanken impliziert.

### 2.2 Die Ebene der motivationalen Handlungsanalyse (warum es geschieht)

Die Aufdeckung von unbewußten Motiven bedarf der Bewußtmachung eines mehr oder weniger umfassenden situations- und persongebundenen Handlungskontextes. In der Regel ist dieser Kontext nur mittelbar – z.B. über Phantasievorstellungen – im direkten Handlungsgeschehen nachzuweisen. Motivationale Kognitionen sind situationsübergreifend und haben nicht selten einen stark allgemeinen oder symbolischen Charakter. Motivationale Kognitionen sind meist Teile von individuellen Denk- oder Überzeugungssystemen, die wesentliche Anteile der Person und ihrer Entwicklung ausmachen. Ausdrücke wie „Lebensphilosophie" (*Ellis* 1977), „implizite Selbsttheorie" (*Epstein* 1979), „personale Ideologie" (*van Quekelberghe* 1982) weisen auf den Systemcharakter von motivationalen Kognitionen hin. Sicher kann man einzelne Grundannahmen oder -überzeugungen oft ohne eine aufwendige Bearbeitung der individuellen Entwicklungsgeschichte aufdecken. Will man aber den impliziten Systemzusammenhang oder den Kontext transparent machen, bedarf es oft einer Rekonstruktion der individual-geschichtlichen Lebenserfahrungen und -kontexte, ohne die einzelne Grundannahmen abstrakt, unvermittelt und erfahrungslos bleiben würden. Die Erfassung und Rekonstruktion der Genese und Systematik von personalen Ideologien ist aber aus folgenden Gründen schwierig:

- Ihre Grundannahmen sind situationsübergreifend und insofern „abstrakter" als handlungsbegleitende Kognitionen.
- Der „persönliche Sinn" von solchen Annahmen ist meist symbolisch, vieldeutig und individual-geschichtlich verschlüsselt.
- Personale Ideologien sind im Zuge der Langzeitentwicklung entstanden und haben daher zumindest assoziative Beziehungen zu zahlreichen, auch frühen individuellen Erfahrungen.
- Sie können als Denkgewohnheiten so selbstverständlich und evident sein, daß sie somit leicht übersehen werden können.
- Sofern sie für das Individuum unerträgliche Erfahrungen bzw. Schlußfolgerungen beinhalten, können sie absichtlich unterdrückt bzw. dissoziiert worden sein.

Trotz solcher Schwierigkeiten ist die Rekonstruktion von partiellen oder bruchstückhaften Zusammenhängen aus den individuellen – z.T. unbewußten – personalen Ideologien eine lohnende und wichtige Aufgabe im Rahmen einer personzentrierten, kognitiven Psychotherapie. Aus diesem Grunde möchte ich auf der Basis des Tätigkeitsmodells einige Aspekte dieser Rekonstruktionsarbeit näher besprechen.

## 3. Das tätigkeitstheoretische Modell und das Problem der Rekonstruktion unbewußter Kognitionen

Nach *Leontjew* (1977) bilden die verschiedenen Motive einer Handlung flexible Hierarchien. Schon bei leicht überschaubaren Handlungen, wie ein Gespräch führen, sind die meisten Motive weder aktuell bewußt noch aktuell verstanden. Auch können Anzahl, Organisation und Bewertung der daran beteiligten Beweggründe von dem gesprächsführenden Individuum nur ungefähr geahnt werden. Da die Beweggründe des eigenen Handelns oftmals rand- bis unbewußt und wenig bis gar nicht verstanden sind, bedarf es einer Rekonstruktionsarbeit, wenn man Bewußtheit und Klarheit über sie erlangen will. Schon bei einem einfachen Handlungsziel wie „einen Freund anrufen" oder „10 Pfund abnehmen" wird man schnell eine Reihe von Motiven aufdecken können, die direkt oder entfernt zur Zielverwirklichung beitragen. Anders als bei der Bewußtmachung einzelner Handlungsschritte impliziert die Nichtautomatisierungssicht unbewußter Motive, daß die Aufdeckung einzelner Motive und die Rekonstruktion des mit ihnen einhergehenden Tätigkeitszusammenhangs nicht voneinander zu trennen sind. Anders ausgedrückt: Durch die Bewußtmachung von Beweggründen werden nicht nur motivationale Kognitionen aufgedeckt, sondern gleichzeitig personbezogene Handlungserklärungen und -interpretationen (re)konstruiert, die auf handlungsübergreifende Zusammenhänge aus der Lebenspraxis des einzelnen rekurrieren. Im Gegensatz zu den stimulierenden Motiven wie z.B. psychophysiologischen Bedürfnissen oder impulsiven Gefühlsregungen impliziert die Aufdeckung von sinnbildenden Handlungsmotiven i.S. *Leontjews* (d.h. Absichten, Erwartungen, Normen, Überzeugungen u.ä.m.) den Rekurs auf handlungsübergreifende Sinnzusammenhänge, die ganze Tätigkeitsbereiche eines in Entwicklung begriffenen gesellschaftshistorischen Subjekts personal-ideologisch widerspiegeln. Absichten, Normen, Erwartungen, Überzeugungen sind meist hierarchisch höher als andere Motivarten, auch wenn sie unbewußt oder verdeckt bleiben. Einige wenige Lebens- und Leitmotive, die der Gesamtorientierung des Handelns dienen sollen, nehmen dabei eine Vorrangstellung ein.

Auf dem Hintergrund des tätigkeitstheoretischen Ansatzes lassen sich unbewußte Kognitionen im folgenden dreifachen Zusammenhang aufweisen:

1. im Zusammenhang mit einem einzelnen Motiv,
2. im Zusammenhang mit hierarchischen Beziehungen und Konflikten zwischen verschiedenen Motiven,
3. im Zusammenhang mit den Beziehungen („Knoten") der individuellen Motive mit den gesellschaftlichen (Sozialisations-)Bedingungen.

Für den Klinischen Psychologen ist es am einfachsten, einzelne Handlungsmotive und damit verbundene Kognitionen herauszuarbeiten. Am schwierigsten ist es, die letztgenannten Beziehungen aufzudecken. Denn dieser Bewußtmachungsprozeß verlangt eingehende Reflexion verschiedener Tätigkeitsbereiche des Subjekts in gesellschafts- und individualgeschichtlicher Hinsicht. Die Rekonstruktion unbewußter Kognitionen in diesem dreifachen Zusammenhang dient – tätigkeitstheoretisch betrachtet – der weiteren Entwicklung der Person als eines bewußteren Subjekts ihrer Handlungen und deren „Knoten" mit den gesellschaftlichen Sozialisationsbedingungen.

Abschließend möchte ich auf einige diagnostisch-therapeutische Möglichkeiten der Rekonstruktion von unbewußten Handlungsmotiven eingehen.

## 4. Diagnostisch-therapeutische Wege der Rekonstruktionsarbeit von Handlungsmotiven

Im Rahmen der kognitiven Therapien gibt es einige Verfahren, die sich gezielt auf die Herausarbeitung von Handlungsmotiven richten. Der „Sokratische Dialog" zielt z.B. auf eine vertiefte Exploration der Beweggründe des eigenen Handelns, indem der Klient dazu angehalten wird, die von ihm angeführten Handlungsbegründungen zu hinterfragen, miteinander zu vergleichen und den Wert- und Funktionszusammenhang seiner Argumentation zu verdeutlichen.

Gerade für solche kognitiv-therapeutische Methoden wie den „Sokratischen Dialog", die vorrangig auf die Bewußtmachung bzw. Rekonstruktion von unbewußten Handlungsmotiven abzielen, erweist sich der tätigkeitstheoretische Ansatz von Leontjew als therapierelevant. In diesem Zusammenhang möchte ich folgende Annahmen der Tätigkeitstheorie hervorheben:

1. Jede emotionale Tönung der Handlung wird als bewußte Widerspiegelung von – oft unbewußten – Handlungsmotiven aufgefaßt. Diese Annahme impliziert, daß man durch die Verdeutlichung und Analyse von handlungsbegleitenden Emotionen den Zugang zu unbewußten motivationalen Kognitionen eröffnen kann.
2. Innerhalb der Motivhierarchien nehmen Leitbilder und Lebensziel-Kognitionen eine Schlüsselstellung ein.

Die Bewußtmachung von Leitbildern und Lebensziel-Kognitionen stellt sicher ein hochgestecktes Ziel für die kognitiven Therapien dar. Es erscheint mir dennoch möglich, durch imaginative und Gesprächstechniken leitende Handlungsmotive zu (re)-konstruieren. Hierfür können Verfahren nützlich sein wie: detaillierte Beschreibungen von Wunsch- und Idealbildern in verschiedenen vergangenen, gegenwärtigen und antizipierten Tätigkeitsbereichen; die Protokollierung und Reflexion des tagtäglichen Handelns; die Rückschau und Bilanzierung der eigenen Lebenspraxis in den letzten Tagen, Wochen und Jahren; das Imaginieren und Analysieren von angestrebten Tätigkeiten und Wunschbildern. Die schrittweise Rekonstruktion und Bewußtmachung von Leitbildern und Lebensziel-Kognitionen erscheint mir günstig, um möglichst nahe an die Kernannahmen oder Postulate der subjektiven Lebens- und Handlungsideologien heranzukommen. Da aber die individuellen Handlungen zahlreiche „Knoten" mit den gesellschaftlich-historischen Verhältnissen aufweisen, impliziert dies, daß man sich seines Handelns im System der gesellschaftlichen Bedingungen bewußter wird, d.h. die vielfachen „Knoten" oder Verbindungen des individuellen Handelns mit den gesellschaftlichen Verhältnissen, so wie sie sich in Klein- und Großgruppen offenbaren, klarer, bewußter wahrzunehmen und diese „Knoten" selbständiger als bisher aufzulösen oder eben fester zu ziehen.

**LITERATUR:**


ELLIS, A.: *Die rational-emotive Therapie.* München, 1977.

EPSTEIN, S.: Entwurf einer integrativen Persönlichkeitstheorie. In: Filipp, S.-H. (Hrsg.): *Selbstkonzept-Forschung.* Stuttgart, 1979.

LEONTJEW, A.N.: *Tätigkeit, Bewußtheit, Persönlichkeit.* Stuttgart, 1977.

MAHONEY, M.J.: Psychotherapy and the Structure of Personal Revolutions. In: Mahoney, M.J. (Hrsg.): *Psychotherapy Process. Current Issues and Future Directions.* New York: Plenum Press, 1980, 157-184.

v. QUEKELBERGHE, R.: Probleme und Perspektiven einer Annäherung von Handlungstheorie und kognitiven Therapien. In: v. Quekelberghe, R. & v. Eickels, N. (Hrsg.): *Handlungstheorien, Tätigkeitstheorie und Psychotherapie.* Tübingen, 1982.



**Kontaktadresse:** Prof. Dr. Renaud van Quekelberghe
EWH Rheinland-Pfalz, Arbeitsgruppe Klinische Psychologie
Industriestr. 15, 6740 Landau/Pfalz

# Die Veränderung von Attribuierungsgewohnheiten als Erfolgskriterium therapeutischer Interventionen

*Rüdiger Hinsch und Ulrich Pfingsten*

In der Erfolgskontrolle verhaltenstherapeutischer Interventionen genießen Messungen, die auf der Beobachtung sogenannten „offenen" Verhaltens beruhen, nach wie vor das größte Vertrauen. „Subjektiven" Maßen wird dagegen eher mit Mißtrauen begegnet, und den auf derartigen Maßen beruhenden Ergebnissen wissenschaftlicher Untersuchungen wird von vorneherein eine geringere Glaubwürdigkeit zugeschrieben. In dem folgenden Beitrag möchten wir die dieser Einstellung zugrundeliegenden Annahmen problematisieren, ein neu entwickeltes Verfahren für die Erfolgskontrolle vorstellen und dessen Anwendung anhand der Überprüfung eines Trainingsprogramms zur Förderung sozialer Kompetenz demonstrieren.

## 1. Zum Problem des Erfolgskriteriums

In der therapeutischen Praxis wird oft eine Therapie dann als erfolgreich betrachtet, wenn der Klient auf irgendeine Weise seine Zufriedenheit mit der Therapie zum Ausdruck bringt. Wie problematisch dieses Vorgehens ist, demonstriert z.B. die Untersuchung von *Tunner* (1976), wo gezeigt wird, daß die Zufriedenheit von Phobikern nach Abschluß der Therapie nur wenig mit der über „objektive" Messungen feststellbaren Angstreduktion, dafür umso mehr mit dem Ausmaß kovariiert, in dem der Therapeut mit dem Klienten zusammen ein Erklärungsmodell für dessen Problem erarbeitete. Dieser Effekt war so ausgeprägt, daß die Gruppe, die in der Therapie ausschließlich eine Erklärung erarbeitete, sonst keinerlei Behandlung erfuhr und bei der demzufolge auch nach Abschluß der Therapie keine Reduzierung der Angst nachweisbar war, mit der Therapie zufriedener war als eine andere Gruppe, welche ihre Angst zwar durch eine systematische Desensibilisierung bedeutsam reduzierte, aber kein Erklärungsmodell zur Verfügung gestellt bekommen hatte.

Mit Recht haben daher gerade Forscher, die sich der Verhaltenstherapie verpflichtet fühlen, immer wieder auf die Notwendigkeit der Erhebung objektiver Maße als Erfolgskriterium hingewiesen. Dabei kann jedoch nicht übersehen werden, daß dadurch eine Reihe ungelöster Fragen aufgeworfen wurden, z.B. die Frage, welches Kriterium denn nun das „richtige" sei. Aus vielen Untersuchungen weiß man, daß die verschiedenen physiologischen, auf Verhaltensbeobachtung und auf Selbstbewertungen beruhenden Maße nur wenig kovariieren. Eine andere Frage ist die nach dem Stellenwert der Zufriedenheit mit der Therapie. Soll man aus der zitierten Untersuchung von *Tunner* den Schluß ziehen, sie sei ein völlig irrelevantes Maß? Wir sind der Meinung, dieser Schluß wäre sehr voreilig, denn zumindest für die Entscheidung, ob der Klient die Therapie abbricht oder nicht, dürfte diese Variable eine entscheidende Bedeutung haben. Ein Interventionsverfahren kann noch so effektiv sein, es wird dann erfolglos bleiben, wenn der Klient der Therapie fernbleibt.

Es wäre sicher reizvoll, dieses Thema hier auf einer sehr grundsätzlichen Ebene zu diskutieren – insbesondere auch die Frage nach dem Stellenwert der innerhalb der Verhaltenstherapie lange Zeit nicht für relevant erachteten Beziehungsprozesse zwischen Therapeut und Klient für die Zufriedenheit zu stellen (vgl. dazu *Seiderer-Hartig* 1980) –, wir wollen uns aber im folgenden der etwas spezifischeren Problematik der Verhaltensmaße zuwenden.

## 2. Verhaltensmaße als Erfolgskriterium

Obwohl die auf Verhaltensbeobachtung beruhenden Messungen in der Verhaltenstherapie getreu ihrer behavioristischen Tradition das allergrößte Vertrauen genießen und in der Therapieerfolgsforschung meist als das Nonplusultra betrachtet werden, sind sie bei näherer Betrachtung in mehrfacher Hinsicht nicht unproblematisch:

a) Es gibt eine Reihe von Fällen, bei denen sich Verhaltensmaße kaum oder nur über einen unverhältnismäßig hohen Aufwand gewinnen lassen. Dies trifft z.B. auf das Problem der Prüfungsangst zu, wo man sich nur schwer vorstellen kann, wie man die Angst vor und nach der Therapie durch eine Verhaltensbeobachtung bzw. physiologische Messungen erfassen soll.

b) Manche der in Untersuchungen verwendeten Verhaltensmaße erscheinen uns eher trivial und wenig aussagekräftig. Wird z.B. ein Selbstsicherheitstraining, dessen vorrangige Methode darin besteht, mit dem Klienten Rollenspiele zu üben, dadurch überprüft, daß vorher und nachher je ein Standardrollenspiel durchgeführt und nach verschiedenen Kriterien beobachtet wird, dürfte es kaum möglich sein, daß sich der Übungseffekt *nicht* in einer verbesserten Durchführung nach dem Training niederschlägt. Ein solches Ergebnis ist nicht irrelevant, scheint uns aber für die Frage, ob die Klienten jetzt mit ihren Alltagsproblemen besser zurechtkommen, nur wenig herzugeben.

c) Ein weiteres Problem liegt in dem Umstand, daß sich aus einigen Untersuchungen an selbstunsicheren Personen der Schluß ziehen läßt, daß sich sichere von unsicheren Individuen nicht im Verhalten, wohl aber in ihren Selbstbewertungen unterscheiden (dies gilt zumindest für nicht hospitalisierte Personen, vgl. dazu *Alden & Cappe* 1981), d.h. – etwas überspitzt formuliert –, nicht Verhaltensdefizite, sondern bestimmte kognitive Mediationsprozesse sind für die Selbstunsicherheit ursächlich verantwortlich.

d) Direkt damit in Zusammenhang steht ein weiterer Aspekt, der uns die ausschließliche Fokussierung auf Verhaltensmaße als fragwürdig erscheinen läßt. Die in den letzten Jahren mit der kognitiven Wende der Verhaltenstherapie einhergehende stärkere Beachtung vermittelnder kognitiver Prozesse findet bisher auf der Ebene der Evaluationsforschung kaum eine Entsprechung.

## 3. Die Messung von Attribuierungsgewohnheiten

Ausgehend von diesen Überlegungen wurde daher von uns ein neuer Fragebogen entwickelt, der IE-SV-F (*Dorrmann & Hinsch* 1981). Das Ziel der Neukonstruktion bestand darin, die bereits mehrfach angesprochenen kognitiven Vermittlungsprozesse möglichst direkt und differenziert zu erfassen. Theoretischer Ausgangspunkt war dabei das auf *Rotter* (1954) zurückgehende Konzept der Kontrollüberzeugungen bzw. die von *Weiner et al.* (1972) vorgenommene Reformulierung. *Weiner* belegte in mehreren Untersuchungen, daß Attributionen nicht nur nach der Dimension Internalität/Externalität, sondern auch nach der bereits 1958 von Heider beschriebenen Dimension Stabilität/Variabilität unterschieden werden müssen. Dadurch ergeben sich vier mögliche Ursachen, auf die man Erfolge bzw. Mißerfolge zurückführen kann:

| | locus of control | |
|---|---|---|
| | internal | external |
| stabil | **Fähigkeit** | **Aufgabenschwierigkeit** |
| variabel | **Anstrengung** | **Glück** |

Führt man zusätzlich noch die Unterscheidung nach Erfolg/Mißerfolg ein, ergeben sich insgesamt acht Attributionsmöglichkeiten, die hier als relativ überdauernde und situationsübergreifende Attribuierungsgewohnheiten aufgefaßt wurden. Weiterhin wurde noch davon ausgegangen, daß die vier Weinerschen Faktoren nicht nur für Leistungssituationen, sondern *generell* für Situationen des täglichen Lebens eine Bedeutung besitzen.

Im IE-SV-F wird dieses Konzept so operationalisiert, daß eine Reihe von Erfolgs- und Mißerfolgssituationen geschildert werden, die relativ gleichmäßig verschiedene „Lebensbereiche" abdecken (wie Arbeit und Beruf, Parnterschaft, Sexualität, Freizeit, Gesundheit etc.). Zu diesen Situationen werden dann jeweils zwischen zwei und vier Attributionen in Form von Selbstverbalisationen zusammen mit fünfstufigen Likert-Skalen („trifft vollkommen zu" bis „trifft auf keinen Fall zu") vorgegeben. Z.B.:

Sie haben bei Ihrer Arbeit öfter Kopfschmerzen und fühlen sich unwohl.

| | |
|---|---|
| a) „Das passiert eben mal, das kommt wie von selbst" | 1 2 3 4 5 |
| b) „Vielleicht habe ich mich in letzter Zeit etwas überfordert | 1 2 3 4 5 |
| c) „Die Anforderungen heutzutage machen den Menschen einfach kaputt" | 1 2 3 4 5 |
| d) „Anscheinend bin ich doch nicht sehr belastbar" | 1 2 3 4 5 |

Der Fragebogen wurde inzwischen in mehreren Untersuchungen eingesetzt und hat sich dabei als hinreichend reliables und vor allem valides Meßinstrument erwiesen. Da die Ergebnisse der Testkonstruktion bereits in veröffentlichter Form vorliegen (*Dorrmann & Hinsch* 1981), soll darauf im folgenden nicht weiter eingegangen werden. Statt dessen wird ein kurzer Überblick über wichtige neue Befunde gegeben, die die Validität des Verfahrens und die klinische Bedeutsamkeit der damit erfaßten Merkmale unterstreichen.

## 4. Wichtige Befunde zum IE-SV-F

Im folgenden kann lediglich ein kurzer Überblick gegeben werden. Genauere Informationen finden sich bei *Hinsch & Dorrmann* (in Vorbereitung). Dort finden sich auch Hinweise auf verschiedene Auswertungsmethoden, auf die hier aus Platzgründen nicht näher eingegangen werden kann.

Die bisher vorliegenden Ergebnisse über Zusammenhänge mit anderen Merkmalen lassen sich folgenden Bereichen zuordnen:

a) *Sozialstatistische Merkmale.* Die Ergebnisse stammen aus einer Untersuchung an 89 Paaren (also 178 Vpn). Bezüglich des *Geschlechts* zeigten sich die erwarteten Unterschiede: Männer führen Erfolge stärker, Mißerfolge dagegen weniger auf internale Faktoren (Fähigkeit und Anstrengung) zurück als Frauen. Mit zunehmendem *Alter* steigt bei beiden Geschlechtern die internal variable Attribution (Anstrengung) von Erfolgen und sinkt die entsprechende Attribution von Mißerfolgen. Der Einfluß der *Schulbildung* war bei den Männern relativ unbedeutend, bei den Frauen ließ sich dagegen der folgende Effekt nachweisen: Je höher die Schulbildung, desto weniger werden Erfolge und Mißerfolge auf externale Ursachen zurückgeführt. Zugleich nimmt die Tendenz, Mißerfolge mit mangelnder Anstrengung zu erklären, deutlich zu (r = .43). Für die *Schulbildung der Eltern* war kein Effekt nachweisbar.

b) *Verwandte Merkmale.* Der Analysestichprobe (N = 174, *Dorrmann & Hinsch* 1981) wurde neben dem IE-SV-F auch die IE-Skala von *Osselmann* (1976) vorgegeben. Bedeutsame Beziehungen zeigten sich vor allem mit den externalen Skalen. Weitere Ergebnisse, auf die hier nicht im einzelnen eingegangen werden soll, liegen vor zum IPC (*Krampen* 1979) sowie zum „Streßverarbeitungsbogen" von *Janke, Erdmann & Boucsin* (1978). Der Hinweis soll genügen, daß die Befunde sehr weitgehend konzeptgemäß ausfallen.

c) *Fremdurteil.* In der oben bereits erwähnten Untersuchung an 89 Paaren füllten die Vpn neben dem IE-SV-F noch einen kurzen Fragebogen – bestehend aus 10 Begriffspaaren (z.B. nachgiebig vs. unnachgiebig) – zur Einschätzung des jeweiligen Partners aus. Auf diese Weise war es möglich, die Korrelationen zwischen IE-SV-F-Skalenwerten und den 10 Fremdeinschätzungen durch den Partner zu berechnen. Die höchsten Zusammenhänge konnten für die internal stabile Attribution von Erfolgen und Mißerfolgen mit der Einschätzung als „selbstbewußt" gefunden werden, wobei interessanterweise die Korrelationen durchgängig immer dann höher ausfielen, wenn man vom Urteil der männlichen Partner ausging und darüber hinaus nur die Paare berücksichtigte, die nicht zusammen wohnten. Als Beispiel seien die Korrelationen zwischen der Einschätzung als „wenig selbstbewußt" und +IS (internal stabile Attribution von Erfolgen) sowie –IS (internal stabile Attribution von Mißerfolgen) angeführt:

| Eingeschätzt wurden: | +IS | –IS |
|---|---|---|
| Alle Männer (N = 89) | –.23 | .23 |
| Alle Frauen (N = 89) | –.33 | .43 |
| Männer, die mit Partner zusammen wohnen (N = 56) | –.18 | .16 |
| Frauen, die mit Partner zusammen wohnen (N = 56) | –.11 | .32 |
| Männer, nicht zusammen wohnend (N = 33) | –.33 | .34 |
| Frauen, nicht zusammen wohnend (N = 33) | –.45 | .71 |

Die Höhe der Korrelationen variiert also sehr stark je nach Teilstichprobe. Dennoch betrachten wir diese Ergebnisse als überzeugenden Beleg für die Validität des IE-SV-F, da wir die niedrigeren Koeffizienten mit der teilweise mangelnden Validität der Fremdeinschätzung erklären, die z.B. darauf zurückzuführen sein dürfte, daß in länger dauernden Partnerbeziehungen der Maßstab für eine realistische Einschätzung des Partners verloren geht.

d) *Klinisch bedeutsame Merkmale.* Hierzu liegen aus mehreren Untersuchungen eine ganze Reihe von Ergebnissen vor. Diese betreffen die Kurzform des FPI (*Fahrenberg, Selg & Hampel* 1974), den U-Fragebogen (*Ullrich de Muynck & Ullrich* 1977a), das Emotionalitätsinventar EMI-B (*Ullrich de Muynck & Ullrich* 1977b), den STAI (Trait-Angst – *Laux, Glanzmann & Schaffner* 1977) und die „Skala zur Messung von studentischen Problemen (SSP)" (*Sander & Lück* 1974). Die Ergebnisse sind z.T. bereits von *Dorrmann & Hinsch* (1981) dargestellt bzw. werden bei *Hinsch & Dorrmann* (in Vorb.) ausführlich erörtert werden. Hier soll deshalb der Hinweis genügen, daß sich insbesondere für die beiden Skalen +IS und –IS (internal stabile Attribution von Erfolgen bzw. Mißerfolgen) immer wieder hohe bis sehr hohe Korrelationen zu verschiedenen Aspekten der psychischen Befindlichkeit nachweisen ließen. Für –IS finden sich beispielsweise folgende Korrelationskoeffizienten: FPI-Depression (.38/.51 – männl./weibl. Vpn), FPI-Geselligkeit (–.64/–.57), FPI-Gehemmtheit (.53/.48), Trait-Angst (.69), U-Fehlschlag- und Kritikangst (.74/.72 Klienten/Studenten), U-Fordern können (–.47/ –.54).

e) *Leistungsmerkmale. Stäudel* untersuchte 1981 34 Studenten mit verschiedenen Testinstrumenten und kam dabei bezüglich des IE-SV-F zu folgenden Ergebnissen:
Korrelation mit dem IQ (erfaßt mit dem CFT 3 von *Weiss* 1971): +IS (r = .42), –IS (r = –.35); mit der erreichten Punktzahl in einer Problemlöseaufgabe (die selbst nicht mit dem IQ korreliert): +IS (r = .34), +IV (r = .34), –IS (r = –.29, n.s.); mit der „Steuerbarkeit der Aktivation bei divergentem und konvergentem Denken" (*Kreuzig* 1981): +IS (r = .18, n.s.), –IS (r = –.60). Darüber hinaus ergaben sich noch – wiederum vor allem für –IS – enge Beziehungen zu verschiedenen Skalen eines neu entwickelten Kompetenzfragebogens (*Stäudel* 1981).

Zusammen betrachtet zeigen die hier nur in aller Kürze wiedergegebenen Befunde, daß die mit Hilfe des IE-SV-F erfaßten Prozeßmerkmale offenbar eine sehr zentrale Bedeutung haben. Insbesondere hinsichtlich +IS und –IS ist die Frage zu stellen, ob damit nicht ein wesentlicher Aspekt einer allgemeinen Kompetenz erfaßt wird, der sowohl für kognitive Leistungen wie auch für die „psychische Gesundheit" einen entscheidenden Stellenwert besitzt.

## 5. Der IE-SV-F als Evaluationsinstrument

Neben anderen Meßinstrumenten wurde auch der IE-SV-F für die Effektivitätsprüfung eines von uns neu entwickelten Gruppentrainings zur Förderung sozialer Kompetenz (GSK) in einem Wartekontrollgruppendesign eingesetzt. Informationen zur Konzeption sowie über einige Befunde der Evaluation finden sich bei *Hinsch et al.* (1982), ein Therapeutenmanual wird vorbereitet (*Hinsch & Pfingsten* in Vorb.). Das Training integriert Verfahren der kognitiven Umstrukturierung, Lernen durch Beobachtung und Instruktion sowie Techniken der Verhaltensübung mit Video-Feedback. Es wird in Gruppen von 8-10 Teilnehmern mit zwei Trainern durchgeführt und erstreckt sich über 6-7 Sitzungen (mit jeweils 150 bis 180 Minuten).
Das GSK wurde bisher mit insgesamt zehn Gruppen (Studenten der Universität Bamberg sowie Hörer der Volkshochschule) durchgeführt. Vollständige Ergebnisse, die auch ein Follow-up mit einschließen, liegen jedoch nur von fünf Gruppen vor.

a) *Durchführung.* Die 43 Teilnehmer dieser fünf Gruppen waren alles Studenten der Universität Bamberg, die sich aufgrund verschiedener Aushänge und einer Vorbesprechung zu einer Teilnahme entschlossen hatten. Durch acht Ausfälle beim Training bzw. den Nachtests reduzierte sich das N auf 35 Personen. Davon entfielen 13 auf die Wartekontroll- und 22 auf die Trainingsgruppen. Die Testdurchführung erfolgte jeweils dreimal in einem Zeitabstand von ca. zwei Monaten:
3 Trainingsgruppen (N = 22): T1 – Training – T2 Warten – T3 (Follow-up)
2 Wartegruppen (N = 13); T1 – Warten – T2 Training – T3

Da am Follow-up statt 22 nur noch 19 Personen teilnahmen, wird bei den im folgenden dargestellten Ergebnissen der Einfachheit halber immer von einem N = 19 ausgegangen.

b) *Ergebnisse.* Bei *Hinsch et al.* (1982) wird dargestellt, daß es sich beim GSK um ein hochwirksames Verfahren zur Reduzierung sozialer Unsicherheit handelt (gemessen mit dem U-Fragebogen von *Ullrich de Muynck & Ullrich* 1977a). Als ähnlich erfolgreich erweist sich das Training auch bei der Veränderung der Attribuierungsgewohnheiten, wie die folgenden Tabellen verdeutlichen:

**Tabelle 1:** Mittelwerte (Streuungen) IE-SV-F, Wartekontrollgruppe, Gruppen 1, 2. N = 13

| Merkmal | Prä | | Post | | Signifikanz | |
|---|---|---|---|---|---|---|
| | M | s | M | s | t | p |
| +IS | 10.3 | (2.1) | 10.4 | (2.0) | .3 | n.s. |
| +IV | 11.2 | (1.2) | 11.9 | (1.2) | 2.4 | <5% |
| +ES | 7.8 | ( .8) | 7.9 | (1.5) | .4 | n.s. |
| +EV | 9.5 | (2.1) | 9.3 | (1.9) | .7 | n.s. |
| -IS | 10.3 | (2.4) | 10.0 | (2.5) | 1.2 | n.s. |
| -IV | 13.0 | (2.1) | 12.6 | (1.5) | 1.5 | n.s. |
| -ES | 9.9 | (2.0) | 9.7 | (1.4) | .3 | n.s. |
| -EV | 7.9 | (1.8) | 8.3 | (1.4) | .8 | n.s. |

**Tabelle 2:** Mittelwerte (Streuungen) IE-SV-F, Trainingsgruppen. Gruppen 3, 4, 5. N = 19

| Merkmal | Prä | | Post | | Follow-up | | Prä/Post | | Prä/F.-up | |
|---|---|---|---|---|---|---|---|---|---|---|
| | M | s | M | s | M | s | t | p | t | p |
| +IS | 10.0 | (2.1) | 12.2 | (2.5) | 12.1 | (2.7) | 4.8 | <1% | 5.0 | <1% |
| +IV | 10.8 | (2.4) | 12.4 | (1.9) | 12.6 | (2.3) | 3.6 | <1% | 4.0 | <1% |
| +ES | 9.3 | (2.1) | 7.6 | (2.1) | 7.2 | (2.1) | 4.8 | <1% | 4.8 | <1% |
| +EV | 10.1 | (2.2) | 8.6 | (1.8) | 8.8 | (2.1) | 3.6 | <1% | 3.0 | <1% |
| -IS | 9.6 | (1.8) | 7.9 | (2.8) | 8.0 | (2.6) | 3.8 | <1% | 3.4 | <1% |
| -IV | 11.9 | (1.5) | 13.1 | (2.0) | 13.6 | (2.4) | 3.3 | <1% | 2.9 | <1% |
| -ES | 9.3 | (1.8) | 9.3 | (2.4) | 9.2 | (2.3) | .1 | n.s. | .4 | n.s. |
| -EV | 9.0 | (1.6) | 8.5 | (1.8) | 8.1 | (2.0) | 1.0 | n.s. | 1.7 | n.s. |

*Anmerkung:* Um den Einfluß der Aquieszens auszuschalten, wurden die Rohwerte nach folgender Formel umgerechnet:
Neuer Wert = (Rohwert x Zahl aller Items) / (Zahl der Items der Skala x Gesamtscore)
Diese Korrektur führt dazu, daß die angegebenen Werte für eine ***relative*** Ausprägung dieses Merkmals stehen. Bei einer Gleichverteilung der Antworten auf die Attribuierungsgewohnheiten hätten alle Skalenwerte einen Wert von 10.

Für sechs der acht Skalen zeigen sich hochsignifikante Effekte (jeweils p < .01 – vgl. Tabelle 1): Nach dem Training führen die Teilnehmer Erfolge stärker auf ihre Fähigkeit bzw. Anstrengung und weniger auf externe Ursachen (wie Glück oder günstige Umstände) zurück; Mißerfolge werden dagegen in geringerem Maße eigener Unfähigkeit, dafür aber stärker der mangelnden Anstrengung zugeschrieben. Alle diese Effekte sind auch beim Follow-up zwei Monate später in gleichem Maße nachweisbar.

In den Kontrollgruppen (vgl. Tabelle 1) kann dagegen nur in einem Fall eine signifikante Veränderung beobachtet werden (p < .05): Am Ende der Wartezeit werden Erfolge stärker als zu Beginn der eigenen Anstrengung zugeschrieben. Ob dieser Effekt als Folge der Wartezeit oder als Zufall zu betrachten ist, kann hier nicht entschieden werden. Auf jeden Fall sind aber auch bei diesem Merkmal die Veränderungswerte der Trainingsgruppen signifikant größer als die der Wartegruppen. (Die Veränderungswerte wurden mit Hilfe des T-Tests für unabhängige Stichproben miteinander verglichen.)

Für zwei der Volkshochschulgruppen liegen ebenfalls Ergebnisse vor, allerdings ohne Follow-up:

**Tabelle 3:** Mittelwerte (Streuungen) IE-SV-F vor und nach dem Training. Gruppen 20 (VHS) N = 14

| Merkmal | Prä | | Post | | Signifikanz | |
|---|---|---|---|---|---|---|
| | M | s | M | s | t | p |
| +IS | 10.5 | (2.0) | 11.5 | (1.7) | 2.7 | <5% |
| +IV | 11.9 | (1.3) | 12.5 | (2.0) | 1.5 | n.s. |
| +ES | 8.9 | (1.6) | 8.0 | (2.0) | 2.7 | <5% |
| +EV | 9.3 | (1.6) | 9.1 | (1.5) | .3 | n.s. |
| -IS | 9.2 | (1.3) | 8.1 | (1.6) | 2.3 | <5% |
| -IV | 11.9 | (2.2) | 13.1 | (2.3) | 2.2 | <5% |
| -ES | 9.4 | (1.5) | 8.5 | (1.5) | 2.4 | <5% |
| -EV | 9.0 | (1.0) | 8.8 | (1.5) | .4 | n.s. |

Die Ergebnisse sind, wenn auch überwiegend signifikant, etwas weniger deutlich als bei den Studentengruppen. Über die Ursachen können wir jedoch z.Z. nur spekulieren. Eine ganze Reihe von Gründen wäre denkbar. Immerhin fällt bei näherer Betrachtung auf, daß bei einer getrennten Verrechnung der beiden Gruppen sich eine sehr starke Überlegenheit der einen Gruppe herausstellt (diese Ergebnisse können hier leider aus Platzgründen nicht im einzelnen wiedergegeben werden): während sich in der einen Gruppe hochsignifikante Effekte nachweisen lassen (bei einem N von 7!), sind die Veränderungen in der anderen Gruppe nur sehr gering und ausnahmslos nicht signifikant. Ob dieser Unterschied auf ein unterschiedliches Verhalten der Trainer oder auf eine besondere Gruppenstruktur zurückzuführen ist, muß noch geklärt werden.

c) *Diskussion.* Bei einer Bewertung der dargestellten Ergebnisse muß berücksichtigt werden, daß die im IE-SV-F vorgegebenen Situationen nur zu einem geringen Teil aus Lebensbereichen stammen, die Inhalte des Trainings waren. Bei der Konstruktion des Fragebogens wurde vielmehr versucht, einen möglichst weiten Bereich des täglichen Lebens in den Situationen abzubilden.

Besondere Beachtung verdient im übrigen unseres Erachtens der Befund, wonach die Trainingsteilnehmer ihre vor dem Training stark erhöhte internal stabile Attribution von Mißerfolgen nicht einfach zugunsten einer externalen abbauen, sondern sie durch internal *variable* Zuschreibung ersetzen. Gerade eine so geartete Erklärung eigener Mißerfolge dürfte aber der einzige Weg zu einer konstruktiven Verarbeitung sein, auch wenn er vielleicht kurzfristig zu einer erhöhten psychischen Belastung führt (zumindest gegenüber der Attribution auf „Pech" oder „schwierige Umstände").

Eine Bemerkung zum Abschluß. Es war keineswegs unsere Intention – und sollten wir so verstanden worden sein, ist der Eindruck falsch –, die Verhaltensbeobachtung einfach durch eine wie auch immer geartete Messung kognitiver Prozeßmerkmale zu ersetzen. Wir sind im Gegenteil der Meinung, daß in der zukünftigen Forschung auf möglichst allen Ebenen Erfolgsmaße erhoben werden sollten, wobei uns allerdings die Unterscheidung in „objektiv" vs. „subjektiv" (im Sinne eines „besser" oder „schlechter") wenig fruchtbar zu sein scheint. Die Verhaltenstherapie hat sich in dieser Hinsicht mit ihrer einseitigen Überbetonung der Verhaltensbeobachtung selbst den Weg zu einer differenzierteren Analyse verstellt. Das Ziel weiterer Untersuchungen müßte unseres Erachtens in der Klärung der Frage liegen, welche Elemente einer therapeutischen Intervention zu welchen Effekten bei den Klienten führen.

**LITERATUR:**


ALDEN, L. & CAPPE, R.: Nonassertiveness: Skill deficit or selective self-evaluation? ***Behavior Therapy,*** 12, 1981, 107-114.

FAHRENBERG, J., SELG, H. & HAMPEL, R.: ***Freiburger Persönlichkeitsinventar FPI. Handanweisung.*** Göttingen: Hogrefe, 1974².

DORRMANN, W. & HINSCH, R.: Der IE-SV-F. Ein differentieller Fragebogen zur Erfassung von Attribuierungsgewohnheiten in Erfolgs- und Mißerfolgssituationen. ***Diagnostica,*** 27, 1981, 360-378.

HINSCH, R., BAUER, M., PFINGSTEN, U. & WEIGELT, M.: Das Gruppentraining sozialer Kompetenz (GSK). Konzeption und erste Ergebnisse der Evaluation. ***Zeitschrift für Klinische Psychologie,*** 1982 (im Druck).

HINSCH, R. & DORRMANN, W.: ***Neue Befunde zur Validität des IE-SV-F.*** (In Vorbereitung.)

HINSCH, R. & PFINGSTEN, U.: ***GSK – Gruppentraining sozialer Kompetenz.*** (In Vorbereitung.)

JANKE, W., ERDMANN, G. & BUOCSIN: Der Streßverarbeitungsbogen. ***Ärztliche Praxis,*** 38, 1978, 1208-1210.

KRAMPEN, G.: Differenzierung des Konstrukts der Kontrollüberzeugungen. Deutsche Bearbeitung und Anwendung der IPC-Skalen. ***Zeitschrift für experimentelle und angewandte Psychologie,*** 26, 1979, 573-595.

KREUZIG, H.W.: Über den Zugang zu komplexem Problemlösen mittels prozeßorientierter kognitiver Persönlichkeitsmerkmale. ***Zeitschrift für experimentelle und angewandte Psychologie,*** 28, 1981, 294-308.

LAUX, L., GLANZMANN, P. & SCHAFFNER, P.: ***Deutsche Bearbeitung des STAI von Ch.D. Spielberger.*** Mainz, unveröffentlichtes Manuskript, 1977.

OSSELMANN, J.: ***Subjektive Bedingungen depressiver Reaktionen.*** Bonn, unveröffentlichte Dissertation, 1976.

PFINGSTEN, U. & HINSCH, R.: ***Korrelate subjektiven Therapieerfolgs bei einem kognitiv-verhaltenstherapeutischen Trainingsverfahren.*** Vortrag auf dem 2. Kongreß für Klinische Psychologie und Psychotherapie, 14.-19. Februar 1982 in Berlin.

ROTTER, J.B.: *Social learning and clinical psychology.* Englewood Cliffs, N.Y.: Prentice-Hall, 1954.

SANDER, K. & LÜCK, H.E.: Entwicklung einer Skala zur Messung von studentischen Problemen (SSP). *Zeitschrift für experimentelle und angewandte Psychologie,* 21, 1974, 250-262.

SEIDERER-HARTIG, M.: *Beziehung und Interaktion in der Verhaltenstherapie. Theorie – Praxis – Fallbeispiele.* München: Pfeiffer, 1980.

STÄUDEL, T.: *Problemlösen und Emotion: Die Überprüfung eines integrativen Konstrukts.* Bamberg: institutsinterner Bericht, 1981.

TUNNER, W.: *The effects of causal attribution and combined treatment on neurotic anxiety.* Paper presented on the 6th annual Conference of the European Association for Behavior Therapy and Modification in Spetsae, Greece, 1976.

ULLRICH DE MUYNCK, R. & ULLRICH, R.: *Der Unsicherheitsfragebogen. Testmanual und Anleitung für den Therapeuten. Teil II.* München: Pfeiffer, 1977a.

ULLRICH DE MUYNCK, R. & ULLRICH, R.: *Das Emotionalitätsinventar. Testmanual EMI-B, Anleitung für den Therapeuten, Teil IV.* München: Pfeiffer, 1977b.

WEINER, B., HECKHAUSEN, H., MEYER, W. & COOK, R.E.: Causal ascriptions and achievement behavior: A conceptual analysis of effort and reanalysis of locus of control. *Journal of Personality and Social Psychology,* 21, 1972, 239-248.

WEISS, R.: *Grundintelligenztest Skala 3 – CFT 3.* Braunschweig: Westermann, 1971.

**Kontaktadresse:** Dr. Rüdiger Hinsch
Ulrich Pfingsten
Universität Bamberg, Lehrstuhl Psychologie
Feldkirchenstr. 21
8600 Bamberg

# Mentale Repräsentation und therapeutische Intervention

## – Zur Frage kognitiver Anteile psychotherapeutischer Behandlung –

*Herbert Geuß, Jürgen Howe und Claus Schmelz*

## 1. Einführende Überlegungen

Ansätze, die Zusammenhänge zwischen der Art und Weise der individuellen mentalen Repräsentation von Wissen und verschiedenen psychischen Störungen postulieren und diese empirisch zu überprüfen suchen, sind keineswegs neu (vgl. u.a. *Kelly* 1955). Hierzu herausgearbeitete Konstrukte wie „Kognitive Komplexität" oder „Kognitive Strukturiertheit" werden allerdings vornehmlich anhand struktureller Parameter erfaßt; inhaltliche Aspekte mentaler Repräsentationen blieben bislang weitgehend unberücksichtigt.

Immerhin ist vorstellbar, daß die Forschungsbemühungen in diesem Bereich gerade deshalb häufig nur wenig erfolgreich verliefen, weil die inhaltliche Seite weitestgehend ausgeklammert wurde. Denkbar wäre nämlich, daß Beziehungen nur oder vor allem zu bestimmten Repräsentationsausschnitten bestehen. Anliegen dieses Beitrages ist es daher, solchermaßen ggf. bestehende Beziehungen aufzuweisen und in einem weiteren Schritt mögliche Veränderungen solcher Beziehungen im Verlauf therapeutischer Interventionen offenzulegen. Es wurden folgende Hypothesen formuliert:

a) Zwischen psychischen Störungen und der Art und Weise der mentalen Repräsentation von für die Person zentralen Sachverhalten bestehen systematische Beziehungen.
b) Psychotherapeutische Intervention führt zu systematischen Veränderungen der Beziehungen zwischen psychischer Störung und mentalen Repräsentationen.

Die Aufdeckung solcher Zusammenhänge könnte u.a. genutzt werden, um die Wirkungen verschiedenster therapeutischer Interventionen (insbesondere der sog. „kognitiven" Therapieformen) zu ermitteln. Auch könnte eine Klärung der Beziehung zwischen psychischen Störungsmustern (z.B. Psychosomatiker, Borderline, Psychoneurotiker) und kognitiven Strukturen wie auch Inhalten möglich werden. Für die Erforschung der kognitiven Prozesse bei Depressionen wären auf diese Weise relevante Zusatzinformationen zu gewinnen (u.a. *Beck & Greenberg* 1974).

So stellt für *Beck* (1976) eine kognitive Störung im Sinne selektiver Wahrnehmung von negativen Reizen sowie der Unterschätzung positiver Ereignisse jeweils den Ausgangspunkt für eine Depression dar. Kennzeichnend für depressive Symptome sind die drei kognitiven Schemata: negative Sichtweise der eigenen Person, negative Sichtweise der Umwelt und negative Sichtweise der Zukunft (*Hautzinger* 1979, S. 34).

Derartige „depressive" kognitive Strukturen könnten mit Hilfe des vorzustellenden Verfahrens bzw. später zu modifizierender Formen relativ ökonomisch identifiziert werden. So wäre eine hohe subjektive Ähnlichkeitseinschätzung beispielsweise von „Angst" und „Zukunft" oder von „Unglück" und „Ich" nach *Becks* Modell zu erwarten; analog müßten „Hoffnung" und „Zukunft" oder „Ich" und „Gesundheit" als sehr unähnlich eingeschätzt werden.

Ein solches Meßinstrument könnte weiterhin Verwendung finden, um Aufschluß über die von *Beck* postulierte Kausalität zwischen Kognition und Emotion zu erhalten. Würde sich bei erfolgreich behandelten Klienten mit depressiver Symptomatik nämlich herausstellen, daß die kognitiven Strukturen nach Abschluß der Therapie unverändert geblieben sind, sich jedoch im emotionalen Bereich größere Veränderungen zeigten, dann wäre die These von der Kausalität der Kognitionen für die Emotionen nicht mehr haltbar. Ebenfalls könnte auf diese Weise geprüft werden, ob Behandlungsverfahren, die die Gefühle und Erlebnisinhalte des Klienten zum Ansatzpunkt ihrer Bemühungen gewählt haben (beispielsweise Gesprächspsychotherapie, Gestalttherapie), sich nicht auch auf kognitive Strukturen auswirken.

Die Sinnhaftigkeit eines solchen Ansatzes wird durch Ergebnisse aus anderen Bereichen der Forschung nahegelegt. So konnte etwa *Zimmer* (1976) nachweisen, daß die Leistung in einem Lernexperiment u.a. davon abhängt, inwieweit subjektinterne Wissensstrukturen und die Art und Weise der Organisation neu zu erlernender Inhalte übereinstimmen. Umgekehrt bestimmt die Struktur des Lernmaterials zu erwerbende kognitive Strukturen (*Eylon & Reif* 1979; zit. nach *Rost* 1981). Auch konnte gezeigt werden, daß sich die – studienrelevanten – kognitiven Strukturen Studierender im Verlauf des Studiums zunehmend denen der Lehrenden angleichen.

In der vorliegenden Untersuchung soll in einem ersten Schritt vor allem die Brauchbarkeit der verwendeten Methode (s.u.) zur Klärung o.g. Fragen anhand von Einzelfallanalysen geprüft werden.

## 2. Methode

Die sog. „kognitivistische" Psychologie bemüht sich seit einiger Zeit, in der Denk- und Gedächtnisforschung behavioristische S-R-Positionen zu überwinden und Aussagen gerade darüber zu erarbeiten, *wie* der Mensch welches Wissen aufnimmt, speichert, verarbeitet und nutzt. Hierzu liegen mittlerweile eine ganze Reihe von Modellen vor (vgl. u.a. bei *Nilsson* 1979); auch fehlt es nicht an Vorschlägen und Versuchen, mentale Repräsentationen abzubilden (vgl. u.a. *Estes* 1978, *Posner* 1978). Die hierzu entwickelten Methoden werden zwar durchaus kontrovers diskutiert. Jedoch existieren auch grundsätzliche Übereinstimmungen, so etwa darüber, daß die „semantische Distanz" zwischen Konzepten als wesentlicher Parameter mentaler Repräsentation anzusehen ist sowie daß die Multidimensionale Skalierung (vgl. u.a. *Kruskal & Wish* 1978) die Methode der Wahl zur Darstellung solcher Distanzen und ihres Wandels ist.

Mit Hilfe der Multidimensionalen Skalierung (MDS) werden Ähnlichkeits- bzw. Unähnlichkeitsbeurteilungen einer begrenzten Menge von Sachverhalten „. . . gemäß bestimmter Abbildungs- oder Meßvorschriften des Skalierungsmodells in grundlegende Dimensionen oder Faktoren zerlegt" . . . „Diese Dimensionen beschreiben die Struktur der Reizobjekte hinsichtlich bestimmter Merkmale oder Eigenschaften. Es wird postuliert, daß die Dimensionen oder Skalen Auskunft darüber geben, nach welchen Gesichtspunkten oder strukturellen Hypothesen die Urteils- und Entscheidungsbildung von Personen" . . . „zu denken ist" (*Kühn* 1976, S. 13). Um hierfür ein einfaches Beispiel zu geben: Präsentiert man eine Vielzahl unterschiedlicher Farben in einer Weise, daß jede Farbe mit jeder anderen paarweise dargeboten und die Ähnlichkeit der jeweils beiden Farben anhand einer mehrstufigen Skala beurteilt werden soll, erhält man eine Matrix von Ähnlichkeits- bzw. Unähnlichkeitsurteilen über alle Farben hinweg. Unterzieht man diese Matrix einer MDS, so ergeben sich in der Regel – wie auch nicht anders zu erwarten – drei Dimensionen, nämlich „Farbton", „Helligkeit" und „Sättigung". Diese Dimensionen werden also im wesentlichen verwendet, um zwischen Farbreizen zu diskriminieren.

Bei einer solchermaßen durchgeführten Skalierung ist zunächst auf einer theoretischen Ebene zu unterscheiden zwischen einem kognitiven Anteil (Perzeption von Reizähnlichkeiten) und einem affektiven Anteil (Bewertung von Reizen). Dabei ist die Perzeption der Bewertung zwar logisch vorgeordnet, jedoch ist davon auszugehen, daß Auffassung und Evaluation nur schwer voneinander getrennt werden können. Nun geht aber das für unsere Zwecke zunächst naheliegendste Modell einer Skalierung interindividueller Differenzen (INDSCAL sowie verwandte Modelle) davon aus, daß auf der perzeptiven Ebene ein interindividuell gemeinsamer Raum existiert und Abweichungen von diesem Raum in erster Linie der subjektiven Bewertung zuzuschreiben sind. Aus diesem Grund (und weiterer Restriktionen eingedenk) wurde INDSCAL hier nicht verwendet. Vielmehr wurde versucht, separate Skalierungen für Einzelpersonen und Gruppen vorzunehmen und diese miteinander zu vergleichen. Bei Anwendung des alternativ gewählten MRSCAL-Modells sind zwar auch – wie eigentlich immer – Einschränkungen anzumelden, jedoch sind diese hier wesentlich geringfügiger (Einzelheiten zur Anwendung des MRSCAL-Modells finden sich bei *Roskam* 1979).

Die folgenden zehn Konzepte wurden aufgrund des Studiums bereits vorliegender Untersuchungen in die Analyse einbezogen: Angst, Arbeit, Gesundheit, Ich, Kontakte, Partner, Selbstvertrauen, Sexualität, Veränderung, Zukunft. – Jeder Begriff wurde mit jedem anderen Begriff paarweise kombiniert (10 x 9/2 = 45); zu jedem Paar wurde eine Skala von 1 = „sehr ähnlich" bis 6 = „sehr unähnlich" vorgegeben, anhand derer die Unähnlichkeitseinschätzungen vorzunehmen waren.

An der Untersuchung nahmen insgesamt 15 Personen teil. Bei elf Personen handelt es sich um Studierende, die im Anschluß an eine Seminarveranstaltung um ihre Mitarbeit gebeten worden waren und die als psychisch unauffällig gelten können. Die übrigen vier Personen befanden sich aus unterschiedlichen Gründen in ambulanter psychotherapeutischer Behandlung. Die Klientin, deren Ergebnisse weiter unten in exemplarischer Weise darzustellen sein werden, läßt sich wie folgt skizzieren: Es handelt sich um eine 22jährige Schreibkraft, die in einer westdeutschen Großstadt arbeitet und dort seit ca. vier Jahren in einer kleinen Mietwohnung allein lebt. Ihre Problematik besteht im wesentlichen darin, daß sie sich für extrem kontaktgestört hält und angibt, panische Angst vor Kontakten mir ihr nicht bekannten Personen zu haben. Diese Angst habe bisher auch verhindert, daß ein Partner gefunden werden konnte, worunter sie sehr leide. Lediglich an ihrer Arbeitsstelle treten diese Schwierigkeiten kaum auf. Sie gibt an, die Beziehung zu den anderen Mitarbeitern sei zwar unpersönlich, jedoch weitgehend angstfrei, weshalb sie auch in ihrer Arbeit „aufgehe".

Die Klientin befindet sich seit Anfang Oktober 1981 in gesprächspsychotherapeutischer Behandlung. Zu dieser Zeit wurde ihr auch der Bogen mit den zu beurteilenden Begriffen erstmals vorgelegt. Ende Januar 1982 wurde der Bogen erneut vorgegeben. Zu diesem Zeitpunkt äußerte die Klientin, daß sie an Selbstsicherheit gewonnen habe. Auch der Kontakt zu anderen werde wesentlich angstfreier erlebt, wenngleich sie noch keinen Partner gefunden habe.
Die Therapie wird zur Zeit noch fortgeführt.

**MRSCAL-Lösungen (Version 3.00) mit jeweils zwei Dimensionen**

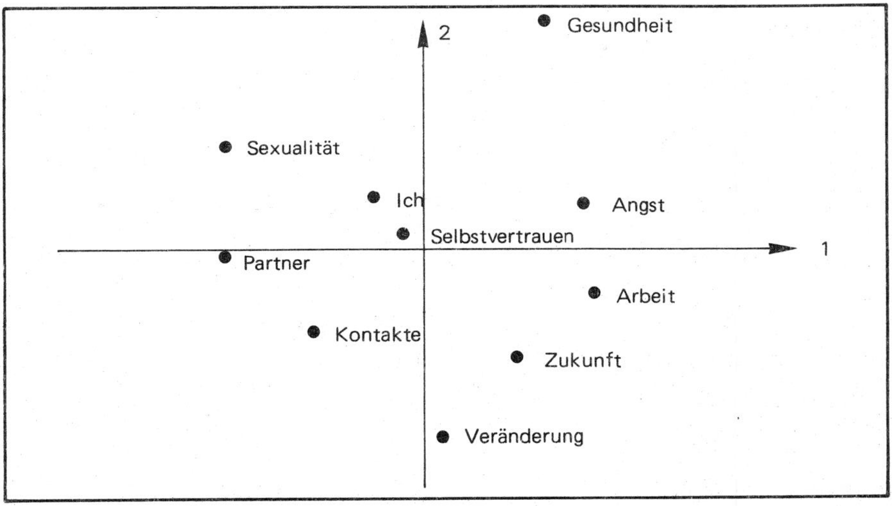


**Abbildung 1:** Elf psychisch unauffällige Studierende, Dezember 1981

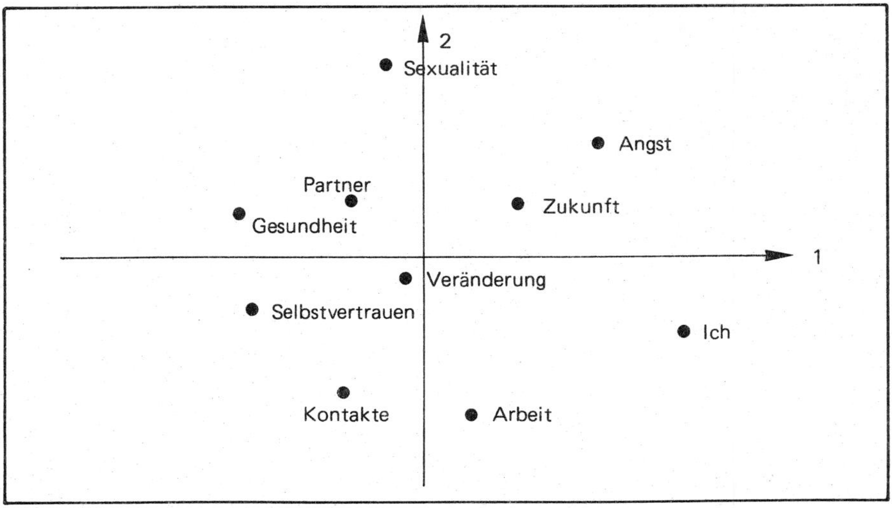


**Abbildung 2:** 22jährige Klientin, Anfang Oktober 1981

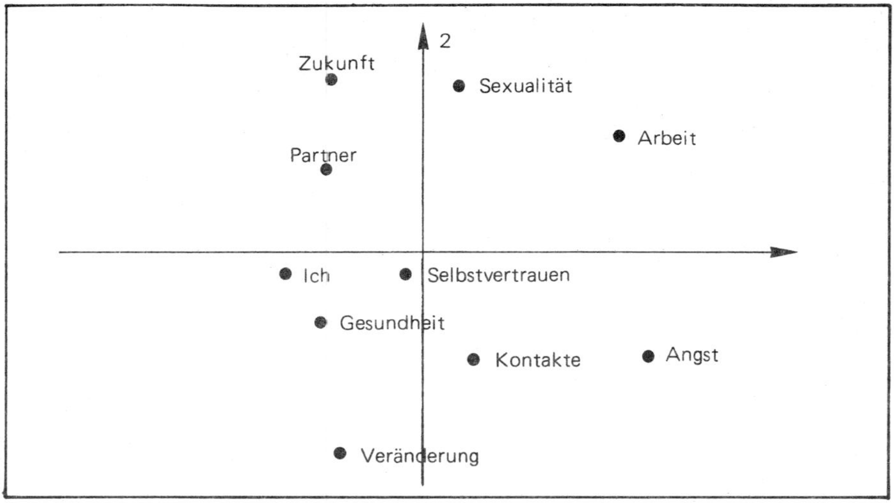


**Abbildung 3:** 22jährige Klientin, Ende Januar 1982

## 3. Ergebnisse und Diskussion

Die drei vorstehenden Abbildungen vermitteln einen Überblick über die Ergebnisse. In Abbildung 1 ist die mittlere vorgestellte Struktur der zehn vorgegebenen Begriffe von elf psychisch unauffälligen Studierenden dargestellt, wie sie sich nach der Skalierungsprozedur ergab. Abbildung 2 gibt diese Struktur für die oben beschriebene Klientin vor Beginn der Therapie und Abbildung 3 jene nach ca. viermonatiger Therapie wieder. Aus Gründen der besseren Übersichtlichkeit wurde in allen Fällen die 2-Faktoren-Lösung herangezogen, obwohl die Daten durch die 3-Faktoren-Lösung angemessener repräsentiert werden.
Vergleicht man (ohne hier zu sehr in Details zu gehen und ohne Verfahren zur Prüfung statistischer Signifikanz anzuwenden) Abbildung 2 und 3, so fällt auf, daß zunächst als einigermaßen eng miteinander verknüpft gesehene Begriffe wie „Angst" und „Zukunft" zunehmend entkoppelt werden, während beispielsweise „Ich" und „Gesundheit" sich im Verlauf der Therapie einander annähern. Diese Befunde stehen in Übereinstimmung mit den Äußerungen der Klientin, aber auch mit den u.a. von *Beck* (s.o.) formulierten Hypothesen. Es sei angemerkt, daß die Konfiguration in Abbildung 3 sich im Vergleich zu Abbildung 2 der in Abbildung 1 zwar teilweise angenähert hat, jedoch bestehen hier noch deutliche Diskrepanzen (z.B. bei der Trennung von „Veränderung" und „Zukunft" in Abbildung 3), die durchaus interpretationsfähig zu sein scheinen.

Anhand dieses Materials (und weiterer Ergebnisse aus Einzelfallstudien) konnten also die eingangs formulierten Hypothesen vorläufig bestätigt werden. In dieser Darstellung konnte es allerdings zunächst nur darum gehen, die Brauchbarkeit der Methode zu demonstrieren. Die weitere Arbeit wird sich darauf konzentrieren, kognitive Strukturen bei verschiedenen Krankheitsbildern herauszuarbeiten sowie deren Veränderung bei unterschiedlichen Therapieformen nachzugehen.

**LITERATUR:**


BECK, A.T.: *Cognitive therapy and emotional disorders.* New York: Intern. Univ. Press, 1976.

BECK, A.T. & GREENBERG, R.L.: *Coping with depression.* New York, 1974.

ESTES, W.K. (Ed.): *Handbook of learning and cognitive processes. Vol. 5: Human information processing.* Hillsdale, N.J.: Erlbaum, 1978.

HAUTZINGER, M.: Depressive Reaktionen aus psychologischer Sicht. In: Hautzinger, M. & Hoffmann, N. (Hrsg.): *Depression und Umwelt.* Salzburg, 1979, 15-94.

KELLY, G.A.: *The psychology of personal constructs.* New York: Norton, 1955.

KRUSKAL, J.B. & WISH, M.: *Multidimensional scaling.* Beverly Hills: Sage, 1978.

KÜHN, W.: *Einführung in die multidimensionale Skalierung.* München: Reinhardt, 1976.

NILSSON, L.-G. (Ed.): *Perspectives on memory research.* Essays in honor of Uppsala University's 500th anniversary. Hillsdale, N.J.: Erlbaum, 1979.

POSNER, M.I.: *Chronometric explorations of mind.* Hillsdale, N.J.: Erlbaum, 1978.

ROSKAM, E.E.: Multidimensional scaling by metric transformation of data. In: Lingoes, J.C. et al. (Eds.): *Geometric representations of relational data.* 1979.

ROST, J.: *Gedächtnispsychologische Grundlagen naturwissenschaftlichen Wissens.* Weinheim: Beltz, 1981.

ZIMMER, A.: Die Bedeutung der Informationsverarbeitungskapazität durch Berücksichtigung der subjektiven Organisation. *Z. exp. angew. Psychol.,* 23, 1976, 521-529.



**Kontaktadresse:** Herbert Geuß, Jürgen Howe, Claus Schmelz
Universität Osnabrück, Abteilung Vechta
Driverstraße 22
2848 Vechta

# Cognitive Science: Ein Weg zum besseren Verständnis des psychotherapeutischen Prozesses?

*H. Lamott und I. Soukos-Valavani*

Wir gehen von der Tatsache aus, daß wir uns in einer Phase befinden, in der nach neuen Vorstellungen über Therapieforschung gesucht wird. Das Interesse verlagert sich immer mehr von Psychotherapieerfolgs- auf Psychotherapieprozeßforschung. Dies gilt nicht allein für die Verhaltenstherapie, sondern trifft auf alle Therapieschulen zu. Dies zeigt sich an *Wittmanns* (1981) Kritik am Selbstverständnis der Verhaltenstherapie, die deutlich und hart ist, aber unserer Ansicht nach nicht unbegründet. Auf wenige Punkte reduziert könnte man behaupten:

- Lerntheoretisches Wissen ist für die Praxis nicht ausreichend, so z.B. über die Entstehung von Störungen.
- Es fehlt Wissen über interaktionelle Prozesse wie Widerstand, Übertragung.
- Es fehlt Wissen über Wahrnehmung und Informationsverarbeitungsprozesse beim Therapeuten wie Gegenübertragung, Affekterkennen und -verarbeiten.

Ein erfahrener Therapeut macht also in seiner Therapie mehr oder anderes, als in seiner Standardliteratur aufgeführt ist. Dieses implizite Wissen hat er sich zusätzlich angeeignet, wobei wichtigstes Instrument bei der Aneignung von implizitem Wissen die Supervision zu sein scheint: Dort sei der Ort, wo das noch fehlende Wissen erworben, oder besser: erfahren werden kann. Wir können über dieses Wissen und die Art, wie es genutzt wird, sehr wenig sagen, nehmen aber an, daß es sehr wirksam ist. Mit anderen Worten: Therapieprozeß- als auch Erfolgsuntersuchungen scheinen von vornherein zur Farce zu werden, wenn sie die Frage: „What really happens?" nicht mitberücksichtigen. Versucht man zu verstehen, was wirklich in der Therapie abläuft, so muß man auch Wissen über die Informationsverarbeitungsform des Therapeuten haben, denn er selbst ist ja mit seiner subjektiven Wahrnehmung und Informationsverarbeitung (IV) Bestandteil der therapeutischen Interaktion. Relevant ist also die durch den „Filter Therapeut" wahrgenommene und verarbeitete Information, und zwar anhand seines expliziten wie auch impliziten Wissens. Als notwendig erachten wir in dieser Phase die Untersuchung gerade solcher Informationsverarbeitungsprozesse, die allen Therapieschulen zugrunde liegen könnten.

Informationsverarbeitungsprozesse gehören zum Themengebiet der Cognitive Science (CS). Diese neue Wissenschaft wurde gegründet (mit einer eigenen Zeitschrift) mit dem Ziel, menschliche Informationsverarbeitung zu erklären bzw. zu untersuchen, indem Methoden und Inhalte verschiedener wissenschaftlicher Disziplinen wie Linguistik, Psychologie und Artificial Intelligence (AI) gemeinsam zur Bearbeitung dieses Themas genutzt werden. Sie versteht sich also nicht als rein analytische Wissenschaft wie die Psychologie oder gerade die kognitive Psychologie, aber auch nicht als rein synthetische wie die AI. Die CS siedelt sich also irgendwo zwischen diesen drei Disziplinen an. Wir möchten im folgenden zwei Ansätze aus diesem Bereich vorstellen, wobei der erste, „Memory", eher aus dem der eigentlichen CS stammt und der zweite, „Consciousness", aus dem der AI.

## Memory

In den letzten Jahren hat sich das Gewicht der Forschung im Bereich Gedächtnis verlagert von den reinen Netzwerkdarstellungen auf die Diskussion von Strukturen wie frames, scripts, plans und schemata. Wir möchten hier das Konzept der Schemata herausgreifen, wie es in den letzten Jahren von *Norman* (1979), *Rummelhart* (1977) wiederholt vorgestellt und erweitert wurde. Schemata als organisierende Gedächtniseinheiten haben neben den dort beschriebenen Eigenschaften folgende steuernde Funktion für die zwei Typen der IV:

1. Information wird über die Sinnersorgane aufgenommen, es werden auf der Ebene der sensorischen Analyse relevante Muster, Features, entnommen und eine Integration dieser versucht. Dieser Typ der Verarbeitung wird „data-driven" genannt.
2. Es liegt bereits konzeptionelle Information vor, gemäß dieser Erwartungen an das Inputmaterial gestellt werden können. Es wird geprüft, inwieweit die Daten den bereits durch vorhandenes Wissen gebildeten Erwartungen entsprechen: der „top-down" oder auch „concept-driven" Ansatz.

Beide Typen der Verarbeitung scheinen notwendig zu sein, je nach Ebene der Verarbeitung werden sie aber unterschiedliches Gewicht haben. Notwendig ist eine Zusammenarbeit zwischen beiden Prozessen derart, daß zunächst auf einem niedrigen Niveau der Datenanalyse (sensorische Verarbeitung) der data-driven-Prozeß stärker ist, bis genügend Information vorliegt, um gemäß Schemata Erwartungen zu bilden. Schließlich soll ein Feedback entstehen zwischen dateninduzierter Erwartungsbildung und konzeptgesteuerter Prüfung dieser Erwartungen an den vorliegenden Daten.

Eine Analogie dieser Überlegungen, die aus dem Bereich der Forschung „memory and perception" entwickelt wurden, zu Informationsverarbeitungsprozessen innerhalb der therapeutischen Situation scheint uns offensichtlich: Auch hier stehen wir vor der Aufgabe, sowohl Information zu sammeln, gemäß unserer gerade favorisierten konzeptionellen Überlegungen (concept-driven), gleichzeitig aber auch jederzeit bereit zu sein nicht diesem Konzept entsprechenden Input zu erfassen und zu verarbeiten (data-driven, ein anderes Schema muß aktiviert werden). Dieser IV-Ansatz unterscheidet sich somit wesentlich von anderen, denn Voraussetzung für ein solch stetiges Auf und Ab zwischen Erwartungen und Daten ist, daß eine Vielzahl von Schemata gleichberechtigt nebeneinander als auch hierarchisch organisiert existieren: Denkbar sind solche z.B. auf der Ebene der diagnostischen Kategorisierung (z.B. Zwangsneurose oder Phobie), die gleichberechtigt um ihre Überprüfung an den Daten (verbales und nichtverbales Material) „kämpfen" können, aber selber wiederum den Output von anderen, untergeordneten Schemata für diese Feststellung benötigen (wie z.B. Stimm- oder Affektausdrucksanalyse). Es findet also sowohl seriale (unter- sowie übergeordnete Schemata) als auch parallele Verarbeitung statt: Auf identischem Niveau können verschiedene Schemata gleichberechtigt miteinander konkurrieren. Auf die Konsequenz dieser Konkurrenz werden wir im nächsten Abschnitt unter dem Aspekt des Bewußtseins eingehen.

**Consciousness**

Der zweite Ansatz stammt aus dem Bereich der AI. Die Modellstruktur scheint Schlüsse über nichtbewußte Informationsverarbeitung zuzulassen. Es handelt sich hierbei um die sogenannten Produktionssysteme. Sie werden in der AI benutzt für Modelle, die Prozesse darstellen sollen, die

- diffuses, schlecht organisiertes Wissen benutzen, wie beispielsweise in der Medizin oder Chemie,
- aus unabhängigen Teilprozessen bestehen,
- voneinander trenn- und unterscheidbare Wissensbereiche, z.B. eine Taxonomie vorliegen haben, und
- denen keine einheitliche Theorie zugrunde liegt, wie etwa in der Physik.

Das Wissen wird im Langzeitgedächtnis repräsentiert, und zwar nicht mehr in Form von Netzwerkdarstellungen, sondern in voneinander unabhängigen „knowledge structures" (KS). Eine KS besteht aus Regeln der Form Wenn-Dann. Im Wenn-Teil (linker Teil der Regel oder auch LHS) sind Bedingungen formuliert, die erfüllt sein müssen, um den Dann-Teil (rechte Seite oder RHS) zur Ausführung zu bringen. Sämtliches Wissen wird in diesem Ansatz dargestellt als eine Ansammlung von solchen Regeln. Angewandt werden kann eine Regel dann, wenn ihr Bedingungsteil (LHS) in der „data-base" vorliegt: Diese wird üblicherweise gleichgesetzt mit dem „working-memory" (WM). Dieses hat eine begrenzte Kapazität, die Eintragungen, die dort zu einem bestimmten Zeitpunkt vorhanden sind, sollen den gegenwärtigen Zustand der Welt, oder besser: die Abbildung des gegenwärtigen Zustandes der Welt enthalten. Diese an sich separaten und voneinander unabhängigen Regeln können miteinander interagieren, aber einzig und allein über dieses WM: Zwischen ihnen gibt es keine direkte Verbindung. Sie können nur Eintragungen, die von anderen Regeln kommen, aufnehmen und dann ihrerseits Eintragungen vornehmen. Für bestimmte Fälle steht ein „Supervisor" zur Verfügung, der gegebenenfalls Entscheidungen in Konfliktfällen vornimmt und das System überwacht, aber auch selbst wieder als eine Regel formuliert werden kann. Die Vorteile dieser Modellkategorie sind

- Unabhängigkeit der einzelnen Wissensstrukturen: Es können leicht neue hinzugefügt werden, ohne die anderen zu beeinflussen (Modularität);
- fehlerbehaftetes oder unvollständiges Wissen kann dargestellt werden;
- Einfachheit der Modellstruktur;
- Wissen läßt sich leicht in Regeln formulieren.

Nachteilig ist die Tatsache, daß bei einer größeren Anzahl von Regeln das Modell schnell unübersichtlich wird, es existiert ja kein Algorithmus, der den Lauf eines solchen Modells auf dem Computer vorhersagen kann. Inzwischen sind Weiterentwicklungen bezüglich Ordnung und Komplexität (sowohl der LHS als auch der RHS) vorgenommen worden. Eine Weiterentwicklung sind die sogenannten „Dämonen" (s.a. *Lindsay & Norman* 1981). Als „independent chuncks of knowledge" werden sie analog zu den Produktionsregeln unterteilt in „goal-directed" (RHS) und „data-driven" (LHS). Die ersteren suchen aktiv nach Datenmustern, die als Bedingungen für die auf der rechten Seite formulierten Aktion, das Ziel, beschrieben sind, die zweiten (LHS) werden durch einen Stimulus zur Ausführung gebracht. Ein zweites

Kriterium der Unterscheidung von Dämonen ist das sogenannte „Level": Damit ist gemeint, daß Dämonen existieren sollen, die durch ein data-pattern aktiviert, eine Hypothese bilden können und ein anderer Dämon diese aufnimmt und prüft. Erwartungen werden hierbei gebildet, indem Teilbedingungen erfüllt sind. Diese können auf einem gemeinsamen, allen Dämonen zugänglichen „blackboard" mitgeteilt und somit den anderen zugänglich werden. Das ist die einzige Interaktionsmöglichkeit. In verschiedenen Anwendungsversuchen (s. Diskussion in *Allport* 1979) werden unterschiedliche Annahmen über die Beziehung und Gruppierung zwischen den Dämonen, deren Interaktionsformen, Hierarchisierung, WM oder blackboard gemacht. Gemäß *Allport* haben sie die folgenden Eigenschaften:

- Es existiert ein mentales Lexikon, bestehend aus einer großen Anzahl unabhängiger Wissensstrukturen (Dämonen);
- Dämonen können unabhängig voneinander aktiviert werden;
- sie schaffen Erwartungen in bezug auf weiteren Input, wenn ein Teil ihrer Bedingungen erfüllt ist;
- diese Aktivierung ist ohne Kapazitätsbeschränkung und Bewußtsein, sie ist „tacit" und „preattentiv";
- Wahrnehmungsprozesse hängen also von der Aktivierung solcher Strukturen und der Integrationsleistung im WM ab: Hier ist eine Kapazitätsbeschränkung vorhanden.

Diese Vorstellungen stammen zwar aus dem Bereich des Sprachverständnisses, wir glauben jedoch, daß sich mit diesem Konzept auch Prozesse darstellen lassen, wie sie in therapeutischen Situationen auftreten. Gemeint ist beispielsweise die Evaluation intuitiver, noch nicht erklärbarer Hypothesen oder Phantasien (preattentive Erwartungen) oder aber deren Fallenlassen (falls diese nicht erfüllt werden). Für die IV des Therapeuten würde das bedeuten:

- Es existiert eine Anzahl von klinischen Wissensbereichen auf verschiedenen Abstraktionsniveaus,
- diese sind gleichberechtigt verfügbar,
- können ohne Kapazitätsbeschränkung beliebig aktiviert werden,
- können parallel zueinander Erwartungen (Hypothesen) bilden, durch Teilerfüllungen ihrer Bedingungen,
- diese Hypothesen können sie anderen Dämonen mitteilen,
- sie bleiben unbewußt,
- erst bei Integration verschiedener Vorschläge auf dem blackboard ist Verarbeitungskapazität erforderlich, das Ergebnis des Integrationsversuches ist bewußt.

Für preattentiv processing gibt es aus der Wahrnehmungspsychologie Hinweise: Stimuli, die nicht bewußt wahrgenommen werden (z.B. am Rande des Gesichtsfeldes), haben einen Einfluß auf die Informationsverarbeitung.

Wir vermuten, daß dem, was „freischwebende Aufmerksamkeit" genannt wird, diese preattentiv processing entsprechen könnte: Durch Parallelität von konkurrierenden, anarchistischen Erwartungsbildungsprozessen beim Therapeuten, und zwar ohne die Notwendigkeit von Bewußtsein, was eventuell gerade die Störung dieser freischwebenden Aufmerksamkeit bedeuten könnte: Eine spezifische Hypothese erhält also durch Bestätigung ihrer Erwartung eine höhere Priorität und wird bewußt, sie gerät in das Zentrum der Aufmerksamkeit. Erst auf diesem Niveau der Verarbeitung können Ansätze wie beispielsweise Problemlösen u.ä. angewandt werden.

## Zusammenfassung

Ausgehend von *Wittmanns* Kritikpunkten an der Verhaltenstherapie haben wir uns mit Vorstellungen über mentale Prozesse aufgrund des IV-Ansatzes beschäftigt. Wir sind der Meinung, daß für das Verständnis dessen, was in der Therapie abläuft, dieser spezielle IV-Ansatz hilfreich sein kann: Wichtig ist uns vor allem die heterarchische Organisation anstatt der hierarchischen und die parallele anstatt der seriellen Verarbeitung. Die Bedeutung solcher Prozesse wie Phantasie und Aufmerksamkeit (s.a. *Pohlen & Wittmann* 1980) ist nicht so leicht von der Hand zu weisen. Einen ersten Schritt bei der Untersuchung von solchen Prozessen und dem beteiligten impliziten Wissen leistet u.E. die Beschäftigung mit den IV-Prozessen des Therapeuten. Die individuellen Verarbeitungsprozesse mögen sich durchaus unterscheiden, das ihnen zugrundeliegende Muster jedoch nicht. Zu deren Untersuchung sollten zwei Vorgehensweisen miteinander kombiniert werden:

1. Theoretische Spekulation über Struktur und Prozeß solcher informationsverarbeitender Abläufe, wie sie die Cognitive Science versteht. Formalisierte Modelle liefern eine konsistente, kommunizierbare Explikation sonst eher vage vorstellbarer Konzepte. Die innere Konsistenz eines Modells, welches leicht unübersichtlich werden kann, vor allem durch vielfältige Interaktionen, kann mittels Computersimulation geprüft werden (s. *Moser* 1974).
2. Teilvalidierungen anhand von klinischem Material: Indem man zusätzlich Denkprotokolle des Therapeuten im Anschluß an die Stunde erhebt, um einerseits dessen unabhängigen Wissensstrukturen (unsere Dämonen) zu ermitteln, und andererseits Information über deren Benützung und den Bewußtheitsgrad seiner Hypothesen zu erhalten.

Die vorgestellten Konzepte aus den Gebieten Memory und Consciousness können Anstöße liefern, Modelle zu entwickeln, die den komplexen Prozessen der Informationsverarbeitung in therapeutischen Situationen wie Wahrnehmung, Phantasie und Urteilsbildung gerechter werden.

**LITERATUR:**


ALLPORT, D.A.: Conscious and Unconscious Cognition: A Computational Metaphor for the Mechanism of Attention and Integration. In: Nilsson, L.-G. (Ed.): ***Perspectives on Memory Research.*** Hillsdale: Lawrence Erlbaum, 1979.

BARR, A. & FEIGENBAUM, F.A.: ***The Handbook of Artifical Intelligence, Vol. 1.*** Los Altos, California: Kaufmann, 1981.

LINDSAY, P.H. & NORMAN, D.A.: ***Einführung in die Psychologie.*** Berlin: Springer, 1981.

MOSER, U.: Modellkonstruktion im Bereich der Klinischen Psychologie. In: Schraml, W.J. & Baumann, U. (Eds.): ***Klinische Psychologie, Band 2.*** Bern: Huber, 1974.

NORMAN, D.A.: Perception, Memory and Mental Process. In: Nilsson, L.-G. (Ed.): ***Perspectives on Memory Research.*** Hillsdale: Lawrence Erlbaum, 1979.

POHLEN, M. & Wittmann, L.: ***Die Unterwelt bewegen.*** Frankfurt: Syndikat, 1980.

RUMMELHART, D.E.: Schemata: The Building Blocks of Cognition. In: Anderson, R.C., Spiro, R.J. & Montague, W.E. (Eds.): ***Schooling and the Acquisition of Knowledge.*** Hillsdale: Lawrence Erlbaum, 1977.

WITTMANN, L.: ***Verhaltenstherapie und Psychodynamik.*** Weinheim: Beltz, 1981.

**Kontaktadresse:** Hartmut Lamott
Irini Soukos-Valavani
Psychologisches Institut der Universität Zürich
Abteilung Klinische Psychologie
Schmelzbergstr. 40
CH-8044 Zürich

# Modellernen und psychologische Reaktanz

*J. Merz*

Die Theorie des Modellernens (*Bandura* 1976, 1979) und die Reaktanztheorie (*Brehm* 1966, 1979) sind zwei neuere Theorien der Sozialpsychologie, die auch für die Psychotherapie von großer Bedeutung sind. Im vorliegenden Referat werden einige Experimente zusammenfassend dargestellt, die der Frage nachgehen, unter welchen Bedingungen sich Personen Modelleinflüssen widersetzen und Reaktanz zeigen. Die wichtigsten Ergebnisse werden dargestellt und diskutiert.

Zunächst sollen aber erst die genannten Theorien kurz dargestellt werden (s. auch *Vogl* 1974, *Zumkley-Münkel* 1976, *Wicklund* 1974).

## 1. Lernen am Modell

Unter Modellernen (Beobachtungslernen, Nachahmungslernen etc.) wird die Aneignung neuer oder die Veränderung bestehender Verhaltensweisen und Einstellungen als Folge der Beobachtung des Verhaltens von anderen Personen (lebende Personen, Filmhelden, Zeichentrickfiguren etc.) verstanden.

Im Vergleich zu den anderen wichtigen eigenständigen Lernprinzipien (klassische Konditionierung und operante Konditionierung) vollzieht sich das Modellernen in der Regel sehr rasch, ökonomisch und risikolos. Aufgrund einmaliger Beobachtung können komplexe Verhaltensmuster übernommen werden.

Das Modellernen ist eine typisch menschliche Lernform, bei der kognitive Verarbeitungsprozesse eine zentrale Rolle spielen. Die wahrgenommenen Modelle bieten für den Beobachter in erster Linie Informationen über das Verhalten selbst sowie über die zu erwartenden Konsequenzen. Die Aneignung geschieht in Form von symbolischen Repräsentationen. Die Information, die das Modell vermittelt, wird vom Beobachter codiert. Dies kann bildlich oder sprachlich geschehen. Die Antizipation der zukünftigen Konsequenzen motiviert den Beobachter zur Nachahmung bzw. zur Unterdrückung des Geschehens. Nicht alles Gelernte wird auch realisiert.

Lernen am Modell erschöpft sich aber keineswegs im einfachen, mechanischen Nachahmen. Hervorzuheben ist vielmehr die kognitive Aktivität des Lernenden: Er selegiert oder interpretiert das Gesehene, antizipiert Konsequenzen und integriert das beobachtende Verhalten kreativ in sein Verhaltensrepertoire; oft auch werden mehrere Beobachtungen kombiniert.

Die Theorie des Modellernens hat zu einer sehr großen Zahl empirischer Untersuchungen angeregt. Neben der Analyse der zugrundeliegenden Lernprozesse und -mechanismen haben sich v.a. folgende Forschungsschwerpunkte herauskristallisiert: das Lernen aggressiver, altruistischer und emotionaler Verhaltensweisen, die Genese und Veränderung von sozialen Einstellungen, Werturteilen und Leistungsnormen, Rollenübernahme und Selbstkontrolle. Seit einigen Jahren wird zunehmend ihre Anwendbarkeit in der Psychotherapie untersucht. (vgl. *Bauer* 1979).

### 1.1 Anwendung in der Psychotherapie

Die Methoden des Modellernens zählen zu den effektivsten der Verhaltenstherapie (vgl. *Rachman* 1972, *Mahoney* 1977, *Rosenthal* 1976).

Nach *Bauer* (1979) haben die Prinzipien des Modellernens folgende Anwendungsschwerpunkte: die Behandlung von Ängsten und Phobien, Modellernen bei Zwangsverhalten, Aufbau neuer Verhaltensweisen bei Klienten mit schweren Verhaltensdefiziten, Modifikation von Fehlentwicklungen sozialen Verhaltens, Selbstsicherheitstraining und Lernziel: Selbstkontrolle für Kinder.

Im Prinzip werden dabei die Klienten angeleitet, Modelle zu beobachten, die die gewünschten Verhaltensweisen (z.B. Annäherung an furchtauslösende Objekte, Aufnahme von sozialen Kontakten etc.) demonstrieren, und dann aufgefordert, diese zu imitieren. Die Modelle werden in der Regel in vivo per Film oder im Rollenspiel vorgestellt.

Ein sehr wichtiger Bereich – nicht nur für die Verhaltenstherapie – ist die Modellfunktion des Therapeuten selbst. Ein Gesprächstherapeut z.B., dem es gelingt, die Rogersschen „Basisvariablen" zu verwirklichen, stellt für seine Klienten ein Modell dar, d.h., er hilft ihnen, selbst „emotional warm", „einfühlend" und „echt" zu sein.

## 2. Psychologische Reaktanz

Freiheit, Unabhängigkeit, Autonomiestreben, Bedürfnis nach Kontrolle etc. sehen viele Autoren als ein menschliches Grundbedürfnis an (Murray, Maslow, Rogers). Zwischen Freiheitsverlust und psychischer Krankheit wird oft ein enger Zusammenhang gesehen (*Jahoda* 1959, *Seligman* 1979). Aus diesen Feststellungen kann abgeleitet werden, daß Personen ihre Freiheit verteidigen, daß sie sich gegen Freiheitsbedrohungen wehren.

Die Reaktanztheorie von *J.W. Brehm* (1966, 1979) bezieht sich auf das Verhalten von Menschen, deren Freiheit, bestimmte Dinge zu tun, Enscheidungen zu treffen etc., bedroht bzw. eliminiert wurde. Es wird angenommen, daß jedes Individuum über gewisse Verhaltensfreiheiten verfügt. Die Bedrohung derartiger Verhaltensweisen führt zu einem motivationalen Zustand, der meist als unangenehm erlebt wird und das Ziel hat, die verlorene bzw. bedrohte Freiheit wiederherzustellen. Diesen Erregungszustand nennt Brehm „psychologische Reaktanz".

Erfährt eine Person psychologische Reaktanz, so kann dies zu verschiedenen Verhaltensweisen führen:

- direkte Versuche, die bedrohte Freiheit wieder herzustellen (das Verbotene wird „jetzt erst recht" getan);
- indirekte Versuche, die bedrohte Freiheit wieder herzustellen (man stachelt andere Personen an, das Verbot zu übertreten; phantasierte Widerstandshandlungen etc.);
- Attraktivitätssteigerungen (das Verbotene steigt in seiner Beliebtheit, wird attraktiver);
- Wut, Ärger, Aggression (gegen den Bedroher bzw. Ersatzobjekte).

Welche der genannten Reaktanzeffekte im konkreten Fall eintreten, hängt in erster Linie von der Stärke des Reaktanzmotivs, der Situation sowie einer Reihe anderer

Persönlichkeitsvariablen ab. Beispielsweise dürften selbstsichere Personen häufiger „offenen Widerstand" zeigen als unselbständige, depressive. In Situationen, in denen mit massiven Konsequenzen zu rechnen ist, dürfte es eher zu indirekten Äußerungsformen kommen etc.

Mit Hilfe der Reaktanztheorie lassen sich Aussagen über eine Vielzahl von psychologischen Phänomenen machen: Aggression, Konformität, interpersonale Attraktivität, Altruismus, Bumerangeffekte, Versuchspersonenverhalten in psychologischen Experimenten und Psychotherapie (vgl. *Gniech & Grabitz* 1978). Die Vorhersagen dieser Theorie sind bislang in über 100 veröffentlichten empirischen Untersuchungen überprüft und weitgehend bestätigt worden.

### 2.1 Anwendung der Reaktanztheorie in der Psychotherapie

Psychotherapeutische Maßnahmen stellen Formen sozialer Beeinflussung dar, bei denen mit zwei gegenläufigen Verhaltenstendenzen seitens des Klienten gerechnet werden muß: Konformität (Gehorsam, Mitarbeit, Anpassung) einerseits, Antikonformität (Reaktanz, Widerstand) andererseits. Mit letzterer ist zu rechnen, da soziale Beeinflussung mit der Einengung persönlicher Freiheitsspielräume verbunden ist. Von der jeweiligen Ausprägung dieser beiden Motivkomplexe hängt der Therapieerfolg ab. Psychologische Reaktanz hemmt den Therapiefortschritt. Bei starker Ausprägung kann sich sogar das Befinden des Klienten verschlechtern.

Viele Phänomene aus der pädagogischen und therapeutischen Praxis lassen sich als Reaktanzeffekte interpretieren, z.B. Trotz, Negativismus, Regression, Therapieabbruch, Flucht in die Gesundheit, paradoxe Therapieeffekte etc. (vgl. *S.S. Brehm* 1980). Sie entstehen v.a. dann, wenn der Klient für ihn wichtige Verhaltens- und Entscheidungsfreiheiten durch die Therapie bedroht sieht.

Für die Minimanisierung derartiger Reaktanzeffekte dürfte eine klientenzentrierte Haltung im Sinne C. Rogers hilfreich sein. *S. Brehm* betont, daß die Therapie zumindest am Anfang sehr langsam und behutsam voranschreiten solle, der Klient dürfe nicht überfordert werden, starke Konfrontationen seien zu vermeiden. In manchen Fällen kann es sogar gut sein, den Klienten ausdrücklich darauf hinzuweisen, daß er seine alten (durch die Therapie bedrohten) Gewohnheiten durchaus gelegentlich praktizieren könne.

Die Bedeutung der Reaktanztheorie für klinische Fragestellungen zeigt sich auch in dem Versuch (*Wortman & Brehm* 1975), das Konzept der „gelernten Hilflosigkeit" (*Seligman* 1979) mit der Reaktanztheorie in einem „integrativen Modell" zu vereinigen.

## 3. Untersuchungen: Modellernen und psychologische Reaktanz

Beide Theorien beschäftigen sich schwerpunktmäßig mit sozialer Einflußnahme. Dabei kommen sie allerdings zu entgegengesetzten Aussagen: Konformität, Anpassung, Imitation hier – Widerstand, Bumerangverhalten dort.

### 3.1 Fragestellung

Wir gehen von der Beobachtung aus, daß die Darbietung von Modellen in der Psychotherapie keineswegs immer zu den erwünschten Effekten führt. Vielmehr läßt sich oft eine Abwehr des Beobachtenden bis hin zum „Anti-Modellverhalten" feststellen. Welche Prozesse und Mechanismen liegen dem zugrunde? Wodurch unterscheiden sich die „konformen" von den „nichtkonformen" Beobachtern? Für eine verantwortungsbewußte Anwendung der Prinzipien des Modellernens in der Psychotherapie ist es unerläßlich, über die hiermit angesprochenen Probleme mehr zu wissen.

### 3.2 Versuchsaufbau

Im folgenden wird über fünf aufeinander aufbauende Experimente berichtet. Sie waren nach folgendem Schema aufgebaut:
Die Versuchspersonen füllten einen Elternproblemfragebogen („Ich habe ein gutes Verhältnis zu meinen Eltern", „Meine Eltern akzeptieren mich nicht so wie ich bin" etc.; Eigenkonstruktion) aus. 14 Tage später sahen sie einen etwa 10minütigen Videofilm, in dem eine Modellperson „offen" über die negative Beziehung zu ihren Eltern spricht. Nach der Modelldarbietung füllten sie erneut einen Elternproblemfragebogen aus. Die jeweiligen Kontrollgruppen sahen keinen Film.

Ausgehend von den beiden oben dargestellten Theorien wurde erwartet, daß die Modelldarbietung (unabhängige Variable) beim Beobachter eine „Enthemmung" bzw. „Ansteckung" bewirkt (Modellernen); der Elternproblemscore müßte steigen (Veränderung des Elternproblemscores als abhängige Variable). Bei einigen Personen sollte allerdings ein Bumerangeffekt eintreten, d.h., ihr Elternproblemscore sollte sinken.

### 3.3 Versuchspersonen

An den Untersuchungen nahmen insgesamt ca. 300 Abiturienten und Studenten teil.

### 3.4 Fragebögen

Neben dem schon erwähnten Elternproblemfragebogen wurden verwendet:
- FPI (Freiburger Persönlichkeitsinventar, *Fahrenberg et al.* 1977)
- BIV (Biographisches Verhaltensinventar, *Jäger et al.*)
- Gießen-Test (*Beckmann & Richter* 1972)
- SAP (Soziale Angst-Skala, *Lück* 1973)
- HPS (Hamburger Depressionsskala, *Kerekjarto* 1969)
- Unsicherheitsfragebogen (*Ullrich & Ullrich* 1976)
- Reaktanzfragebogen (*Merz* 1982)

Außerdem kamen mehrere Sätze Rating-Skalen zur Anwendung, die sich insbesondere auf die Modellperson (gesund – kränkelnd, sympathisch – unsympathisch etc.), den gesehenen Film (interessant – langweilig, echt – gestellt etc.), die vermutete Konsequenz für die Modellperson, die erlebten Gefühle während der Modelldarbietung sowie auf die Einstellung zum Experiment bezogen.

### 3.5 Ergebnisse

An dieser Stelle können nur die wichtigsten Ergebnisse wiedergegeben werden. Sie sind alle auf dem 1%- bzw. 5%-Niveau signifikant.

### 3.5.1 Modellernen

In keinem der durchgeführten Experimente hatte der Modellfilm eine bedeutsame Auswirkung auf die Darstellung der eigenen Elternbeziehung. Die Inspektion der einzelnen Veränderungswerte legte jedoch die Vermutung nahe, daß sehr wohl Modellernen stattgefunden haben könnte, allerdings nur bei gewissen Personen. Andere scheinen sich dem Modelleinfluß widersetzt zu haben, so daß sich die Effekte in etwa gegenseitig aufhoben.

### 3.5.2 Psychologische Reaktanz

Die Gegenüberstellung derjenigen Versuchspersonen mit erwartungskonformer Einstellungsänderung (Elternproblemscore steigt, „Modellernen") und von Versuchspersonen mit erwartungswidriger Einstellungsänderung (Elternproblemscore sinkt, „Bumerangverhalten, Reaktanz") zeigte eine Reihe signifikanter Unterschiede (T-Test, zweiseitige Fragestellung).

#### *3.5.2.1 Persönlichkeitsvariablen*

- Personen mit Antimodellverhalten beschreiben sich häufiger als „gesund (vs. kränkelnd)", „selbständig (vs. unselbständig)", „anspruchsvoll (vs. bescheiden)".
- Sie haben laut BIV (*Jäger et al.* 1976) eine ausgeprägtere „Ich-Stärke" sowie weniger Probleme im Bereich „Familie".
- Laut Gießen-Test haben sie eine relativ ausgeprägte „soziale Potenz" (gesellig, kontaktfreudig etc.) sowie eine geringe „Durchlässigkeit" (verschlossen, eher mißtrauisch).
- Sie sind auffallend häufig die „jüngsten" in der Geschwisterreihe. Modellerner sind häufiger Einzelkinder, älteste Geschwister.
- Auf der Reaktanz-Skala haben sie einen höheren Wert, d.h., sie sind für Reaktanzerlebnisse „anfälliger".

Bezüglich des Elternproblemscores unterscheiden sich die beiden Reaktionstypen nicht.

#### *3.5.2.2 Beurteilung des Films*

Personen, die sich dem Modelleinfluß widersetzten, gaben häufiger an:
- der Film habe gestellt gewirkt (vs. echt),
- der Film habe sie nicht an persönliche Probleme erinnert,
- sie konnten sich in das Gezeigte weniger gut einfühlen.

#### *3.5.2.3 Beurteilung der Modellperson*

Die gleiche Gruppe beurteilt auch die gesehene Modellperson negativer. Diese habe relativ
- unsympathisch (vs. sympathisch),
- kränkelnd (vs. gesund),
- unreif (vs. reif)

gewirkt.

In einer der Untersuchungen wurde auch ein Standbild der Modellperson unmittelbar vor und unmittelbar nach dem Film zur Beurteilung vorgelegt. Es zeigte sich:
- Diejenigen, die sich dem Filmeinfluß widersetzten, veränderten ihr Urteil eher in Richtung „unsympathisch".

#### 3.5.2.4 *Erlebte Gefühle*

In einer der Untersuchungen wurde der „momentane Gefühlszustand" der Versuchsperson unmittelbar vor sowie unmittelbar nach der Filmdarbietung per Selbsteinstufung erfaßt. Es zeigte sich, daß mit zunehmendem Antimodellverhalten eine negative Stimmungsveränderung Hand in Hand ging. Besonders eindrucksvoll waren die Veränderungen auf den folgenden beiden Gefühlsdimensionen:
- von „sicher" in Richtung „bedroht",
- von „stark" in Richtung „schwach".

In einer anderen Untersuchung wurde die „soziale Angst-Skala" (SAP) im Vor- und im Nachtest verwendet. Lediglich bei der Antimodellgruppe bewirkte der Film einen deutlichen
- Anstieg des Angstscores.

#### 3.5.2.5 *Einstellung zum Experiment*

Aufgrund einiger offener und geschlossener Fragen zum Experiment (post-experimentelles Interview) ergab sich bei der Antimodellgruppe eine vergleichsweise negative Einstellung. Sie
- fühlten sich durch das Experiment häufiger manipuliert,
- gaben häufiger an, ungern mitgearbeitet zu haben,
- äußerten häufiger Kritik an den Untersuchungen („solche Experimente sind sinnlos", „die Fragebögen waren zu lang" etc.).

### 3.5.3 Zusammenfassung und Diskussion

Betrachtet man die jeweiligen Gruppendurchschnitte, so erzielte der verwendete Modellfilm keine bedeutsamen Auswirkungen. Dies u.a. deshalb, weil sich die modellkonformen und die modellantikonformen Reaktionen mehr oder weniger aufhoben.

Die Ergebnisse zeigen, daß selbstunsichere, sozial gehemmte Personen sich eher durch das Modell in der erwarteten Richtung beeinflussen lassen. Personen, die sich als relativ selbstsicher und ichstark darstellen, tendieren dazu, sich dem Modelleinfluß zu widersetzen. Erstere erleben den Film aufgeschlossener und betroffener, sie beurteilen die Modellperson positiver und haben auch eine positivere Einstellung zum Experiment. Diese Ergebnisse fügen sich gut in die theoretischen und empirischen Erkenntnisse der sozial-kognitiven Lerntheorie von Bandura ein.

Die nonkonforme Gruppe (Bumerangverhalten, Antimodellverhalten) konnte sich weniger gut in den Film einfühlen. Die modellierten Probleme waren nicht die ihrigen. Dennoch hat sie der Film „bedroht": Die Modellperson wird ihnen im Laufe der Vorführung zunehmend unsympathisch, der Angstscore steigt. Die Ergebnisse lassen sich m.E. wie folgt interpretieren: Das Modellverhalten bedrohte die Freiheit dieser Personen, eine eigene Meinung von der Beziehung zu ihren Eltern zu haben. Die hieraus resultierende psychologische Reaktanz äußerte sich im Bumerangverhalten (die Beziehung zu den eigenen Eltern wird jetzt positiver dargestellt), in der negativeren Beurteilung des Modells sowie des Experiments.

Die Senkung des Elternproblemscores als Reaktanzeffekt zu interpretieren, ist nicht unproblematisch. Wäre nicht die Annahme einer Bezugsnormverschiebung plausibler? Man könnte ja annehmen, daß das dargebotene Modell einen neuen Urteilsanker setzt, an dem sich die Versuchspersonen nach der Filmdarbietung orientieren („im Vergleich zu dieser Person ist das Verhältnis zu meinen Eltern gut"). Gegen diese Interpretation sprechen allerdings die negativen Stimmungsänderungen, die negative Beurteilung der Modellperson, sowie die relativ negative Einstellung zum Experiment – alles typische Reaktanzsymptome. Außerdem zeigte sich gerade bei dieser Personengruppe im Vortest wiederholt ein signifikant höherer Wert ($p < .05$) auf der Reaktanzskala, welche die generalisierte Bereitschaft zu Reaktanzerlebnissen mißt.

Zur Zeit versuchen wir, mittels physiologischer Messungen während der Filmdarbietung und anschließenden Tiefeninterviews die dargestellten Befunde zu überprüfen.

**LITERATUR:**


BANDURA, A.: *Lernen am Modell.* Stuttgart: Klett, 1976.

BANDURA, A.: *Sozial-kognitive Lerntheorie.* Stuttgart: Klett, 1979.

BAUER, M.: *Verhaltensmodifikation durch Modellernen.* Stuttgart: Kohlhammer, 1979.

BECKMANN, D. & RICHTER, H.E.: *Gießen-Test.* Bern: Huber, 1972.

BREHM, J.W.: *Theory of psychological reactance.* New York: Academic Press, 1966.

BREHM, J.W.: *Responses to loss of freedom: A theory of psychological reactance.* Morristown, New York: General Learning Press, 1979.

BREHM, S.S.: *Anwendung der Sozialpsychologie in der klinischen Praxis.* Bern: Huber, 1980.

FAHRENBERG, J., SELG, H. & HAMPEL, R.: *Das Freiburger Persönlichkeitsinventar FPI.* Göttingen: Hogrefe, 1977 (3. Aufl.).

GNIECH, G. & GRABITZ, H.-J.: Freiheitseinengung und psychologische Reaktanz. In: Frey, D. (Hrsg.): *Sozialpsychologische Theorien.* Bern: Huber, 1978.

JÄGER, R., LISCHER, S., MÜNSTER, B. & RITZ, B.: *Biographisches Inventar zur Diagnose von Verhaltensstörungen (BIV).* Göttingen: Hogrefe, 1976.

JAHODA, M.: *Current concepts of positive mental health.* New York: Basic Books, 1959.

KEREKJARTO, M. v.: Die Hamburger Depressions-Skala HDS. In: Hippius, H. et al. (Hrsg.): *Das depressive Syndrom.* München, 1969.

MAHONEY, M.: *Kognitive Verhaltenstherapie.* München: Pfeiffer, 1977.

LÜCK, H.E.: Entwicklung eines Fragebogens zur Messung der Angst in sozialen Situationen (SAP). *Diagnostica,* 19, 1973, 3-8.

MERZ, J.: *Konstruktion eines Fragebogens zur Messung der psychologischen Reaktanz.* 1982 (in Vorbereitung).

RACHMAN, S.: Clinical application of observational learning, imitation, and modeling. *Behavior Therapy,* 3, 1972, 379-397.

ROSENTHAL, T.L.: Modelling therapies. In: Hersen et al. (Eds.): *Progress in behavior modification. Vol. 2.* New York: Academic Press, 1976.

SELIGMAN, M.E.P.: *Erlernte Hilflosigkeit.* München: Urban & Schwarzenberg, 1979.

ULLRICH, R. & ULLRICH, R.: *Der Unsicherheitsfragebogen.* München: Pfeiffer, 1976.

VOGL, S.: Modellernen. In: Kraiker, C.: *Handbuch der Verhaltenstherapie.* München: Kindler, 1974.

WICKLUND, R.A.: *Freedom and reactance.* Maryland: Wiley & Sons, 1974.

WORTMAN, C.B. & BREHM, J.W.: Responses to uncontrollable outcomes: An integration of reactance theory and the learned helplessness model. In: Berkowitz, L.E. (Ed.): *Advances in experimental social psychology. Vol. 8.* New York: Academic Press, 1975.

ZUMKLEY-MÜNKEL, C.: *Imitationslernen.* Düsseldorf: Schwann, 1976.

**Kontaktadresse:** Dr. J. Merz
Universität Bamberg
Feldkirchenstr. 21
8600 Bamberg

# Neuere Entwicklungen in der Theorie und Praxis der kognitiven Verhaltenstherapie

*Christof T. Eschenröder*

Ich möchte in diesem Referat einige kritische Überlegungen zur Theorie und zur Praxis der kognitiven Verhaltenstherapie anstellen. Unter kognitiver Verhaltenstherapie verstehe ich die psychotherapeutischen Ansätze, die einerseits die Bedeutung kognitiver Faktoren für die Entstehung, Aufrechterhaltung und Therapie von psychischen Störungen betonen, andererseits aber auch hervorheben, daß aktives Handeln des Klienten eine wesentliche Rolle im therapeutischen Veränderungsprozeß spielt (vgl. *Beck* 1979, *Ellis & Grieger* 1979, *Meichenbaum* 1979, *Mahoney* 1980).

## 1. Theoretische Überlegungen

### 1.1 Kognitive Prozesse und kognitive Strukturen

Aaron T. Beck und Albert Ellis, die zu den wichtigsten Pionieren der kognitiven Therapie gehören, unterscheiden in ihren Schriften oft nicht klar zwischen aktuellen kognitiven Prozessen, die der Selbstbeobachtung zugänglich sind (Gedanken und Phantasien), und überdauernden kognitiven Strukturen (Einstellungen und Überzeugungen), die man nur aus dem Verhalten und den Äußerungen einer Person erschließen kann.

*Beck* (1979, S. 50) beschreibt das kognitive Modell der Entstehung von Emotionen durch das Schema „Stimulus – Bewußte Bedeutung – Emotion"; seine eigenen Ausführungen widersprechen aber zum Teil diesem übermäßig vereinfachten Schema. So nimmt *Beck* (1979, S. 41) an, daß Menschen sich nach *Verhaltensregeln* bzw. nach einem *Normenkodex* richten, der ähnlich wie die Regeln der Grammatik erworben wird. Wie der Vergleich mit grammatischen Regeln sehr deutlich zeigt, sind diese Regeln oder Normen der Person nicht notwendigerweise bewußt. Die vom Klienten berichteten „automatischen Gedanken" oder Phantasien sind in der kognitiven Therapie oft nur der Ausgangspunkt, um extreme, übergeneralisierte oder übermäßig starre Grundannahmen aufzudecken, die den Klienten immer wieder in Schwierigkeiten bringen.

Auch Ellis unterscheidet meist nicht klar zwischen kognitiven Prozessen („Selbstgespräche" bzw. „innere Verbalisierungen") und relativ dauerhaften Strukturen („irrationale Überzeugungen"); statt dessen führt er das zweifelhafte Konstrukt der „unbewußten Verbalisierungen" ein (vgl. *Ellis* 1977, S. 205).

Verschiedene Autoren haben dagegen betont, daß eine Differenzierung zwischen Oberflächen- und Tiefenstrukturen bzw. zwischen kognitiven Prozessen und kognitiven Strukturelementen nötig ist, wenn man begriffliche Unklarheiten und Mißverständnisse vermeiden will (vgl. *Mahoney* 1980, *Sachse & Musial* 1981). Wie ich noch zeigen möchte, ist eine solche Unterscheidung nicht nur theoretisch, sondern auch praktisch bedeutsam.

### 1.2 Die Beziehung zwischen Kognitionen und Emotionen

*Zajonc* (1980) stellte auf der Grundlage umfangreicher experimenteller Untersuchungen die Annahme in Frage, daß Emotionen stets durch kognitive Prozesse aktiviert werden. Nicht nur in der individuellen Entwicklung des Menschen, sondern auch in der Phylogenese treten emotionale Reaktionen früher auf als die höheren kognitiven Prozesse (Sprache und Denken). Es erscheint daher sehr unwahrscheinlich, daß Emotionen ihre Autonomie ganz verloren haben und vollständig durch gedankliche Prozesse kontrolliert werden.

*Zajonc* nimmt an, daß Emotionen und Kognitionen durch *teilweise unabhängige Systeme* gesteuert werden. Äußere Reize lösen in Bruchteilen von Sekunden eine diffuse emotionale Reaktion aus, die die nachfolgenden kognitiven Operationen beeinflussen kann. Die kognitiven Prozesse üben aber wiederum einen reziproken Einfluß auf die Gefühle aus und können deren Intensität und Qualität verändern.

Diese Auffassungen über das Primat emotionaler Reaktionen stimmen in manchen Punkten mit *Gendlins* Konzept des „experiencing" überein. *Gendlin* (1970) bezeichnet das unmittelbare gefühlsmäßige Erleben als „experiencing". Dieser Prozeß des Erlebens ist sprachlich oft nur schwer zu beschreiben. Wenn die Person aber ihre Aufmerksamkeit auf den körperlich gefühlten Erlebnisprozeß richtet, gelingt es ihr oft, „implizite Bedeutungen", die in dem gefühlsmäßigen Erleben enthalten sind, zu formulieren. Dadurch wird der Gefühlsprozeß selbst weitergeführt und verändert.

In der kognitiven Verhaltenstherapie spielt das Aufdecken und Bewußtmachen von Gedanken, Phantasien und Überzeugungen, die mit bestimmten Gefühlen verbunden sind, eine wesentliche Rolle. Dieser Vorgang wurde manchmal etwas naiv als ein *Rekonstruktionsprozeß* betrachtet, bei dem der Klient mit Unterstützung des Therapeuten versucht, sich möglichst genau an die Gedanken und Vorstellungen zu erinnern, die er in einer bestimmten Situation erlebte. Die theoretischen Ansätze von Zajonc und Gendlin legen meiner Ansicht nach aber eher die Auffassung nahe, daß die Exploration problematischer Kognitionen meist einen aktiven *Konstruktionsprozeß* darstellt, bei dem Gedanken nicht nur erinnert, sondern im Dialog erst entwickelt und präzisiert werden.

## 2. Zur Praxis der kognitiven Verhaltenstherapie

In diesem zweiten Teil meines Referats möchte ich einige Vorschläge zur Veränderung und Erweiterung des bisher üblichen Vorgehens in der kognitiven Verhaltenstherapie machen. Diese Vorschläge leiten sich zum Teil direkt aus den eben referierten theoretischen Überlegungen ab, zum Teil besteht nur ein lockerer Zusammenhang.

### 2.1 Erklärung des Therapiekonzepts für den Klienten

Wenn der Therapeut einem Klienten das Konzept der kognitiven Therapie erklärt, sollte er berücksichtigen:

1. Die Gefühle und das Verhalten werden nicht immer durch bewußte Gedanken

oder Vorstellungen bestimmt, sondern auch durch Einstellungen und Annahmen, die dem Klienten nicht bewußt sind.

2. Emotionale Reaktionen werden durch die Gedanken und Vorstellungen der Person zwar bedeutsam beeinflußt, aber nicht vollständig kontrolliert.

Formulierungen, die dies nicht berücksichtigen, führen zu starken Widerständen des Klienten. Dies gilt z.B. für einen Satz wie „Unsere Gefühle werden dadurch bestimmt, was wir über ein Ereignis denken." Sinnvoller ist es, dem Klienten anhand von konkreten Beispielen im Dialog das folgende Konzept zu vermitteln: „Unsere Gefühle und unser Verhalten werden nicht automatisch durch äußere Ereignisse verursacht. Sie sind keine Marionette, die vollkommen durch äußere Kräfte gesteuert wird. Es hängt vielmehr von Ihren Einstellungen und Annahmen über bestimmte Situationen ab, wie Sie darauf reagieren. Diese Einstellungen sind Ihnen oft gar nicht bewußt oder sie erscheinen Ihnen so selbstverständlich, daß Sie bisher nie daran gedacht haben, man könnte eine Situation auch anders betrachten. Ich würde gerne mit Ihnen gemeinsam herausfinden, welche Einstellungen Sie behindern und einschränken. Aber auch wenn wir dies herausgefunden haben, sollten Sie damit rechnen, daß es Ihnen nur allmählich gelingen wird, starke negative Gefühle und fest eingeschliffene Verhaltensweisen abzubauen." Eine solche vorsichtig-optimistische Haltung des Therapeuten stimmt eher mit den Erfahrungen des Klienten überein als extremere Formulierungen und wird daher leichter akzeptiert.

### 2.2 Bedeutung von Kindheitserlebnissen

Die verschiedenartigen Ansätze der kognitiven Verhaltenstherapie stimmen weitgehend darin überein, daß eine Analyse von Erlebnissen aus der Kindheit des Klienten keine wesentliche Rolle für den therapeutischen Prozeß spielt. Nach meiner Erfahrung lohnt es sich aber fast immer, sich etwas ausführlicher mit der Entwicklung eines Klienten zu beschäftigen, wenn er in verschiedenen Lebensbereichen durch starre negative Einstellungen beeinträchtigt ist und nicht nur wegen eines spezifischen Problems Hilfe sucht. Es gibt drei Gründe, weshalb ich eine Beschäftigung mit vergangenen Erfahrungen in der kognitiven Verhaltenstherapie für wichtig halte:

1. Eine Auseinandersetzung mit den Erfahrungen, die der Klient als Kind in der Familie oder in der Schule gemacht hat, kann ihm helfen, mehr Verständnis für sich und seine Probleme zu entwickeln. Er kann erkennen, daß bestimmte Einstellungen und Verhaltensweisen, die er bisher als unsinnig ansah, in bezug auf seine frühere Lebenssituation durchaus sinnvoll und verständlich erscheinen. Dies führt in vielen Fällen zur Verminderung von Selbstvorwürfen, die sonst oft vielfältige sekundäre Probleme hervorrufen und die Lösung der ursprünglichen Probleme erschweren.
2. Gleichzeitig erleichtert eine Beschäftigung mit der Vergangenheit eine Distanzierung von problematischen Einstellungen. Der Therapeut kann dem Klienten z.B. deutlich machen, daß eine starke Selbstablehnung nicht einem unveränderbaren „masochistischen Charakter" entspringt, sondern daß es sich um negative Einstellungen handelt, die dem Klienten ursprünglich von anderen eingetrichtert wurden.
3. Manche Klienten sind davon überzeugt, daß ihnen eine Psychotherapie nur dann

wirklich helfen kann, wenn Kindheitserlebnisse ausführlich besprochen werden. Ich halte es für sinnvoll, diesen Erwartungen ein Stück weit entgegenzukommen. Es ist dann sehr viel leichter möglich, die falsche Annahme zu korrigieren, Probleme würden sich automatisch lösen, wenn man nur ihre frühkindlichen Ursachen entdeckt hat.

### 2.3 Paradoxe therapeutische Methoden

Sogenannte paradoxe Methoden, die vor allem im Rahmen der Logotherapie von Frankl (vgl. *Lukas* 1980) und in der Kommunikationstherapie (*Watzlawick et al.* 1974) verwendet werden, bewirken bei angemessener Anwendung oft geradezu schlagartige Einstellungs- und Verhaltensänderungen.
Beispiel: Eine Klientin weinte während der ersten Therapiestunde heftig und machte sich deswegen starke Vorwürfe. Sie befürchtete, die Therapie würde scheitern, wenn sie „ständig nur heulen würde". Ich gab ihr daraufhin die Aufgabe, sie solle zum nächsten Termin vollkommen verheult erscheinen. Erwartungsgemäß gelang es ihr nicht, dieses Symptom *absichtlich* zu produzieren. Es war dann gut möglich, der Klientin deutlich zu machen, wie sie sich bisher durch Selbstvorwürfe in Ängste hineingesteigert hatte und wie sie einen solchen Teufelskreis durchbrechen könnte.

Weshalb werden paradoxe Methoden trotz ihrer Wirksamkeit in der kognitiven Verhaltenstherapie kaum verwendet? Vielleicht liegt es daran, daß sie in einem anderen theoretischen Kontext entwickelt wurden. Wäre es nicht albern, wenn ich als Erwachsener eine Schokolade nur deshalb nicht essen würde, weil auf der Packung „Kinderschokolade" steht? Und ist es nicht genau so unsinnig, eine wirksame Therapiemethode nur deshalb nicht zu verwenden, weil sie im Rahmen einer anderen Theorie entwickelt wurde?

Allerdings unterscheidet sich die Verwendung paradoxer Methoden in der kognitiven Verhaltenstherapie in einem wichtigen Punkt von dem Vorgehen, das Watzlawick propagiert. Die Therapeuten der sogenannten Palo-Alto-Gruppe halten Einsichten des Klienten für ganz unwesentlich; manchmal versuchen sie sogar, Einsichten über die Wirkungsweise einer Intervention durch Tricks und Ablenkungsmanöver zu verhindern. Ich habe dagegen oft die Erfahrung gemacht, daß es für Klienten hilfreich ist, wenn man ihnen erklärt, wie sie sich bisher in emotionale Probleme hineingesteigert haben und weshalb ein „paradoxes" Vorgehen ihnen hilft, diesen Eskalationsprozeß zu stoppen.

### 2.4 Erlebnisaktivierende Methoden

Es ist wichtig, daß Klienten in der Therapiestunde emotional beteiligt sind, denn Einsichten und kognitive Umstrukturierungen sind umso wirksamer, je stärker sie mit einem gefühlsmäßigen Prozeß gekoppelt sind.

Nach *Jaeggi* (1981) sind Befragung und Argumentation die einzigen Methoden, die in der kognitiven Therapie verwendet werden, um problematische Gedanken und Annahmen aufzudecken und zu verändern. Wenn dies tatsächlich stimmen würde, wäre die kognitive Therapie eine äußerst fade und trockene Angelegenheit. Zum Glück ist dies nicht der Fall: Kognitiv orientierte Therapeuten haben so viele erlebnisaktivierende Methoden entwickelt, daß mir im Rahmen dieses Referats der Platz fehlt, sie ausführlicher zu schildern (vgl. *Beck* 1979, *Ellis & Grieger* 1979, *Eschenröder* 1978a, b, *Fiedler* 1979, *Lazarus* 1978, *Walen et al.* 1980). Ich möchte hier nur einige kurz erwähnen:

*1. Phantasiemethoden:* Die bildhafte Vorstellung von Problemsituationen ruft bei manchen Klienten wesentlich stärkere emotionale Reaktionen hervor als das bloße Sprechen über diese Situationen. In der Phantasie können auch wirksame Strategien für die Bewältigung schwieriger Situationen eingeübt werden.

*2. Verwendung von Gleichnissen und Beispielen:* Durch Analogien und Gleichnisse, die sich nicht direkt auf das Problem des Klienten beziehen, kann diesem eine alternative Sichtweise seiner Probleme nahegelegt werden.

*3. Humor:* Witzige Vergleiche und humoristische Übertreibungen können Klienten manchmal dabei helfen, ihre kleinen Alltagsprobleme und Schwächen nicht allzu tierisch ernst zu nehmen und in der Tragikomödie ihres Lebens nicht nur die tragischen Seiten, sondern auch die Komik zu sehen.

*4. Emotional-expressive Übungen:* Ellis weist darauf hin, daß es nicht ausreicht, tiefsitzenden negativen Einstellungen halbherzig zu widersprechen; er fordert seine Klienten daher manchmal dazu auf, konstruktive Gedanken wiederholt mit Nachdruck und emotionalem Engagement auszusprechen.

*5. Risikoübungen:* Vor allem in der rational-emotiven Therapie spielen Risikoübungen eine wichtige Rolle, bei denen Klienten die Aufgabe bekommen, absichtlich etwas ganz Unsinniges zu tun. Sie können dadurch lernen, sich öffentlicher Beachtung auszusetzen; außerdem ist es sehr aufschlußreich, die Katastrophenerwartungen vor dem Ausführen der Übungen mit den tatsächlichen Reaktionen anderer Menschen zu vergleichen.

## 3. Zusammenfassung und Schluß

Ich möchte die wichtigsten Punkte dieses Referats in Form von sechs Thesen zusammenfassen:

1. Es ist in der kognitiven Verhaltenstherapie aus theoretischen und praktischen Gründen wichtig, zwischen aktuellen kognitiven Prozessen und überdauernden kognitiven Strukturen zu unterscheiden.
2. Kognitive und emotionale Prozesse werden durch zwei Systeme gesteuert, die sich zwar gegenseitig bedeutsam beeinflussen, aber auch einen gewissen Grad an Autonomie besitzen.
3. Bei der Erklärung des Therapiekonzepts sollte berücksichtigt werden, daß viele verhaltenssteuernde Einstellungen dem Klienten nicht bewußt sind und daß er seine Gefühle durch kognitive Prozesse nur begrenzt beeinflussen kann.
4. Die Analyse von Kindheitserlebnissen kann Klienten helfen, mehr Verständnis für ihre eigenen Probleme zu entwickeln und sich von problematischen Einstellungen zu distanzieren.
5. Sogenannte paradoxe Therapiemethoden sind oft sehr wirksam, um Einstellungs- oder Verhaltensänderungen hervorzurufen; es ist sinnvoll, dem Klienten die Wirkungsweise dieser Techniken zu erklären.
6. Um die emotionale Beteiligung des Klienten in der Therapie zu erhöhen, können verschiedenartige erlebnisaktivierende Methoden verwendet werden, z.B. Phanta-

sieübungen, der Gebrauch von Analogien und von Humor, emotional-expressive Übungen und Risikoübungen.

Ich betrachte die kognitive Verhaltenstherapie (oder vielleicht sollte man besser sagen: kognitiv-emotionale Verhaltenstherapie) als ein sehr breites und flexibles Therapiekonzept. Es hilft dem Klienten dabei, Blockierungen und selbstgesetzte Beschränkungen zu überwinden und seine Fähigkeiten stärker zu entfalten, und es erlaubt dem Therapeuten, seine Phantasie und seine Lebenserfahrung in die therapeutische Situation mit einzubringen.

**LITERATUR:**


BECK, A.T.: ***Wahrnehmung der Wirklichkeit und Neurose.*** München: Pfeiffer, 1979.

ELLIS, A.: ***Die rational-emotive Therapie.*** München: Pfeiffer, 1977.

ELLIS, A. & GRIEGER, R. (Hrsg.): ***Praxis der rational-emotiven Therapie.*** München: Urban & Schwarzenberg, 1979.

ESCHENRÖDER, C.: Die Rolle des Therapeuten und die therapeutische Beziehung in der rational-emotiven Therapie. ***Integrative Therapie,*** 4, 1978, 168-181 (a).

ESCHENRÖDER, C.: Rational-emotive Therapie und Gestalttherapie – ein Vergleich. ***Gruppendynamik,*** 9, 1978, 353-365 (b).

FIEDLER, P.A.: Diagnostische und therapeutische Verwertbarkeit kognitiver Verhaltensanteile. In: Hoffmann, N. (Hrsg.): ***Grundlagen kognitiver Therapie.*** Bern: Huber, 1979, 205-251.

GENDLIN, E.T.: A theory of personality change. In: Hart, J.T. & Tomlinson, T.M. (Eds.): ***New directions in client-centered therapy.*** Boston: Houghton Mifflin, 1970, 129-173.

JAEGGI, E.: „Nun seien Sie doch vernünftig." ***Psychologie Heute,*** 8 (2), 1981, 30-36.

LAZARUS, A.A.: ***Verhaltenstherapie im Übergang.*** München: Reinhardt, 1978.

LUKAS, E.: ***Auch dein Leben hat Sinn.*** Freiburg: Herder, 1980.

MAHONEY, M.: Neuordnung der Innenwelt. ***Psychologie heute,*** 7, 1980, 49-56.

MEICHENBAUM, D.H.: ***Kognitive Verhaltensmodifikation.*** München: Urban & Schwarzenberg, 1979.

SACHSE, R. & MUSIAL, E.M.: ***Kognitionsanalyse und kognitive Therapie.*** Stuttgart: Kohlhammer, 1981.

WALEN, S.R., DIGUISEPPE, R. & WESSLER, R.L.: ***A practitioner's guide to rational-emotive therapy.*** New York: Oxford University Press, 1980.

WATZLAWICK, P., WEAKLAND, J.H. & FISCH, R.: ***Lösungen.*** Bern: Huber, 1974.

ZAJONC, R.B.: Feeling and thinking. ***American Psychologist,*** 35, 1980, 151-175.



**Kontaktadresse:** Christof T. Eschenröder
Heidelberger Str. 35
2800 Bremen 1

# Psychotherapie im Spannungsfeld von Institution, Therapeut und Klient. Das Beispiel der Psychologie in der Rehabilitation Behinderter.

*Wolfgang Hantel-Quitmann*

Das Verhältnis von Theorie und Praxis ist in der deutschen Psychologie in beinahe traditioneller Weise gestört. Diese Tradition wird von der akademischen Psychologie behutsam gepflegt, die vornehme Abstraktion von den Nöten und Zwängen der psychologischen Berufspraxis gilt als Gütezeichen ihrer Wissenschaftlichkeit. Die für die Berufspraktiker bedeutsame und konfliktreiche Dreiecksbeziehung: Institution – Psychologie – Klient wird in der Theorie in doppelter Weise galant umgangen: Die einen konzentrieren ihre Untersuchungen auf das Therapeut-Klient-Verhältnis und abstrahieren dabei von den institutionellen Rahmen- und Anwendungsbedingungen psychologischer Arbeit; die anderen untersuchen die strukturellen Bedingungen auf ökonomischer, sozial- und gesundheitspolitischer Ebene und verlieren dabei die Klienten mit ihren alltäglichen und therapeutischen Bedürfnissen aus den Augen. Therapie findet aber weder in isolierten Zweierbeziehungen, sozusagen auf der grünen Wiese statt, noch reichen makrostrukturelle deduktive Analysen aus höherer Warte aus, um die wirksamen subjektiven und individuellen Faktoren zu erfassen. Ich will versuchen, am Beispiel eines Teilbereichs der Klinischen Psychologie, der Psychologie in der Rehabilitation Behinderter, dieses Dreiecksverhältnis Institution – Psychologie – Klient von beiden Seiten her und in seinen Entwicklungen und Konsequenzen darzustellen.

Als auf der dritten Wohnetage einer Berufsförderungseinrichtung ein Feuer ausbrach, vermuteten sofort alle Verantwortlichen Brandstiftung. Die anschließend schnell einberufene Beratungsrunde kam zu dem Schluß, die Lösung des Problems dem neu eingestellten Psychologen zu übertragen. Man war der Überzeugung, der werde mit seinen psychologischen Methoden den Brandstifter sicher schnell ermitteln können. Die meisten von ihnen wären ob dieses Antrages wahrscheinlich ebenso wütend und aufgebracht gewesen wie der dortige Kollege, vor allem weil hier doch der Auftrag zu gezielter Sozialspionage erteilt wurde. Versucht man, sich diesen Vorgang zu erklären, so gibt es zunächst einige naheliegende Gründe. Naheliegend wäre zum Beispiel, daß kein anderer Mitarbeiter den unliebsamen Auftrag übernehmen wollte oder daß der dortige Kollege früher einmal bei der Feuerwehr oder bei der Kriminalpolizei gewesen war. Wahrscheinlicher ist jedoch, daß die Mitarbeiter unseren Psychologen testen wollten: Was kann der eigentlich, was macht der, kann man ihn auch bei alltäglichen Problemen in der Einrichtung gebrauchen, und wozu ist dieser Psychologe überhaupt gut? Dahinter stecken also auch Schwierigkeiten im Umgang mit der Psychologie, Unklarheiten über ihre Methoden, Strate-

gien und Erkenntnisse, Unsicherheiten über die Möglichkeiten und Grenzen ihres Einsatzes.
Der Psychologie kamen diese Unklarheiten – obwohl sie manchmal lästig waren – durchaus entgegen. Die teilweise Überforderung und Überschätzung ihrer Möglichkeiten traf sich mit einem Expansionsbedürfnis des Berufsstandes, dessen Ziel eine breite institutionelle Verankerung war: Berufspolitisch bedeutete dies den Schritt von der Professionalisierung zur Institutionalisierung, auf fachlicher Ebene die Hinwendung von vorwiegend diagnostischen Tätigkeiten zu mehr therapeutischen.

Anfangs- und Ausgangspunkt in der Reha-Psychologie war, wie in den meisten Bereichen der Angewandten Psychologie, die Diagnostik, hier die Eignungs- und Leistungsdiagnostik. Es galt zu klären, welche Leistungsreserven auf seiten des Behinderten vorhanden sind und welcher Ausbildungsgang seinen Förderungsmöglichkeiten am meisten entspricht. Nach dem Krieg war die Arbeit des Psychologischen Dienstes der damaligen Bundesanstalt für Arbeitsvermittlung und Arbeitslosenversicherung lange Zeit das einzig nennenswerte Praxisfeld, bevor Anfang der sechziger Jahre die ersten freien Träger und Verbände hier und da mal einen Psychologen einstellten. Ihre Zahl blieb jedoch bis gegen Ende der sechziger Jahre relativ gering, insgesamt waren es wahrscheinlich nicht viel mehr als ein Dutzend. Mit dem Ende der sechziger/Anfang der siebziger Jahre einsetzenden Ausbau des Reha-Systems erhielt auch die Psychologie in diesem Bereich einen ungeheuren Aufschwung. In anderen staatlichen/halbstaatlichen Bereichen, beispielsweise den Erziehungsberatungsstellen, war dies ja auch nicht viel anders. Die sozialliberale Reformpolitik schaffte neue Einrichtungen, mit ihnen neue Stellen und damit auch neue Einsatzmöglichkeiten für Psychologen. Daß für den Auf- und Ausbau neuer Einrichtungen weniger die Bedürfnisse der Behinderten und Kranken verantwortlich waren als eine staatlich finanzierte Ankurbelung der Bauindustrie, braucht uns als Nutznießer dieser Entwicklung nicht zu stören, sollte uns jedoch vor Selbstüberschätzungen schützen. Die Psychologen haben diese Chance genutzt, der berufspolitisch bedeutsame Schritt von der Professionalisierung zur Institutionalisierung wurde endgültig vollzogen.

Trotz der wichtigen und auch nützlichen Funktion der Diagnostik blieb diese für die Psychologen meist nur die Pflicht, die Kür lag woanders. Ziel war die Erhöhung des Anteils therapeutischer und beratender Tätigkeiten, anders ausgedrückt, Ziel war der Sprung vom Arbeits- und Betriebspsychologen zum Klinischen Psychologen (ein für die Arbeit mit Behinderten auch gar nicht so abwegiger Gedanke). Der anfängliche Selbstbehauptungskampf der Psychologen wurde zu einem innerinstitutionellen Eroberungsfeldzug: von der Eignungs- und Leistungsdiagnostik zur Mitarbeiter- und Klientenberatung, Fortbildung, Freizeitbetreuung, Gruppenarbeit, Beratung und Therapie. Dieser Expansionsprozeß ist sicherlich örtlich und zeitlich unterschiedlich verlaufen. Institutionell ging es zunächst um die Sicherung der eigenen Planstelle, dann um den Aufbau eines psychologischen Dienstes, dann um die Weisungsbefugnis und letztlich um die Mitsprache bei Personal- und Finanzentscheidungen, dem eigentlichen Kernstück jeder institutionellen Machtstruktur. Jeder neue Schritt in diesem Prozeß ließ sich gut und inhaltlich begründen. So wurde beispielsweise die Mitsprache bei Personalentscheidungen folgendermaßen begründet: Jede Personalentscheidung hat einen fachlichen Aspekt, dafür ist der jeweilige Betriebsleiter zuständig; dann hat sie einen institutionellen Aspekt, daher sollte die Geschäftsführung daran teilnehmen, und letztlich hat sie einen Persönlichkeitsaspekt (Stichworte: Motivation, Flexibilität, Lern- und Kooperationsbereitschaft u.ä.), und daher sollte der Psychologe an der Entscheidungsfindung mitwirken.

Spätestens wenn dieser Grad institutioneller Integration erreicht war, machte sich unter den Psychologen in fachlicher Hinsicht eine gesunde Resignation breit. Man hatte sich hier auf ein Spiel eingelassen, dessen Regeln erst später erkannt wurden, der Durchsetzungsprozeß war zugleich ein Anpassungsprozeß gewesen. Die Metamorphose von der Professionalisierung zur Institutionalisierung war vollzogen, nur anscheinend in umgekehrter Richtung, aus dem Schmetterling war eine Raupe geworden, denn im Flug ging nichts mehr, nur kriechend kam man noch vorwärts. Eingeschnürt in die institutionellen Funktions- und Regelsysteme, den restringierten Code der Administration war aus den Dienstleistungsexperten eine Expertokratie entstanden, die sich fortan über zu viel Verwaltungsarbeit und weiterhin zu wenig Therapie beklagte. Dennoch: der Institutionalisierungsprozeß war vollzogen, weil eine Nachfrage nach psychodiagnostischen Methoden bestanden hatte, weil sich institutionelle und berufspolitische Interessen an einem Punkt deckten. Die therapeutischen Ambitionen waren jedoch noch nicht vereinbar mit den Kosten-Nutzen-Kalkulationen, den ökonomischen Arbeitsprinzipien der Institutionen. Dies änderte sich relativ rasch und einschneidend, als einige Hospitalisierungseffekte den Regelablauf der Institution zu stören begannen. Dies auf zwei Ebenen: Zum einen im Hinblick auf die regelmäßige Teilnahme der Rehabilitanden an der Berufsförderungsmaßnahme und zum anderen in bezug auf ihr Sozialverhalten – womit auch gleichzeitig die Indikationsfrage für therapeutische Interventionen beantwortet wäre. Ein Blick auf die Probleme und Störungen, mit denen es die Psychologen am häufigsten in Beratung und Therapie zu tun haben, verdeutlicht dies: Hier stehen Prüfungsängste, Leistungsstreß, Alkoholkonsum, Medikamentenmißbrauch und die Folgen sozialer Isolation im Vordergrund. Die Psychologen haben diesen Prozeß ihrer Unterordnung unter die Belange der Institution nicht nur akzeptiert, sondern zum Teil gefördert.

Viele Reha-Psychologen sehen als Kriterium für den Erfolg ihrer therapeutischen Bemühungen nicht etwa ein wiedergewonnenes seelisches Gleichgewicht, die Reduktion von Ängsten oder eine bessere Realitätsbewältigung, sondern die Teilnahme an der Berufsförderung und ihren erfolgreichen Abschluß. Auf der Suche nach therapeutischer Betätigung dienten ihnen allgemeine Zuständigkeitserklärungen, Omnipotenzansprüche und Anbiederungen als Durchsetzungsmittel. Heute fühlen sich viele Kollegen – konfrontiert mit einer Vielzahl unterschiedlicher Behinderungs- und Krankheitsformen – in therapeutischer Hinsicht qualitativ und quantitativ überfordert. Die Hoffnungen, die sie mit dem Ziel ihrer institutionellen Verankerung geweckt haben, erweisen sich zunehmend als Hemmnisse in der therapeutischen Arbeit. Erschwert wird dieser Umstand durch eine mangelhafte Praxisvorbereitung im Rahmen universitärer Ausbildung einerseits und einen Wandel in Umfang und Zusammensetzung der Klientel andererseits. So ist in den letzten Jahren beispielsweise die Tendenz zu verzeichnen, daß immer mehr psychisch Kranke in die Werkstätten für Behinderte drängen und sich damit die sozial-rehabilitativen

Maßnahmen verändern müssen, was teilweise zu Lasten des traditionellen Klientels den geistig und mehrfach Behinderten geht.

Die Reaktionen der psychologischen Berufspraktiker auf die therapeutischen Überforderungen sind unterschiedlich: Viele versuchen, den an sie gestellten Ansprüchen weiterhin gerecht zu werden, betreiben intensiv eine therapeutische Zusatzausbildung, andere verfolgen akribisch die Entwicklungen des therapeutischen Marktes nach neuen Produkten bzw. praxisgerechten Mischprodukten, einige sehen den Sinn ihrer Arbeit mehr in der Veränderung der jeweiligen Versorgungsstrukturen, in der Verbesserung des therapeutischen Klimas, andere wiederum beschränken sich auf die intensive Arbeit mit einigen wenigen Fällen, im Sinne lieber weniger und gut als viel und oberflächlich. Es gibt auch noch andere Reaktionsformen, wie ausflippen, aussteigen, noch Medizin studieren, sich niederlassen oder sich umschulen lassen. In therapeutischer Hinsicht haben sich jedoch zwei Hauptströmungen herausgebildet, die man als Klassizismus und als Eklektizismus bezeichnen könnte. Die Klassizisten haben sich aufgrund der Konkurrenz auf dem Psychologenmarkt eine bestimmte Therapieform ausgewählt, deren Art – je nach Ausbildungsort und -stand, persönlichen und theoretischen Affinitäten unterschiedlich ist, und suchen sich die zu dieser Therapie passende Klientel. Der Rest wird so gut es geht beraten und ansonsten an Fachkollegen weitergeleitet, sowohl innerhalb des eigenen Dienstes als auch nach außen in die Gemeinde. Im positiven Fall führt dies dazu, daß bei Neueinstellungen auf die jeweilige therapeutische Orientierung des Bewerbers geachtet wird, die sich möglichst mit den bereits vorhandenen ergänzen sollte. Demgegenüber haben sich die Eklektiker eine Art therapeutischen Bauchladen zugelegt, der verschiedene Teilelemente unterschiedlicher Therapieformen enthält. Dieser therapeutische Bauchladen ist ähnlich einem Erste-Hilfe-Kasten ausgestattet, d.h., er orientiert sich in seinen Inhalten an allgemeinen und an institutionsspezifischen Krankheiten. Sicherlich findet auch hier noch unter den Kollegen eine Arbeitsteilung statt, wichtig ist jedoch, daß die häufig vorkommenden Störungen und Krisen im Mittelpunkt stehen, also nicht die Therapie zur Konstanten und die Klienten zur Variablen erklärt werden, sondern umgekehrt, die Klienten sind da, die jeweiligen therapeutischen Interventionen haben sich nach ihnen zu richten. Dieser Eklektizismus ist nicht nur aus der Not oder gar einem Opportunismus geboren, dahinter steckt auch eine tiefe Kritik an der Praxisferne und dem Dogmatismus der bestehenden Therapieschulen. Die Praktiker sind zu der Einsicht gelangt, daß in den meisten therapeutischen Schulen etwas erkenntnistheoretisch Wahres und methodisch Richtiges liegt und daß man es sich geradezu nicht leisten kann, nur mit einer Therapie zu arbeiten – angesichts der Vielfalt der zu behandelnden Störungen. Die Theoretiker und Therapeuten haben sich bislang viel zu wenig um diesen therapeutischen Bauchladen gekümmert, erst die in den letzten Jahren beginnende Diskussion um eine integrierte Psychotherapie läßt die Praktiker wieder etwas hoffen. Beide Wege, Klassizismus und Eklektizismus, scheinen keine Lösung des Problems der therapeutischen Überforderung auf Dauer zu sein. Auch der Ruf nach mehr Personal, mehr Fachkollegen ist zwar legitim, schafft angesichts der bestehenden Zahlen aber bestenfalls eine Linderung und erscheint auf dem Hintergrund einer Rückwärts-Reform-Politik mit ihren kostensparenden Folgen im Sozial- und Gesundheitsbereich eher unwahrscheinlich.

Die Aufgabe der Reha-Psychologen ist und bleibt eine doppelte: zum einen mit Hilfe diagnostischer Methoden die Leistungsreserven und die besten beruflichen Förderungsmöglichkeiten der Behinderten zu bestimmen, zum anderen mit Hilfe beratender und therapeutischer Techniken den ungestörten Ablauf der Institution zu garantieren – und dies auch durchaus im präventiven Sinne. Sie haben sich aus berufspolitischen Karrieregründen zu sehr mit den institutionellen Belangen identifiziert und dabei die Bedürfnisse der Klienten, die den institutionellen häufig genug gegenüberstehen, vernachlässigt. Hier wäre eine Entwicklung in umgekehrter Richtung wünschenswert. Psychologen können sich aufgrund ihrer institutionellen Verankerung eine solche eindeutige Parteilichkeit mittlerweile auch leisten. Darüber hinaus erscheinen mir noch einige Punkte wesentlich, die ich hier nur noch kurz streifen möchte.

1. Eine Sozialisierung psychologischen Wissens in alle anderen institutionellen Bereiche hinein: das bedeutet Beteiligung der Mitarbeiter, präventive Maßnahmen im Vorfeld therapeutischer Interventionen, Aufgabe des eigenen Monopolverständnisses, Entprofessionalisierung.
2. Stärkere Aktivierung von Selbsthilfeprozessen auf seiten der Klienten, beispielsweise durch Initiierung von Gruppen und durch eine stärkere Beteiligung der Betroffenen an institutionellen Entscheidungsprozessen.
3. Der Versuch, die institutionell bedingten Störungen/Probleme auf ihre Entstehungs- und Wirkungszusammenhänge zurückzuführen und damit ursächlich anzugehen.
4. Aufgeben der eigenen Monopolstellung bedeutet auch, andere Kollegen innerhalb der Einrichtung, aber außerhalb, in der Gemeinde oder im Stadtteil, an den sozial-rehabilitativen und therapeutischen Prozessen zu beteiligen oder sie gar ganz an diese zu delegieren.

Der oben erwähnte therapeutische Bauchladen bedeutet aber nicht nur den Versuch, allen institutionellen Ansprüchen gerecht zu werden, darin steckt auch eine Beteiligung am Management der Institution, an der Verwaltung der Behinderten. Praxisnahe therapeutische Konzeptionen und Methoden sind gut, aber wir dürfen nicht alle Erkenntnisse und Methoden der Psychologie zurechtbiegen, damit sie den administrativen Erfordernissen institutioneller Versorgung entsprechen. Wir sind jetzt unentbehrlich, Opportunismus ist nicht mehr gefragt, und wir haben es nicht mehr nötig anzugeben, um auf uns aufmerksam zu machen.

**Kontaktadresse:** Dr. Wolfgang Hantel-Quitmann
Bamberger Str. 49
1000 Berlin 30

# N = 1 Studien zur differentiellen Beachtung

## Beruht die auf dem Kontingenzmanagement basierende Praxis auf einem nützlichen Irrtum?[1]

*Nivardo Ischi*

*Kaminski* (1970, S. 44ff.) beschreibt den Arbeitsfluß des Therapeuten als eine Problemlösungsaktivität. Dazu werden zu Beginn erste Daten über den Problembereich, über den erwünschten Zielzustand und über ausgewählte Randbedingungen eingeholt. Nachdem die Frage der Ziele der Therapie genügend abgeklärt ist, besteht die zentrale Aufgabe des Therapeuten darin, den beobachteten und als unerwünscht bewerteten Ist-Zustand in den vorgestellten erwünschten Zustand überzuführen. Um diese Aufgabe zu lösen, wird der Experte auf *Bedingungswissen* (nomologisches Wissen) und auf *Änderungswissen* (technologisches Wissen) rekurrieren (vgl. *Perrez & Patry* 1982). Um für den Therapeuten in der Praxis verfügbar zu sein, müssen diese Wissensbestände in adäquater Art und Weise gespeichert werden. Zusätzlich muß abgeklärt werden, unter welchen Bedingungen ausgewählte Wissensbestände mit welchem Wirksamkeitsgrad angewendet werden können.

Mit *Kaminski* (1970) gehen wir von der Vorstellung aus, daß der Therapeut zur Lösung praktischer Probleme sowohl (a) auf seine Alltagserfahrungen, (b) auf seine einschlägigen Berufserfahrungen, als auch (c) auf wissenschaftlich fundierte und empirisch überprüfte Wissensbestände (vgl. *Bunge* 1967) rekurrieren sollte. Letzteres ist für den Arbeitsfluß des Therapeuten von entscheidender Bedeutung, da nur dadurch die Hypothesenformulierung, die Datenerhebung, die Planung und Durchführung der Intervention nicht dem Zufall überlassen bleiben. *Wissenschaftlich fundiertes technologisches Wissen* wird nach *Herrmann* (1979) für den nichtforschenden Praktiker (a) als vermitteltes implizites Hintergrundwissen und (b) als *explizite Handlungsregel* bereitgestellt und angewendet. Regeln bestehen aus einem deskriptiven und einem normativen Teil (vgl. *Bunge* 1967, S. 132). Sie schreiben vor, welche Sequenz definierter Handlungen zur Erreichung eines bestimmten Zieles zu vollziehen ist, bzw. welche Handlungen zur Vermeidung eines bestimmten Zustandes nicht zu vollziehen sind. Derartige Handlungsregeln haben somit folgende Form:
„Tue B, um A zu erreichen!" und „Tue nicht B, um A zu vermeiden!"

Das Schema technologischer Handlungsregeln von *Bunge* (1967) ist jedoch nach *Herrmann* (1979) für die psychologische Praxis unvollständig und bedarf folgender Erweiterung:
„Regeln sollten technologisch so expliziert werden, daß nicht nur Ziele B und potentiell zielführende Tätigkeiten A im Sinne von ‚B per A' in Rechnung gestellt werden (s. oben); vielmehr sind außerdem *Randbedingungen C*, unter denen die Befol-

1) Es handelt sich bei dieser Arbeit um ein durch den Schweizerischen Nationalfonds finanziertes Projekt im Rahmen des „Nationalen Programmes: Soziale Integration", Projekt Nr. 4.302.079.03. Leiter: Prof. Dr. Meinrad Perrez.

gung solcher Regeln versucht werden soll, zu berücksichtigen. Das Schema für explizite psychologisch-technologische Handlungsregeln müßte also etwa wie folgt aussehen: ‚Wenn C, dann versuche A, um B zu erreichen!' (abgekürzt: ‚C → B per A'). Explizite Handlungsregeln sollten also stets so formuliert werden, daß der Handelnde erfährt, unter welchen Bedingungen sich der Versuch der Regelbefolgung lohnt" (S. 161).

Bei der Analyse wissenschaftlich fundierter technologischer Regeln sind insbesondere (a) deren Entstehen, (b) deren Wirksamkeit, (c) die Erklärung deren Wirksamkeit und (d) deren Anwendung zu berücksichtigen (vgl. *Patry & Perrez* 1982 und *Perrez & Patry* 1982).

## 1. Fragestellung

In der vorliegenden Studie beschäftigen wir uns u.a. mit der Frage, ob die auf dem Kontingenzmanagement basierende Praxis – bzw. genauer, die durch diese Praxis erzielten Effekte – im Lichte der technologischen Theorie interpretiert werden könne oder ob es sich allenfalls um einen nützlichen Irrtum handle. Im Rahmen des oben dargestellten Interventionssystems mit Mediatoren (vgl. den Beitrag von M. Perrez im Band „Gemeindepsychologische Perspektiven" in dieser Reihe) wurden die sozialen Kontingenzen im Feld im Sinne der *differentiellen Beachtung* (vgl. *Rimm & Masters* 1979) verändert.

Die technologische Aussage der differentiellen Beachtung (= nomopragmatische Aussage) besagt, daß die Auftretenswahrscheinlichkeit einer definierten Reaktionsklasse erhöht werden kann durch die kontingente *Beachtung* dieses Verhaltens durch die soziale Umwelt des Individuums und durch die koinzidierende kontingente *Nichtbeachtung* der antagonistischen (unerwünschten) Verhaltensweisen. Diese technologische Aussage ist durch das operante Paradigma inspiriert (= fundiert). Die darauf bezogene Technologietheorie besteht im wesentlichen darin, daß der Zusammenhang der differentiellen Beachtung mit ihrer postulierten Wirkung durch die Annahme erklärt wird, daß die soziale Beachtung ein transpersoneller Verstärker sei. Wenn die obengenannten Randbedingungen zur Anwendung der differentiellen Beachtung nicht weiter präzisiert werden, wird zudem von der Annahme ausgegangen, daß die soziale Beachtung als positiver Verstärker auch transsituational, transreaktional und transterminal sei (vgl. *Westmeyer* 1973).

Das Prinzip der differentiellen Beachtung ist insofern von Bedeutung, als es verspricht, durch relativ einfache soziale Maßnahmen Veränderungen im Verhalten von Kindern und Erwachsenen herbeiführen zu können. Im Anwendungsbereich der Schule und der Familie hat dieses Prinzip eine relativ verbreitete Anwendung erfahren (vgl. *Hersen & Barlow* 1976). Die differentielle Beachtung stellt in zahlreichen verhaltenstheoretischen Trainingskursen für Eltern und Lehrer die zentrale Technologie dar (vgl. *Perrez, Minsel & Wimmer* 1974). Seit bald 20 Jahren gibt es eine beachtliche Reihe von Untersuchungen, die diese technologische Regel auf ihre *Wirksamkeit* hin untersuchen. In mehreren Labor- und Feldstudien konnte nachgewiesen werden, daß Verhaltensänderung durch den *Wirkfaktor* differentielle Beachtung erklärt werden können (vgl. z.B. *Hersen & Barlow* 1976). Insbesondere *Sajwaj & Dillon* (1977) haben jedoch aufgezeigt, daß während in 87 Fällen die differentielle Beachtung mit Erfolg eingesetzt wurde, in weiteren 27 Fällen die Anwendung aber *erfolglos* war und sogar zu negativen Nebeneffekten führte.

## 2. Methode

**Der Versuchsplan.** Im Feld (Schulklasse) wurden unter natürlichen Schulbedingungen eine Reihe von therapeutischen Interventionen realisiert. Es handelt sich insgesamt um zwölf Einzelfallstudien, bei denen ein Prä-Post-Untersuchungsplan mit multiplen Grundkurven über verschiedene Verhaltensweisen angewendet wurde (vgl. *Kratochwill* 1978). Um die Stabilität der Variablen bzw. deren natürliche Variation zu prüfen, wurden bei der Hälfte der Fälle vor der Intervention zwei Prä-Messungen erhoben.

**Die Versuchspersonen.** Die Lehrpersonen einer 1. oder 3. Primarklasse haben im Rahmen des Forschungsprojektes „Soziale Reintegration in der Schulklasse" freiwillig mitgemacht (vgl. Beiträge von M. Perrez und von B. Thommen im Band „Gemeindepsychologische Perspektiven" in dieser Reihe). Die Schüler wiesen insbesondere massive Störungen im Bereich des Sozialverhaltens und des Leistungsverhaltens auf. In den meisten Fällen war bereits eine Anmeldung zum Schulpsychologischen Dienst vorgesehen.

**Das Treatment.** Durch ein 12wöchiges Verhaltenstraining wurden die Lehrer zum *Mediator* qualifiziert. Der Lehrerkurs dauerte wöchentlich zwei Stunden und wurde als Weiterbildungskurs anerkannt. Das Ziel des Verhaltenstrainings bestand darin, die Teilnehmer zum Kotherapeuten zu befähigen, um unter direkter Supervision des Schulpsychologen die Intervention in der eigenen Schulklasse mit dem ausgewählten Schüler durchführen zu können. Während der ersten Kurshälfte wurden hauptsächlich theoretische Kenntnisse durch Lektüre, Diskussionen und (Video-)Übungen erarbeitet. In der zweiten Hälfte wurde die Intervention durchgeführt (vgl. *Buechel* 1978, 1979). Als zentrale Verhaltenstechnologie wurde die *differentielle Beachtung* vermittelt und angewendet.

**Das Beobachtungsverfahren.** In Anbetracht der großen Komplexität der zu erhebenden Daten und der Notwendigkeit, (1) die Arbeitsbedingungen der Beobachter zu optimieren, (2) die Zugänglichkeit zum Untersuchungsgegenstand zu verbessern und (3) die Reaktivitätseffekte möglichst klein zu halten, wurde das zu diesem Zweck entwickelte automatische Video-Aufzeichnungsverfahren (*Ischi* 1978) der direkten Beobachtung vorgezogen. Durch die Montage einer kompletten Videoanlage im Schulzimmer – wobei die Geräte über ein Zeitschaltersystem automatisch ein- und ausgeschaltet werden – erfolgt die Erhebung der Rohdaten (1) in Abwesenheit jeglicher Beobachter oder Techniker, (2) im Einverständnis mit den Betroffenen verdeckt (= Zeitpunkt und Verhalten nicht bekannt) und (3) mit einer möglichst geringen Veränderung der natürlichen Umgebung der Zielpersonen.

**Das Beobachtungssystem zur Analyse sozialer Kontingenzen in der Schulklasse.** Das entwickelte Beobachtungssystem (vgl. *Ischi* 1979, 1982) ermöglicht die sequentielle Analyse der Verhaltensströme mehrerer Personen. Damit kann sowohl die situationsspezifische Auftretenswahrscheinlichkeit bestimmter Schülerverhaltensweisen als auch die bedingte Auftretenswahrscheinlichkeit der Lehrer- und Mitschülerkonsequenzen auf die Kindkategorien erfaßt werden. Beim Beobachtungsvorgang wurden ausgewählte Kategorien (a) schulischer Situationen, (b) unerwünschter und erwünschter Schülerverhaltensweisen, (c) von Lehrerverhaltensweisen (Antezedentien und Konsequenzen) und (d) Mitschülerkonsequenzen erfaßt. Ein 5-Sekunden-Zeitraster diente zur genauen zeitlichen Lokalisierung der Ereignisse, um die Kontingenzverhältnisse berechnen zu können. Die Erwünschtheit des Schülerverhaltens wurde situationsspezifisch erfaßt, und die Valenz der sozialen Konsequenzen wurde a priori definiert, indem z.B. ein Lob der Lehrerin immer als eine positive Konsequenz bewertet wurde.

**Die Objektivitätskontrollen.** Die verdeckte Platz-pro-Platz-signierte Übereinstimmung variiert zwischen 80,5% und 97,7%. Im Durchschnitt über alle Kategorien und alle Beobachter liegt die Übereinstimmung bei 90%.

**Die Berechnung des Kontingenzverhältnisses.** Mit dem Beobachtungssystem wurden die Verhaltensströme des Kindes und seiner Partner erhoben. Für die differentielle Beachtung ist aber nicht jedes beliebige Lehrer- und Mitschülerverhalten relevant, sondern lediglich die sog. *kontingenten Verhaltenskonsequenzen.* In dieser Arbeit wurde der Kontingenzbegriff für Lehrer- und Mitschülerkonsequenzen nicht nur durch die zeitliche Relation, sondern – wo vorhanden – auch durch die inhaltlich thematische Beziehung zum jeweiligen Schülerereignis definiert. *Kontingenz* liegt dementsprechend vor, wenn die Verteilung der Verhaltensweisen der Partner des Schülers – inhaltlich-thematisch und/oder zeitlich – mit dem Kindverhalten einhergeht (vgl. *Dockens III* 1974). Non-Kontingenz liegt dagegen vor, wenn die Verhaltensweisen der Partner des Schülers und die Verhaltensweisen des Kindes inhaltlich-thematisch und/oder zeitlich voneinander unabhängig sind. Diese Kontingenzen können in einem Reaktions-Kontingenzen-Raum dargestellt werden (vgl. *Seligman* 1979, S. 14). Auf die Abszisse wird z.B. die bedingte Auftretenswahrscheinlichkeit einer positiven Konsequenz ($K^+$) auf das erwünschte Schülerverhalten (Re) übertragen und auf die Ordinate die bedingte Auftretenswahrscheinlichkeit einer positiven Konsequenz auf das antagonistische unerwünschte Schülerverhalten (Ru). Daraus kann das *Kontingenzverhältnis* berechnet werden. Ein Kontingenzverhältnis von 1 liegt vor, wenn z.B. die Lehrerin das unerwünschte Kindverhalten gleich häufig beachtet, wie das erwünschte Kindverhalten. Das Kontingenzverhältnis gleich 1 stellt den Zustand der Non-Kontingenz dar (Winkel = 45 Grad). Der Zustand maximaler Kontingenz liegt vor, wenn der Winkel des Kontingenzverhältnisses entweder 0 Grad oder 90 Grad aufweist. Alle Ausprägungsgrade des Kontingenzverhältnisses lassen sich auf einer Skala, die von 0 Grad bis zu 90 Grad reicht, abbilden. Mit dieser Skala wird das Ausmaß der Realisierung der differentiellen Beachtung erfaßt.

## 3. Hypothese

Ausgehend von der Verhaltenstechnologie der differentiellen Beachtung wurde folgende Hypothese formuliert, die hier vereinfacht dargestellt wird: Wenn nach der Intervention die Lehrerin das unerwünschte Schülerverhalten häufiger ignoriert (keine Beachtung) und das antagonistische Schülerverhalten häufiger beachtet (lobt) als vor der Intervention – d.h., daß sich das Kontingenzverhältnis entsprechend verändert hat –, dann tritt nach der Intervention das unerwünschte Schülerverhalten seltener und das erwünschte Verhalten häufiger als vorher auf.
Bei der Differenzierung der Hypothese werden auch die Konsequenzen der Mitschüler und die Situations- und Reaktionsspezifität der Konsequenzen mitberücksichtigt.

*Technologie kritisierende Datenkonstellationen* liegen vor, wenn die Intervention realisiert wurde, die Schülerverhaltensweisen sich aber nicht in die erwartete Richtung verändert haben oder wenn die Intervention nicht realisiert wurde, die spezifische Schülerkategorie sich jedoch in die erwünschte Richtung verändert hat.

## 4. Erste Ergebnisse

**Die visuelle Analyse der Daten.** Zur Evaluation der Interventionseffekte von Einzelfallstudien mit sehr kurzen Sequenzen (4-5 Aufzeichnungstage pro Beobachtungsbedingung) steht die visuelle Analyse der graphischen Darstellung der Daten zur Verfügung (vgl. *Jones et al.* 1977, *Kratochwill* 1978). Unter Berücksichtigung der Stabilität der Grundkurve, der Streuung der Werte innerhalb einer bestimmten Beobachtungsbedingung und zwischen zweier Beobachtungsbedingungen (z.B. prä – post) und weiteren Kriterien, wird mit der visuellen Analyse ausgesagt, ob der Mittelwert z.B. der Post-Messung sich in einem bedeutsamen Ausmaß vom Mittelwert der Prä-Messung unterscheidet. D.h., es wird z.B. ausgesagt, ob das unerwünschte Schülerverhalten zugenommen bzw. abgenommen hat oder auf einem ähnlichen Ausmaß geblieben ist.

Bei der Analyse der Daten, die nach einem Untersuchungsplan mit multiplen Grundkurven über verschiedene Verhaltensweisen erhoben wurden, liegt nur dann eine *systematische Kovariation der Variablen* vor, wenn mit der Variation der unabhängigen Variable (hier das Kontingenzverhältnis) eine maximale Variation der abhängigen Variable (Schülerverhalten) miteinhergeht.

Bei der Analyse der Datenkonstellationen von fünf Einzelfallstudien unter Berücksichtigung der koinzidierenden Lehrer- und Mitschülerkontingenzen kann als vorläufiges Ergebnis festgehalten werden, daß von insgesamt 20 beobachteten Verhaltensweisen lediglich eine einzige theoriekonforme Kovariation der Variablen vorliegt. Davon wurden acht Verhaltensweisen behandelt und zwölf Verhaltensweisen nicht behandelt.

Aufgrund der in unserem Projekt erhobenen Daten stellen wir vorläufig fest, daß die auf dem Kontingenzmanagement beruhende Praxis nicht im Sinne der technologischen Theorie interpretiert werden kann. Es ist aber festzuhalten, daß durch das Interventionssystem mit Mediatoren (vgl. Beitrag von M. Perrez im Band „Gemeindepsychologische Perspektiven" in dieser Reihe) auf der Ebene des Schülerverhaltens sehr positive Ergebnisse erreicht wurden. Von den acht behandelten unerwünschten Schülerverhaltensweisen treten nach der Intervention sechs wesentlich seltener auf als vorher. Dies ist auch bei sechs der zwölf unbehandelten Verhaltensweisen der Fall.

Eine mögliche Erklärung dieser positiven Effekte kann u.a. in der Tatsache gesucht werden, daß alle Lehrerinnen gelernt haben, entweder die Schüler häufiger zu loben, und/oder sie seltener zu bestrafen, und/oder häufiger wertschätzende, und/oder seltener geringschätzende Äußerungen zu machen. Es bleibt jedoch die Tatsache, daß aufgrund der vorliegenden Daten die praktisch erzielten Effekte unter Feldbedingungen nicht im Sinne der technologischen Theorie interpretierbar sind. Eine vielleicht zu weit reichende Schlußfolgerung wäre, daß man sich vor der Illusion hüten soll, daß die in der Praxis erzielten Wirkungen durch die wissenschaftlichen Kausalattributionen der Psychologen erklärbar seien. In unserem Projekt hat sich die auf dem Kontingenzmanagement beruhende Praxis zumindest als ein nützlicher Irrtum erwiesen.

**LITERATUR:**

BUECHEL, F.: *Unterlagen zum Lehrerweiterbildungskurs „Soziale Reintegration in der Schulklasse".* Interner Bericht. Pädagogisches Institut der Universität Fribourg, 1978.

BUECHEL, F.: *Dokumentation der Intervention im Nationalfondsprojekt „Soziale Reintegration in der Schulklasse".* Interner Bericht. Pädagogisches Institut der Universität Fribourg, 1979.

BUNGE, M.: *Scientific research. I/II.* New York: Springer, 1967.

DOCKENS III, W.S.: *Toward a behavioral ecology: A psychological systems approach to social problems.* Uppsala: Dissertation at the University of Uppsala, 1974.

HERRMANN, T.: *Psychologie als Problem.* Stuttgart: Klett-Cotta, 1979.

HERSEN, M. & BARLOW, D.H.: *Single case experimental designs. (Strategies for studying behavior change.)* New York: Pergamon Press, 1976.

ISCHI, N.: Die Erhebung interaktiven Eltern-Kind-Verhaltens durch systematische Beobachtung. In: Schneewind, K.A. & Lukesch, H. (Hrsg.): *Familiäre Sozialisation: Probleme, Ergebnisse, Perspektiven.* Stuttgart: Klett, 1978, 44-62.

ISCHI, N.: *Beobachtungssystem zur Analyse sozialer Kontingenzen in der Schulklasse. Handanweisung.* Pädagogisches Institut der Universität Fribourg: Berichte zur Erziehungswissenschaft, Nr. 12, 1979.

ISCHI, N.: Methodologische Probleme systematischer Verhaltensbeobachtung im Feld. In: Patry, J.-L. (Hrsg.): *Feldforschung. Methoden und Probleme sozialwissenschaftlicher Forschung unter natürlichen Bedingungen.* Bern: Huber, 1982.

JONES, R.R., VAUGHT, R.S. & WEINROTT, M.: Time-series analysis in operant research. *JABA,* 10, 1977, 151-166, No 1.

KAMINSKI, G.: *Verhaltenstheorie und Verhaltensmodifikation.* Stuttgart: Klett, 1970.

KRATOCHWILL, Th.R.: Foundations of time-series research. In: Kratochwill, Th.R. (Ed.): *Single subject research.* New York: Academic Press, 1978, 1-100.

PATRY, J.-L. & PERREZ, M.: Entstehungs-, Erklärungs- und Anwendungszusammenhang technologischer Regeln. In: Patry, J.-L. (Hrsg.): *Feldforschung. Methoden und Probleme sozialwissenschaftlicher Forschung unter natürlichen Bedingungen.* Bern: Huber, 1982.

PERREZ, M., MINSEL, B. & WIMMER, H.: *Eltern-Verhaltenstraining.* Salzburg: Müller, 1974.

PERREZ, M. & PATRY, J.-L.: Nomologisches Wissen, technologisches Wissen, Tatsachenwissen — drei Ziele sozialwissenschaftlicher Forschung. In: Patry, J.-L. (Hrsg.): *Feldforschung. Methoden und Probleme sozialwissenschaftlicher Forschung unter natürlichen Bedingungen.* Bern: Huber, 1982.

RIMM, D.C. & MASTERS, J.C.: *Behavior therapy. Techniques and empirical findings.* New York: Academic Press, 1979².

SAJWAJ, T. & DILLON, A.: Complexities of an "elementary" behavior modification procedure: Differential adult attention used for children's behavior disorders. In: Etzel, B.C., LeBlanc, J.M. & Baer, D.M. (Eds.): *New developments in behavioral research. Theory, method, and application.* Hillsdale, N.J.: Lawrence Erlbaum Associates, 1977, 303-315.

SELIGMAN, M.E.P.: *Erlernte Hilflosigkeit.* München: Urban & Schwarzenberg, 1979.

WESTMEYER, H.: *Kritik der psychologischen Unvernunft. Probleme der Psychologie als Wissenschaft.* Stuttgart: Kohlhammer, 1973.

**Kontaktadresse:** Nivardo Ischi
Universite de Fribourg Suisse, Institut de Psychologie
Place du College 22
CH-1700 Fribourg

# A label is a label is a label . . .

## Zur Etikettierung und Studienmotivation angehender Sonderschullehrer in bezug auf Verhaltensmodifikation

*Karl-Ludwig Holtz*

Die kognitiven Zusatzannahmen zur Erklärung und – gegebenenfalls – Modifikation verhaltenstherapeutischer Verfahren haben auch Meinungen und Überzeugungen in ihren verhaltenssteuernden Effekten thematisiert. Während dies vornehmlich im Rahmen therapeutischer Erwägungen zur Restrukturierung und Neuattribuierung ungünstiger Denkschemata bei Klienten diskutiert wurde, ist die Bedeutung von kognitiven Einstellungsänderungen aufgrund spezifischer Therapeutenvariablen eher stiefmütterlich behandelt worden. Denn obwohl „Instruktionen" bei Fremd- oder Selbstanweisungen nicht nur als didaktische Einflußgrößen, sondern auch als therapeutische Kategorien zunehmend auf ihre Wirkvariablen hin analysiert werden, obwohl „interpersonale Anweisungen" in ihrer auslösenden wie steuernden Funktion wiederholt zum Gegenstand pädagogischer und therapeutischer Überlegungen gemacht wurden (*Gagné* 1964, *Sutcliffe* 1972, *Meichenbaum* 1979), fehlen ausführliche Untersuchungen, in denen Etikettierungen des Therapieverlaufs aufgrund des Begriffsrepertoires des Therapeuten und der damit verbundenen Meinungs- und Erwartungsänderungen bei Klienten aufgegriffen werden. Gerade die Bemühungen um Selbstanweisungen, die der Klient einsetzen sollte, indem er den Therapieverlauf und dessen Konsequenzen kommentiert und bewertet, setzen eine Berücksichtigung der Wirkung von Etikettierungen aufgrund einer je spezifischen Begrifflichkeit voraus.

In der Aus- und Weiterbildung, etwa im Bereich des Sonderschullehrerstudiums, stellt sich das Problem in ähnlicher Form. Studierende werden mit dem Problem der Etikettierung und der Handlungsrelevanz impliziter Persönlichkeitstheorien, z.B. in der diagnostischen Urteilsbildung und Selektionspraxis konfrontiert, die Auswirkung der in der Vermittlung verwendeten Begriffe auf eine Bewertung der Inhalte und die Motivation, sich mehr oder weniger intensiv mit den Inhalten und Verfahren spezifischer Therapie- und Instruktionsmodelle auseinanderzusetzen, wird jedoch meines Wissens so gut wie gar nicht in die didaktischen Überlegungen einbezogen.

Dabei gibt es eine Reihe von Hinweisen und Befunden, die den Einfluß eines spezifischen Begriffsrepertoires auf die Initiierung und Ausrichtung von Handlungen nahelegen, so etwa die frühen Untersuchungen von *Asch* (1946) und *Kelley* (1950) über den Einfluß des Labels *warm vs. kalt* zur emotionalen Charakterisierung von Gastdozenten oder die neueren Befunde zur Rezeption und Interpretation wissenschaftlicher Abhandlungen in Abhängigkeit vom vermeintlichen Geschlecht (*Mischel* 1974) oder von der Attraktivität der Autoren (*Landy & Sigall* 1974). Untersuchungen über den Einfluß unterschiedlicher Begriffssysteme werden im pädagogischen (*Herson* 1974) und klinischen Bereich (*Langer & Abelson* 1974) zunehmend häufiger diskutiert.

Obwohl in diesen Veröffentlichungen oft eine geringere Anfälligkeit behavioristisch orientierter Therapeuten gegenüber „anderen" konstatiert wird, besteht wenig Grund für Verhaltenstherapeuten, sich mit der eigenen Begrifflichkeit wohlzufühlen. Das Begriffssystem der Verhaltenstherapie weckt dermaßen viel Assoziationen zur technokratischen und mechanistischen Vorgehensweise, daß die heftige Diskussion über „Freiheit und Menschenwürde", über Kontrolle und Gehirnwäsche im Zusammenhang mit behavioristisch orientierten Interventionsmaßnahmen nicht überrascht.

Es soll an dieser Stelle nicht versucht werden, ein möglicherweise inhumanes, mechanistisches und gesellschaftlich-verkürztes Vorverständnis von Verhaltenstherapeuten nur als Problem einer angemessenen Wortwahl zu diskutieren. Es muß vielmehr darauf hingewiesen werden, daß die Unzulänglichkeiten zugrundeliegender Therapiemodelle und die daraus abgeleiteten praktischen Strategien nicht vornehmlich auf der terminologischen Ebene, d.h. durch Änderungen bzw. kosmetische Aufarbeitungen der Etiketten zu beseitigen sind.

So berichten *Reppucci & Saunders* (1974) über den Konflikt von Gefängnispersonal, einerseits Prinzipien der Verhaltensmodifikation, die von Therapeuten „implementiert" worden waren, zu bejahen und aktiv zu unterstützen, andererseits sich nicht mit der Sprachregelung zufrieden zu geben und den Begriff „Verhaltensmodifikation" durch den „weniger wertbezogenen" Terminus „soziales Lernen" zu ersetzen (S. 653).

Eine solche Tendenz, die bisweilen martialische, technokratische und dem Tierlabor verbundene Sprache der Verhaltensmodifikation schamhaft hinter „humanistischeren" Begriffen zu verstecken, ist wohl jedem von uns vertraut. Im Gegensatz etwa zu *Skinner,* der in „Beyond freedom and dignity" (1971) in bezug auf den Begriff „Kontrolle" meint: „Nothing is to be gained by using a softer word", haben andere Urväter der Verhaltensmodifikation, wie etwa *Goldiamond* (1975) und *Bandura* (1975) in Beiträgen über ethische Aspekte der Verhaltensanalyse und Verhaltensmodifikation darauf hingewiesen, daß die mechanistischen Metaphern, mit denen verhaltenstherapeutische Verfahren beschrieben werden, weder notwendig noch wünschenswert sind.

*Wilson & Evans* (1977) haben aufgrund ähnlicher Überlegungen vorgeschlagen, die Sprache der Verhaltenstherapie zu „humanisieren" und auf allzu technokratische Begriffe zu verzichten.

Der Begriff „Humanisierung" liefert das nächste Stichwort: Die Auseinandersetzung mit anderen therapeutischen Modellen, die unter dem Label „Humanistische Psychologie" firmieren, haben in der Tat deutlich werden lassen, daß Etiketten, ähnlich der Verpackung einer Ware, die Attraktivität und damit die „Kaufbereitschaft" und das Gefühl, gut bedient worden zu sein, erhöhen können. Die Vermutung, daß therapeutische Verfahren bereitwilliger angenommen werden, wenn das zugrundeliegende Persönlichkeitsmodell als humanistisch, auf die Entwicklung von Selbstbewußtsein und Selbstaktualisierung bezogen vorgestellt wird, haben etwa *Woolfolk et al.* (1977) überprüft. Diese Autoren haben im Vergleich zwischen behavioristischen und humanistischen Erziehungsintentionen – bei gleichem Videoband – signifikant positivere Bewertungen der letzteren gefunden. Diese Untersuchung mit Studienanfängern und fortgeschrittenen Studenten ließ neben der unterschiedlichen Bewertung der Verfahren jedoch noch ein vergleichbares Interesse an einer intensiveren Auseinandersetzung mit beiden Richtungen erkennen.

Die Untersuchung von *Woolfolk et al.* war *ein* Ausgangspunkt der nachfolgend angedeuteten Untersuchung, eine weitere Anregung ergab sich aus einer spezifischen Erfahrung im Bereich der Methodendiskussion der Sonderpädagogik und sonderpädagogischen Psychologie:
Etwa seit Mitte der 70er Jahre findet hier eine intensive Auseinandersetzung um eine „sich konstituierende materialistische Behindertenpädagogik" statt, als deren prominentester Vertreter *W. Jantzen* angesehen werden kann, der in letzter Zeit eine „Reinterpretation" gängiger Therapieverfahren auf aneignungstheoretischer Grundlage (1978, S. 176) vorgenommen hat.

Die Grundlagen dieses handlungs- bzw. tätigkeitsorientierten Ansatzes in der Tradition der sog. kulturhistorischen Schule braucht nicht näher erläutert zu werden. Die Berechtigung handlungstheoretischer Konzepte in ihrer Bedeutung für das Verständnis psychischer Gesundheit und somit für die Entwicklung weiterführender epidemiologischer, präventiver und therapeutischer Ansätze soll hier nicht ernsthaft angezweifelt werden. Eine „Reinterpretation" beinhaltet jedoch die Gefahr, daß entgegen den Grundpostulaten der Aneignungs- bzw. Widerspiegelungstheorien die dialektische Einheit von Bewußtheit und Handeln zugunsten einer bloß geänderten Begrifflichkeit aufgehoben wird. Eine Aussage wie: „Auf der Erscheinungsebene kann ein solches Verfahren durchaus zum Teil auf das hinauslaufen, was Verhaltenstherapie realisiert, müßte aber trotz scheinbarer Übereinstimmung auf der Oberfläche prinzipiell anders eingeordnet werden" (*Jantzen* 1978, S. 175), ist natürlich ein Hinweis auf die Vorzüge von Handlungstheorien, Verhaltenssequenzen als Teilaspekt umfassender „Handlungspläne und Perspektiven" zu begreifen. Dieses Vorgehen kann jedoch auch dazu führen, ein und dasselbe Verfahren ausschließlich in den Rahmen einer anderen Begrifflichkeit zu stellen.

Es gibt einige Hinweise darauf, daß die diagnostische und therapeutische Praxis, die einer solchen Reinterpretation folgt, traditionelle Verfahren nur in den umfassenderen Kontext stellt, nicht aber zu einer geänderten Praxis aufgrund geänderter Voraussetzungen führt.

So etwas muß – zumindest im Frühstadium von Reinterpretationsversuchen – nicht irritieren, zumal ja auch vor zwei Jahren an dieser Stelle in einem Resümee zu den „Grenzen und Möglichkeiten handlungstheoretischer Ansätze in der Klinischen Psychologie" von *Stadler* angemerkt wurde, „daß die Übertragung der Handlungstheorie auf klinische Probleme bisher noch im Definitorischen und Deskriptiven verbleibt . . ." (*Stadler* 1980, S. 374). Es sollte jedoch dafür sensibilisieren, die eigenständige Qualität der therapeutischen Konzeption auch und gerade an der Praxis zu überprüfen. Auch dieser Sachverhalt ist 1980 hier etwa von *Greif* angesprochen worden: „Eine gegenstandsangemessene Reformulierung der Handlungstheorie für klinische Problemstellungen, die mehr darstellt als eine Übernahme der handlungstheoretischen Terminologie und ‚Sprechweise' steht allerdings erst am Beginn der Entwicklung" (*Greif* 1980, S. 320).

## Untersuchungsmethode[1]

In Anlehnung an *Woolfolk et al.* (1977) und auf dem Hintergrund der Diskussion über eine handlungsorientierte „Reinterpretation" behavioristischer Verfahren ergaben sich für die nachfolgend angedeutete Untersuchung folgende Fragestellungen:

1. Ändert sich die Wahrnehmung und Bewertung einer Unterrichtssequenz und eines spezifischen Verfahrens (precision teaching, *Holtz* 1979) in Abhängigkeit von den Begriffen (orthodox-behavioristisch vs. handlungsorientiert-materialistisch), mit denen beide eingeführt werden?
2. Haben Studiendauer und Kenntnisse der zugrundeliegenden Theorien und Verfahren einen Einfluß auf die Urteilsbildung?

Studenten der Sonderpädagogik erhielten nach Sitzordnung alternierend unterschiedliche Vor- und Begleitinformationen über eine Video-Unterrichtssequenz und über ein abgedrucktes Beispiel zum precision-teaching. Aufgrund von Fragebögen und eines semantischen Differentials beurteilten sie die Sequenzen anhand der faktorenanalytisch gewonnenen Dimensionen „Lehrqualität", „Emotionalität", „Engagement des Lehrers", „Wirksamkeit des Vorgehens" und „Interesse des Beurteilers". Varianzanalysen ergaben signifikante Unterschiede in bezug auf die Lehrervariablen, bei den Variablen der „Wirksamkeit" und des „Interesses" zeigten sich Wechselwirkungen zwischen Textvorgabe und den jeweiligen Vorkenntnissen. Vor allem bei den Studienanfängern bewirkt ein handlungsorientierter Text offensichtlich ein größeres Interesse, sich künftig mit der Materie auseinanderzusetzen. Auch wenn eine etwa gleiche Wirksamkeit unterstellt wird, ist das Interesse an der Verhaltensmodifikation deutlich geringer.

## Schlußfolgerungen

Die Untersuchung hat Hinweise darauf gegeben, daß die Etiketten, unter denen pädagogisch-therapeutische Verfahren eingeführt werden, die Wahrnehmung, Bewertung und Handlungsorientierung von Beurteilern beeinflussen können. Diese Erkenntnis ist sicher nicht neu, sollte jedoch vor allem im Rahmen der Therapeut-Klient-Beziehung stärker berücksichtigt bzw. systematischer untersucht werden. Verhaltenstherapeuten, die – verhaftet in einer positivistischen Tradition – eine Haltung „unbefleckter Erkenntnis", wie Nietzsche es ausgedrückt hat, mit wissenschaftlicher Reputierlichkeit verwechseln, könnten es unter ihrer Würde erachten, sich mit der möglichen Auswirkung ihrer Terminologie auseinanderzusetzen.

„Nichts wird durch die Verwendung eines wohlklingenderen Wortes erreicht", sagt *Skinner* in Zusammenhang mit dem Begriff der „behavior control". Demgegenüber betont *Bandura* (1975): „Falls der Jargon aus Gewohnheit oder, wie ich glaube, zur Erhöhung der In-group-Respektierlichkeit beibehalten wird, täten Behavioristen gut daran, sich mehr Gedanken über die Angemessenheit und die sozialen Konsequenzen ihrer Sprache zu machen. So etwas erzeugt nicht nur eine überflüssige öffentliche Aufregung, eine Sprache des Zwangs könnte auch diejenigen zu Zwangsmaßnahmen veranlassen, die es wörtlich nehmen" (S. 15, übers. vom Verf.).

---

1) Die Untersuchung kann hier nur sehr verkürzt wiedergegeben werden. Eine ausführliche Darstellung kann auf Wunsch zugeschickt werden.

Die hier angesprochene Öffentlichkeitsarbeit ist jedoch nur ein Aspekt semantischer Klärung. Die kognitive Wende in der Verhaltensmodifikation hat die handlungsleitende Funktion von Begriffen auch in der Bewertung und Unterstützung therapeutischer Veränderungen deutlich werden lassen.

Diese Erkenntnis, verbunden mit den Annahmen einer nicht wertfreien und nicht voraussetzungslosen Wissenschaft, wie sie vielen der angedeuteten handlungsorientierten Modelle zugrunde liegen, haben die Verantwortung des Verhaltenstherapeuten auch auf eine Reflexion seiner Begrifflichkeit ausgedehnt.

Es ist nicht ehrenrührig, sich Gedanken über die Verpackung einer Ware zu machen, vor allem wenn sich abzeichnet, daß Ware wie Verpackung aufeinander abgestimmt sein müssen. Es erhöht jedoch sicher nicht die wissenschaftliche Reputierlichkeit, wenn man auf eine wechselseitige Abstimmung verzichtet und – um im Bilde kaufmännischer Gepflogenheiten zu bleiben – nur alten Wein in neue Schläuche füllt.

Auch auf diesen Sachverhalt wollte die vorliegende Untersuchung hinweisen.

**LITERATUR:**


ASCH, S.E.: Forming impressions of personality. ***Journal of Abnormal and Social Psychology,*** 14, 1946, 258-290.

BANDURA, A.: The ethics and social purpose of behavior modification. In: Franks, C.M. & Wilson, G.T. (Eds.): ***Annual review of behavior therapy: theory and practice (Vol. 3).*** New York: Brunner/Mazel, 1975.

GAGNE, R.: Problem solving. In: Melton, A. (Hrsg.): ***Categories of human learning.*** New York: Academic Press, 1964.

GOLDIAMOND, I.: Towards a constructional approach to social problems: Ethical and constitutional issues raised by applied behavior analysis. In: Franks, C.M. & Wilson, G.T. (Eds.): ***Annual review of behavior therapy: theory and practice (Vol. 3).*** New York: Brunner/Mazel, 1975.

GREIF, S.: Handlungstheorie und kognitive Therapie. In: Schulz, W. & Hautzinger, M. (Hrsg.): ***Klinische Psychologie und Psychotherapie. Kongreßbericht Berlin 1980.*** Tübingen/Köln, 1980.

HERSON, P.F.: Biasing effects of diagnostic labels and sex of pupil on teachers' views of pupils mental health. ***Journal of Educational Psychology,*** 66, 1974, 117-122.

HOLTZ, K.L.: Kognitive Verhaltensmodifikation und Precision Teaching. In: ***Klinische Psychologie – Fortschritte in Diagnostik und Therapie – Kongreßbericht II der DGVT.*** Tübingen, 1979.

JANTZEN, W.: ***Behindertenpädagogik – Persönlichkeitstheorie – Therapie.*** Köln: Pahl-Rugenstein, 1978.

KELLEY, H.H.: The warm-cold variable in first impressions of persons. ***Journal of Personality,*** 18, 1950, 431-439.

LANDY, D. & SIGALL, H.: Beauty is talent: Task evaluation as a function of the performer's physical attractiveness. ***Journal of Personality and Social Personality,*** 29, 1974, 299-304.

LANGER, E.J. & ABELSON, R.P.: A patient by any other name ...: Clinician group difference in labeling bias. ***Journal of Consulting and Clinical Psychology,*** 42, 1974, 4-9.

MEICHENBAUM, D.W.: ***Kognitive Verhaltensmodifikation.*** München: Urban & Schwarzenberg, 1979.

MISCHEL, H.: Sex bias in the evaluation of professional achievements. ***Journal of Educational Psychology,*** 66, 1974, 157-166.

REPPUCCI, N.D. & SAUNDERS, J.T.: Social psychology of behavior modification. Problems of implementation in natural settings. ***American Psychologist,*** 29, 1974, 649-660.

SKINNER, B.F.: ***Beyond freedom and dignity.*** New York: Knopf, 1971.

STADLER, M.: Grenzen und Möglichkeiten handlungstheoretischer Ansätze in der Klinischen Psychologie. In: Schulz, W. & Hautzinger, M. (Hrsg.): ***Klinische Psychologie und Psychotherapie. Kongreßbericht Berlin 1980.*** Tübingen/Köln, 1980.

SUTCLIFFE, J.: On the role of "instructions to the subject" in psychological experiments. ***American Psychologist,*** 27, 1972, 755-758.

WILSON, G.T. & EVANS, W.I.M.: The therapist-client-relationship in behavior therapy. In: Gurman, A.S. & Razin, A.M. (Eds.): ***The therapist's contribution to effective psychotherapy: An empirical approach.*** New York: Pergamon Press, 1977.

WOOLFOLK, A.E., WOOLFOLK, R.L. & WILSON, G.T.: A rose by any other name . . .: Labeling bias and attitudes toward behavior modification. ***Journal of Consulting and Clinical Psychology,*** 45 (2), 1977.

**Kontaktadresse:** Karl-Ludwig Holtz
Fachbereich Sonderpädagogik der Pädagogischen
Hochschule Heidelberg
Keplerstraße 87
6900 Heidelberg

# Ausgewählte Arbeiten zur Psychotherapie mit kleinen Gruppen

Herausgeber:

Eberhard Biehl
Universität Trier, Fachbereich I – Pädagogik
Tarforst, 5500 Trier

Wolf-Rüdiger Minsel
Universität Köln, Seminar für Psychologie
Gronewaldstr. 2, 5000 Köln

## Vorwort

In diesem Themenblock werden drei Arbeiten vorgestellt. Sie wurden aus zwei Themenkreisen des Kongresses ausgewählt: Probleme der Beziehungen in Psychotherapie und Kurzpsychotherapien. Auswahlkriterien dafür waren neben der Verfügbarkeit deren wissenschaftliche Bedeutung und Prägnanz nach gängigen Kriterien der empirischen Psychologie, deren Originalität und praktische Relevanz.

Auckenthaler reflektiert über die Konzepte von Beziehungen, wie sie der verhaltenstherapeutisch orientierten Paartherapie unterlegt werden. Das geschieht sehr differenziert, bleibt aber leider beim Aufzeigen stehen, ohne die praktische Umsetzung der Schlußfolgerungen zu skizzieren. Trotzdem erscheint uns diese Arbeit bedeutungsvoll, da sie das Selbstverständnis psychotherapeutischen Handelns in einer zentralen Frage sehr subtil erschüttert.

Figge stellte eine empirische Arbeit vor. Er evaluierte verhaltenstherapeutisch orientierte Dramatherapie, die er kontaktgestörten Studenten anbot. Diese Arbeit erschien uns von Aufbau, praktischer Durchführung und Berichterstattung originell und empfehlenswert. Hier wird gezeigt, daß neuere psychotherapeutische Ansätze nach halt- und vertretbaren empirisch-analytischen wissenschaftlichen Kriterien prüfbar sind.

Garfield macht ein Plädoyer für Kurzpsychotherapie. Damit rennt er besonders in Europa offene Türen ein. Gleichwohl ist der Trend in Richtung auf Langzeitbehandlungen, nach dem Motto „Gut Ding will Weile haben". So erscheint es uns nur heilsam, dieser Entwicklung einige *Daten* entgegenzusetzen.

# Beziehungsvorstellungen in der Partnertherapie

## Über den konservativen Gehalt eines „fortschrittlichen" Therapieansatzes[1]

*Anna Auckenthaler*

### 1. Problemstellung

Obwohl die möglichen gesellschaftlichen Funktionen von Partner- und Familientherapie immer wieder einmal problematisiert werden – wobei vor allem auf ihre Anpassungsfunktion aufmerksam gemacht wird – (vgl. z.B. *Dierking* 1980, S. 294, *Duss von Werdt* 1976, S. 43ff., *Guggenbühl-Craig* 1976, S. 133, *Reiter & Steiner* 1981, *Willy* 1978, S. 154), scheint sich die Überzeugung von der „Fortschrittlichkeit" der Partner- und Familientherapie mit geradezu verblüffender Hartnäckigkeit zu halten. Das gelingt vor allem in einer ganz bestimmten Form der Abgrenzung von anderen Therapieansätzen:

Da heißt es z.B., daß Eheberatung komplexer ist als die „traditionelle" Psychotherapie (*Leslie* 1964, S. 13), daß Partner- bzw. Familientherapie sich aufgrund der Desillusionierung mit der „traditionellen" individuellen Therapie entwickelte (*Olson* 1970, S. 503), und daß der Therapeut in der Partner- und Familientherapie eine prinzipiell andere Aufgabe zu erfüllen hat als in der „klassischen Psychotherapie (*Hessdörfer* 1979, S. 168f.). Die individuelle Psychotherapie wird als die „konventionelle" Richtung bezeichnet (*Haley* 1973, S. 320), Partner- bzw. Familientherapie gilt als das „moderne" Verständnis von Psychotherapie (*Dierking* 1980, S. 293), jener Position innerhalb der Psychoanalyse, die ihren Fokus auf die Beziehung und auf die Gegenwart richtet, wird die „konservativere" Sicht mit dem Fokus auf der Psychopathologie des Individuums gegenübergestellt (*Gurman* 1978, S. 458). Während also alle Richtungen, die am einzelnen Individuum ansetzen, „unter der Hand gleichbedeutend mit Rückständigkeit" sind (*Buchholz* 1981, S. 49), sichern sich Partner- und Familientherapie das Etikett der „Fortschrittlichkeit".

Mit diesen „fortschrittlichen" bzw. „neuen" Ansätzen sind im Bereich der Partnertherapie allerdings meist nur jene Konzepte gemeint, die ihr Schwergewicht auf die *Beziehung* der beiden Partner legen. Denn als neu gilt inzwischen die Wende weg von der Konzentration auf das Individuum hin zur Konzentration auf die Interaktion, auf das System (vgl. z.B. *Deissler* 1981, S. 163f.). Ursprünglich äußerte sich die Neuorientierung in der Einbeziehung des sozialen Kontextes, in der Berücksichtigung der wechselseitigen Beeinflussung von Individuum und Umgebung (vgl. z.B. *Bosch & Kohaus* 1980, S. 134). *Diese* Sichtweise war vielleicht nicht wirklich neu (vgl. *Buchholz* 1981, S. 50) – als Ausdruck der Abwendung vom medizinischen Krankheitsbegriff ist ihr jedoch die „Fortschrittlichkeit" nicht abzusprechen.

Es geht in diesem Artikel auch keineswegs darum, tatsächliche Fortschritte, die durch Partner- und Familientherapie gemacht werden, in Frage zu stellen.

---

1) Erschienen in: Partnerberatung, 19. Jg. (2), 1982, 57-68. Wir bedanken uns für die Nachdruckgenehmigung.

Im Verlauf der Arbeit an einem Buch über klientenzentrierte Partnertherapie (*Auckenthaler* in Vorbereitung) wurde mir aber immer deutlicher bewußt, daß Partner- und Familientherapie weit weniger „fortschrittlich" sind als meist vorgegeben bzw. angenommen wird. Das war für mich ein neuerlicher Hinweis auf die Notwendigkeit der Reflexion des eigenen Tuns:

Welche – expliziten und impliziten – Ziele verfolgt jeder von uns, wenn er psychotherapeutisch tätig ist? Welchen Selbsttäuschungen unterliegt er? Welche – expliziten und impliziten – Ziele verfolgen wir in unserer Rolle als Klinische Psychologen, als Psychotherapeuten? Welche Funktion hat unser psychotherapeutisches Handeln? Welche „heimlichen" Ideologien liefern wir unseren Klienten mit – Ideologien, die wir nicht nur dem Klienten gegenüber geheimhalten, sondern die uns selbst teilweise gar nicht bewußt sind?

Das In-Frage-Stellen der Fortschrittlichkeit von Partner- und Familientherapie geschieht also hier nicht aus Spaß an „Konservatismus-Nachweisen", sondern ist Ausdruck der Überzeugung, daß Zielreflexionen für die Einschätzung des Stellenwerts psychotherapeutischer Konzepte weit wichtiger sind als Diskussionen über therapeutische Techniken, über Effektivität, Setting usw.

Eine Zielreflexion im Bereich der Partnertherapie – und im folgenden soll versucht werden, nach Möglichkeit nur noch auf die Partnertherapie einzugehen, nicht mehr auf Partner- und Familientherapie gemeinsam – verlangt vor allem eine Auseinandersetzung mit der Frage, welche Beziehungsvorstellungen in den einzelnen Konzepten von Partnertherapie enthalten sind. Denn als das globalste Endziel von Partnertherapie wird die „Verbesserung der Beziehung" genannt (vgl. z.B. *Gurman* 1978, S. 544). „Erkenntnisleitende Hypothese" der folgenden Ausführungen ist die Annahme, daß in den gängigen Konzepten von Partnertherapie genau jene Beziehungsvorstellungen weitergegeben werden, die man als die „herrschenden" bezeichnen könnte. „Konservativ" wird hier also verwendet im Sinne von bewahrend, den Status quo erhaltend und stabilisierend.

Indikatoren für derartige konservative Gehalte der Partnertherapie gibt es viele. Solange man sich mit „der" Partnertherapie ganz allgemein beschäftigt – also ohne noch zwischen den einzelnen Konzepten von Partnertherapie zu unterscheiden –, stößt man auf eine Reihe von Beobachtungen, die zur Skepsis gegenüber der „Fortschrittlichkeit" von Partnertherapie anregen, z.B.:

- Begriffen wie *Ehe*therapie und *Ehe*beratung;
- die angegebenen Zielgruppen (z.B. *Tovey* 1979, S. 148: auch unverheiratete Paare, wenn sie mehr als sechs Monate zusammengelebt haben; *Jacobson & Martin* 1976, S. 554: auch homosexuelle Paare, wenn sie zusammenleben; persönliche Mitteilung einer Partnertherapeutin: nur Paare, bei denen keiner der Partner sexuelle Außenbeziehungen hat);
- Definition der Eheberatung als „helfender Dienst an den Ehen unserer Gesellschaft. Sie steht unter der Verantwortung für die Ehe als einer vorgegebenen Seinsordung" (Grundsatzerklärung über Wesen und Methode der Eheberatung des „Deutschen Arbeitskreises Jugend-, Ehe-, Familienberatung" vom 2.2.1966, zit. nach *Köhne* 1976, S. 97);

– Argumente gegen die Einzeltherapie nur eines Partners: *nachteilige* Auswirkungen auf den daheimgebliebenen Partner und die Beziehung (*Hurvitz* 1975, *Kohl* 1962);
– Schaffung von künstlichen „Familien" für Alleinstehende für die Zeit der Therapie (*Kempler* 1975, S. 24f.).

Da die Interpretation solcher Beobachtungen als Hinweis auf den konservativen Gehalt der Partnertherapie relativ mühelos als „spekulativ" abgetan werden kann, scheint es mir notwendig, ins Detail zu gehen. Das gelingt nur, wenn die Frage nach der „Fortschrittlichkeit" von Partnertherapie getrennt nach einzelnen Konzepten von Partnertherapie behandelt wird. Exemplarisch sollen im folgenden die Beziehungsvorstellungen der *verhaltenstherapeutischen Richtung* von Partnertherapie analysiert werden.

## 2. Unter dem Deckmantel von „Wissenschaftlichkeit": Die Beziehungsideologie verhaltenstherapeutisch orientierter Konzepte von Partnertherapie

Die Entscheidung, die Auseinandersetzung mit möglichen konservativen Gehalten der Partnertherapie am Beispiel der verhaltenstherapeutisch orientierten Partnertherapie zu führen, erfolgte aufgrund mehrerer Überlegungen:
– Es sollte eine Richtung von Partnertherapie ausgewählt werden, die sich ausdrücklich auf die Beziehung konzentriert.
– Die verhaltenstherapeutisch orientierte Partnertherapie schleppt noch wenig Ballast aus der Vergangenheit mit; als besonders „junge" Richtung von Partnertherapie wird sie besonders leicht für eine moderne Richtung von Partnertherapie gehalten.
– Das Bemühen um Objektivität, Operationalisierungen und methodische Exaktheit läßt die verhaltenstherapeutisch orientierte Partnertherapie als die unverdächtigste, am wenigsten mit ideologischem „Kram" behaftete Richtung erscheinen. Ein Anliegen dieses Artikels war es, gerade bei „objektiven", sachlichen, harmlosen Aussagen nachzuhaken.

Trotzdem bleibt die Entscheidung sicher „ungerecht".

Eingefügt werden muß vielleicht noch, daß es u.U. auch problematisch ist, von „der" Verhaltenstherapie zu sprechen, und daß die Trennung der verhaltenstherapeutischen Richtung der Partnertherapie von der Kommunikationstherapie nicht immer ganz klar und eindeutig möglich ist.

Was man innerhalb der Verhaltenstherapie unter einer guten Beziehung versteht, scheint auf den ersten Blick tatsächlich wenig mit Ideologie zu tun zu haben – jedenfalls solange man die verhaltenstheoretische Sprache beibehält. Eine gute Beziehung ist aus verhaltenstherapeutischer Sicht dann hergestellt, wenn es den beiden Partnern gelingt, gewünschte Verhaltensänderungen auf positive Art zu bewirken (*Jacobson & Martin* 1976, S. 546, *O'Leary & Turkewitz* 1978, S. 249ff., *Weiss* 1978, S. 206). Zu diesem Zweck müssen die Partner zuerst einmal befähigt werden, einander positives Verhalten zu zeigen, die Konsequenzen ihres Verhaltens zu analysieren, negative Interaktionsketten zu unterbrechen, Kontingenzen zu verändern (vgl. *Gurman & Kniskern* 1978, S. 851, *Liberman* 1973, S. 400, *O'Leary & Turkewitz* 1978, S. 249ff., *Rappaport & Harrel* 1975, S. 263ff., *Weiss* 1975, S. 15). Erst wenn sie das alles gelernt haben, sind sie „efficient behavior modifiers in their own home" (*Jacobson* 1978, S. 413), wie es das verhaltenstherapeutische Therapieziel vorsieht.

Eine zentrale Bedeutung kommt bei dieser Beziehungsvorstellung dem Begriff der *Reziprozität* zu. Eheliche Zufriedenheit wird in Zusammenhang damit gesehen, daß die Partner fähig sind, einander wechselseitig positiv zu verstärken (*Gurman & Rice* 1975, S. 138f.). Während in gestörten Ehen die Partner negative Kontrollmechanismen wie Zwang und Rückzug anwenden, steht in einer erfolgreichen Ehe Reziprozität anstelle von Zwang.

Erst wenn man die verhaltenstheoretischen Begriffe in die Alltagssprache übersetzt, wird deutlich, welche Beziehungsvorstellungen hier weitergegeben werden. Ich möchte auf drei Aspekte der Reziprozität hinweisen:

– Erstens werden in diesem Konzept eindeutig Beziehungen bevorzugt, die symmetrisch sind in dem Sinn, daß die beiden Partner qualitativ symmetrisches Verhalten geben und nehmen. Während der „Behandlung" können die Paare zwar schon jeden Verhaltenstyp fordern und austauschen, aber das letzte Ziel solchen Austauschs ist die qualitative Symmetrie von gezeigten verstärkenden Ereignissen (*Gurman* 1978, S. 484). Solche im Verhalten symmetrische Beziehungen werden dann auf elegante Art mit egalitären, partnerschaftlichen Beziehungen gleichgesetzt (vgl. z.B. *Weiss* 1978, S. 190). – Bei dieser Bevorzugung symmetrischer Beziehungen wird übersehen, daß für manche Paare Beziehungen trotzdem oder gerade wegen der Unterschiedlichkeit im Verhalten befriedigend sind (vgl. *Gurman* 1978, S. 484) und daß mehr Übereinstimmung und weniger Kampf *auch* Ausdruck für emotional arme Beziehungen sein können (vgl. *Gurman* 1978, S. 498).
– Zweitens gehen in das Bemühen um den Aufbau einer Beziehung, in der sich beide Partner gegenseitig in gleichem Ausmaß verstärken, weitere einseitige Beziehungsvorstellungen ein: „Offene" Beziehungen, in denen sich beide Partner „Verstärker" oder „Belohnungen" auch von woanders (von jemand anderem) holen können, funktionieren sicher anders.
– Drittens sollte die Wechselseitigkeit des Sich-Verstärkens nicht darüber hinwegtäuschen, daß Kontrolle auch dann, wenn sie als positiv bezeichnet wird, Kontrolle bleibt. In der verhaltenstherapeutischen Richtung von Partnertherapie lernen die Paare, sich gegenseitig auf nettere, freundlichere, weniger anstrengende und weniger verletzende Art zu kontrollieren; aber eben zu *kontrollieren*, denn „control is control is control" (*Gurman* 1978, S. 493).

Unter Berücksichtigung dieser drei Aspekte von Reziprozität ist die erklärte Zuständigkeit der Verhaltenstherapie für egalitäre, partnerschaftliche Beziehungen im Klartext eine Zuständigkeit für *Beziehungen, in denen die Partner Unterschiede kleinhalten, sich voll aufeinander konzentrieren und sich gegenseitig auf unangreifbare (da „angemessene") Art kontrollieren.*

Sinnigerweise ist die Entscheidung der Verhaltenstherapie für ihre Vorstellung von einer idealen Beziehung eine Entscheidung für immer; sie zieht sich durch von den diagnostischen Erhebungen vor bzw. zu Beginn der Partnertherapie bis zum „Follow up". Eine solche Behauptung verlangt natürlich nach Belegen.

## 3. Diagnostik, Therapie und Forschung im Dienste einer einzigen und einseitigen Beziehungsvorstellung

### 3.1 Die verhaltenstherapeutischen Beziehungsvorstellungen in der Diagnostik

Bei der Entscheidung für den Marital Adjustment Questionnaire (MAQ) als Beispiel für die verhaltenstherapeutische Diagnostik kam mir die positive Einschätzung dieses Fragebogens in der Literatur zugute (vgl. z.B. *Gerbis et al.* 1980, *Hahlweg* 1979, *Scholz* 1978b). Die heute vor allem verwendete modifizierte Form (*Kimmel & van der Veen* 1974) liegt in deutscher Übersetzung im Sammelband von *Scholz* (1978a, S. 196ff.) vor.

Der MAQ ist ein Fragebogen, der ausdrücklich für Ehepaare abgefaßt ist. (Überhaupt scheint es fast nur Fragebogen zu geben für Paare, die mindestens zusammenleben.) Er ist konzipiert im Hinblick auf ganz bestimmte Beziehungen, nämlich solche, in denen die Unterschiede zwischen den Partnern möglichst gering sind. Nicht nur, daß der Fragebogen neun Items zur Feststellung des Ausmaßes an Übereinstimmung zwischen den Partnern enthält (z.B. in Fragen der Freizeitgestaltung, des Zeigens von Zuneigung, der Umgangsformen) – bei den 20 Sachverhalten, die angeführt sind, weil sie möglicherweise *ernsthafte* Schwierigkeiten in einer Ehe verursachen können, werden zwar Probleme genannt wie religiöse Unterschiede", „unterschiedliche Interessen bezüglich Vergnügungen" und „Mangel an gemeinsamen Freunden", in keinem einzigen Fall aber Probleme, die vielleicht dadurch entstehen könnten, daß die Partner in ihrer Ehe nicht mehr die Möglichkeit finden, für sich allein etwas zu tun, persönlichen Interessen nachzugehen, die der Partner nicht teilt usw. Dadurch wird nahegelegt, daß Schwierigkeiten in einer (ehelichen) Beziehung höchstens mit zu *wenig*, nie mit zu *vielen* Gemeinsamkeiten zusammenhängen können.

Aus zwei weiteren Beobachtungen lassen sich Beziehungsaussagen herauslesen. So gibt es bei der Frage nach dem bevorzugten Freizeitverhalten nur die Antwortkategorien „gemeinsames Zu-Hause-Bleiben", „gemeinsames Ausgehen" und „einer geht weg und der andere bleibt zu Hause"; daß beide *getrennt* ausgehen könnten, ist nicht vorgesehen. (*Wer* da wohl zu Hause bleibt?)

Fragen nach der *Häufigkeit* bestimmter Ereignisse (z.B.: „Wie häufig gehen Sie Ihrem Partner oder geht Ihr Partner Ihnen auf die Nerven?" „Wieviele Male haben Sie insgesamt wegen eines Konflikts Ihren Partner verlassen oder hat Ihr Partner Sie verlassen?") passen nicht nur mit dem Bemühen um ein Kleinhalten der Unterschiede zusammen, sondern sollen es wohl auch ermöglichen, diese Unterschiede genau zu messen. Quantität wird genau in dem Augenblick wichtig, wo es darum geht, etwas zu (ver-)rechnen. Die Partner werden also durch einen Fragebogen wie den MAQ tatsächlich dazu angeregt, sich gegenseitig ihre Investitionen und Frustrationen aufzurechnen. Zusätzlich erleichtert dieses Bemühen um Quantifizierung die Forschung.

### 3.2 Die verhaltenstherapeutische Beziehungsvorstellung in den Therapieprogrammen

Mit Beginn einer verhaltenstherapeutisch orientierten Partnertherapie gehen die Klienten meist eine Reihe von Verpflichtungen ein, die keineswegs nur organisatorischer Art sind. Der Therapeut vergewissert sich, daß die Beziehung aufrecht bleibt, noch bevor die Therapie überhaupt beginnt. So wird etwa die Durchführung einer

Therapie gebunden an „die erklärte Bereitschaft, zusammenbleiben zu wollen" (*Gerbis et al.* 1980, S. 157), und um ganz sicher zu gehen, daß der „Beziehung" nichts passiert, wird ein schriftlicher Vertrag vorgeschlagen, der den Klienten u.a. folgende Aussagen in den Mund legt: „Ich habe mich entschlossen, meine Ehe/Partnerschaft zu verbessern. . . . Weil unsere Ehe/Partnerschaft gegenwärtig schlecht funktioniert, muß ich alles daran setzen, um sie wieder funktionsfähig zu machen" (*Scholz* 1978b, S. 122).

Und es wird in den Therapieverträgen nicht nur dafür gesorgt, daß die Partner zusammenbleiben, sondern auch dafür, daß sie möglichst *eng* zusammenbleiben. Sie müssen sich z.B. verpflichten, über ihre Therapieerfahrungen bis zur Nachuntersuchung nur miteinander, mit niemandem sonst zu sprechen (*Anneken et al.* 1977).

Die Vermutung, daß bereits in den Therapieverträgen die Konzentration der Partner aufeinander gefördert werden soll, erfährt Unterstützung durch die darauffolgenden Therapieprogramme. Als Beispiel für ein verhaltenstherapeutisches Programm für Paare dient das Kommunikationstraining von *Anneken et al.* (1977). Es ist ein Programm, das sich an die operant–interpersonale Behandlungsmethode von *Stuart* (1969) anlehnt, der das „behavior-exchange"-Modell in die Partnertherapie eingeführt hat und damit den Grundstein für den lerntheoretischen Partnertherapie-Ansatz überhaupt legte (vgl. *Glisson* 1976, S. 96, *Gurman & Rice* 1975, S. 138). Als strukturiertes Kommunikationstraining entspricht es außerdem auch neueren Überlegungen zur Effektivität verhaltenstherapeutisch orientierter Partnertherapie (*Jacobson* 1978, S. 425).

Die verhaltenstherapeutischen Beziehungsvorstellungen sind im Kommunikationstraining von *Anneken et al.* (1977) vor allem aus der Art der Vermittlung der Inhalte – aus den „Spielregeln" und dem verwendeten Material – ableitbar.

Gleich von Beginn des Trainings an wird darauf geachtet, daß beide Partner möglichst gleich oft und gleich lang „zum Zug" kommen. Durch Rollentausch und Zuteilung einer bestimmten Redezeit wird zu gewährleisten versucht, daß sich keiner mehr holen kann (und sich keiner mehr drücken kann) als der andere. Das Aufrechnen wird zusätzlich noch erleichtert durch die Verwendung von „Spielmarken".

Darüber hinaus lernen die Partner, sich gegenseitig zu beobachten und zu kontrollieren. In einen Beobachtungsbogen soll Positives eingetragen werden, das man am Partner bemerkt, und man trifft Wunschvereinbarungen, die man schriftlich formuliert, damit sie nicht umgangen werden können. Selbst die Sanktionen für das Nicht-Einhalten von Vereinbarungen sind eingeplant: Erfüllt ein Partner die Wünsche des anderen nicht, so muß er ihm eben eine andere – bereits in der Sitzung festgelegte – Freude bereiten. Ein Entkommen gibt es nicht. Denn sollte etwa der Partner doch nachsichtig sein, kann man immer noch bei der nächsten Sitzung vom Therapeuten zur Rede gestellt werden – auch er hat einen Durchschlag der schriftlichen Wunschvereinbarungen.

Überhaupt hat der Therapeut das letzte Wort. Auf jeden Fall weiß er es zu verhindern, daß seine (= die verhaltenstherapeutischen) Vorstellungen von einer guten Beziehung Konkurrenz von anderen Beziehungsvorstellungen bekommen. Die Durchstrukturierung und die zeitliche Limitierung der Sitzungen sorgen dafür, daß Diskussionen über Grundsätzliches von vornherein kaum Platz haben. Sollten aber die Klienten doch auf die Idee kommen, derartige Diskussionen zu beginnen, so wird dem Therapeuten geraten, sich auf keinen Fall „auf lange Diskussionen über Sinn und Zweck" von Regeln, Hausaufgaben usw. einzulassen. Und nicht nur geraten, sondern geradezu befohlen: „Darauf bestehen, daß Hausaufgaben sinnvoll und notwendig sind" heißt es da etwa in der Handanweisung für den Therapeuten (S. 9).

Der sicherste Beweis für die Überzeugung, im Besitz des Wissens um die allein seligmachende Beziehungsform zu sein, scheint mir aber in der Tatsache zu liegen, daß ein und dasselbe Programm – in geradezu minuziöser Übereinstimmung – bei *allen* Paaren durchgeführt wird, unabhängig von ihrem Ausgangsniveau. Wenn sie bestimmte Dinge schon vor Beginn des Kommunikationstrainings beherrschen: „umso besser!" (S. 8). Irgendwelche Abänderungen des Trainings erreichen sie damit nicht. Daß solche Abänderungen auch nicht sinnvoll wären, wird den Klienten ohnehin – wenn auch in anderer Formulierung – sowohl im Therapievertrag mitgeteilt (das angebotene Training wird als „wissenschaftlich fundierte" Therapie bezeichnet, die „dem derzeitigen Stand der Psychotherapieforschung entspricht") als auch in den „allgemeinen Hinweisen", wonach sich die direkte Behandlung von Kommunikationsproblemen auf „eine Unzahl neuerer empirischer Studien aus der experimentellen Psychotherapieforschung" stützen kann (*Anneken et al.* 1977, Anhang). In den USA wußte man 1976 allerdings erst von *neun* Untersuchungen mit empirischen Daten zum „behavior-exchange"-Modell (*Glisson* 1976, S. 98).

### 3.3 Die verhaltenstherapeutische Beziehungsvorstellung in der Erfolgsforschung

Bedenkt man, wie wichtig den Verhaltenstherapeuten methodische Exaktheit normalerweise ist, dann macht es doch ziemlich stutzig, wenn bei der Erfolgsforschung zur verhaltenstherapeutisch orientierten Partnertherapie häufig nicht einmal die simpelsten statistischen Selbstverständlichkeiten Berücksichtigung finden. Daß man sich Testwertveränderungen getrennt nach dem Geschlecht anschauen könnte, wird häufig einfach „vergessen" – vielleicht: verständlicherweise. Es kommt sonst nämlich zum Vorschein, daß Testwertveränderungen nach Partnertherapien bzw. die Zunahme der Zufriedenheit im Verlauf von Partnertherapien im wesentlichen durch die männlichen Klienten zustandekommen (vgl. z.B. *Gerbis et al.* 1980, *Schwerdt* 1980, S. 222f.). *Warum* das so ist, erfährt man am ehesten, wenn man die Ebene der Fragebögen verläßt. Denn die „objektiven Ereignisse", die als Erfolgskriterien dienen, sind recht aussagekräftig:

*Stuart* etwa kann von den vier Paaren seiner Pionierstudie berichten, daß sowohl die Konversation zwischen den Partnern – gemessen in Stunden pro Tag – als auch die sexuellen Aktivitäten – gemessen an der Häufigkeit des Geschlechtsverkehrs pro Woche – zunahmen, wodurch die Paare nichtklinischen bzw. „gesunden" Familien ähnlicher wurden (*Stuart* 1969, 1973). Angelegt war die Studie so, daß die Frauen den Männern für Gespräche, die diese mit ihnen führten, „Marken" (Tokens) gaben. Auf Verlangen des Ehemannes konnten Marken für bestimmte sexuelle Aktivitäten eingetauscht werden. So mußten die Männer für Küssen und leichtes Petting drei Marken zahlen, für intensives Petting fünf und für den „vollzogenen Geschlechtsverkehr" 15 Marken. Hinzugefügt werden muß noch, daß die Männer auch ohne Gespräche Marken von ihren Frauen einfordern konnten, dann nämlich, wenn die Frauen es unterlassen hatten, ihnen durch konstruktive Hinweise die geforderte Leistung zu erleichtern. – Nirgends in der verhaltenstherapeutischen Literatur habe ich eine Auseinandersetzung mit der Frage gefunden, ob sich bei solchen Programmen die Frauen das Gewünschte nicht vielleicht härter verdienen müssen als die Männer.

Wenn die Vorstellungen einiger Verhaltenstherapeuten über „gesunde" Beziehungen so klar sind, daß die Höchstgewichtung des Geschlechtsverkehrs einfach feststeht, ist es nicht erstaunlich, daß die Häufigkeit des Geschlechtsverkehrs überhaupt beliebtes Erfolgskriterium verhaltenstherapeutisch orientierter Partnertherapie ist. Wo aber die Zahlen täuschen, tröstet man sich sogar mit subjektiven Einschätzungen der Klienten; man entschuldigt dann den geringen Anstieg in der Häufigkeit des Geschlechtsverkehrs damit, daß den Klienten eine größere Befriedigung bei ihren sexuellen Kontakten auszureichen scheint (*Wieman et al.* 1974).

Wenn eine Beziehung, in der sich die Partner wieder mehr aufeinander konzentrieren – z.B. durch häufigeres Gespräch und häufigere sexuelle Kontakte –, Ziel einer verhaltenstherapeutisch orientierten Partnertherapie ist, läßt sich auch die Verhinderung einer Scheidung als Therapieerfolg verbuchen. So versucht *Stuart* anscheinend sein Programm aufzuwerten, indem er betont, daß er es mit Paaren durchgeführt hat, die kurz vor der Scheidung standen (*Stuart* 1969), und gibt als Erfolgskriterium seiner Behandlung an, daß von 200 Paaren nach fünf Jahren immer noch 174 Paare verheiratet waren (*Stuart* 1976, zit. nach *Weiss* 1978, S. 227). Auch für *Lazarus* scheint die Verhinderung einer Scheidung Zeichen einer Überlegenheit der Verhaltenstherapie zu sein. Er zeigt sich beeindruckt davon, daß sich bei klientenzentrierter Beratung 80% der Klienten scheiden ließen, bei der Verhaltenstherapie dagegen nur 16% (*Lazarus* 1968). Aber sowohl die Verwendung von Stabilität (= Nichtscheidung) als Maß für eine erfolgreiche Ehe als auch die Betrachtung der Häufigkeit sexueller Aktivitäten als Kriterium für eheliches Glück sind selbst aus einer rein methodologischen Perspektive heraus äußerst fragwürdig (vgl. *Laws* 1975, S. 75ff.).

## 4. Gemeinsamer Nenner: Eine Welt in Paaren. Über die Kompatibilität verhaltenstherapeutischer und „herrschender" Beziehungsvorstellungen

Da das Wissen um die „herrschenden" (= die traditionellen, konventionellen) Beziehungsvorstellungen bei den Lesern vorausgesetzt werden kann, sollen hier nur stichprobenartig ein paar Parallelen zwischen den verhaltenstherapeutischen und den „herrschenden" Beziehungsvorstellungen aufgezeigt werden. „Herr-schend" kann ruhig im wörtlichen Sinn verstanden werden. Denn es ist die patriarchalische Ehe, um deren Aufrechterhaltung es geht – auch bei den Verhaltenstherapeuten, die sich deshalb nicht weiter darum kümmern müssen, wenn die Zufriedenheit der Frauen in der Partnertherapie weniger zunimmt als jene der Männer (vgl. *Gerbis et al.* 1980).

Außer in bezug auf die Benachteiligung der Frauen deckt sich die verhaltenstherapeutische Beziehungsvorstellung mit traditionellen Beziehungsvorstellungen auch im Hinblick darauf, daß die Autonomie der beiden Partner als Bedrohung wahrgenommen wird und häufig als Ausdruck dafür gilt, daß in der Ehe „etwas nicht stimmt"; die eigenständige Entwicklung jedes der beiden Partner *nach* der Eheschließung wird dann auch gern als Fehlerquelle bezeichnet (vgl. dazu *Kellerhals* 1979, S. 70ff., *Näf-*

*Hofmann* 1979, S. 115). Wichtiger als die eigene Entwicklung ist die „Verbindung" (*Gurman* 1978, S. 503, *Willi* 1978, S. 154), und für diese Verbindung muß man schon bereit sein, bewußt auf diverse Möglichkeiten zu verzichten (*Mandel et al.* 1971, S. 51, *Satir* 1978, S. 115). Schließlich zeichnet es die Ehe aus, „daß sie Konflikt und Leiden vertragen und überwinden kann" (*Lemaire* 1980, S. 30), daß man nicht ausweichen kann und sich in ihr „gerade das, was man sich sonst nicht bieten lassen würde, bieten läßt" (*Guggenbühl-Craig* 1976, S. 57). Zum Beispiel die gegenseitige Kontrolle, unter Einschluß der Kontrolle über das Bleiben in der Geschlossenheit des „Systems". Denn es gilt als Fähigkeit, daß zwei Partner voneinander abhängig sind und sich ganz (und ausschließlich?) aufeinander einstellen (*Gaspari* 1979, S. 101, *Näf-Hofmann* 1979, S. 118).

Daß „die beste aller Welten" eine Welt ist, die in Paare eingeteilt ist, wird ebenfalls nicht nur von verhaltenstherapeutischer Seite nahegelegt – dadurch etwa, daß diagnostische Instrumente für *zusammenlebende* Paare entwickelt werden, oder daß Paare nur dann in Therapie aufgenommen werden, wenn sie keine „Außenbeziehungen" haben –; zur Untermauerung dieser Auffassung führt man biologische Erkenntnisse, die christliche Weltanschauung, moralische und humanitäre Auffassungen ins Treffen (vgl. z.B. *Näf-Hofmann* 1979, S. 126) sowie die Sorge um das gesellschaftliche System (vgl. z.B. *Gaspari* 1979, S. 109). Damit wird allerdings endgültig deutlich, daß dem traditionellen Ehemodell weit mehr als nur beschreibende Funktion zukommt. Unser Sozial- und Wirtschaftssystem *braucht* die „Organisation der Gesellschaft in Paaren" (vgl. dazu z.B. *Jervis* 1978, S. 94, *Kellerhals* 1979, S. 58ff., *Ottomeyer* 1977, S. 141, *Sigusch & Schmidt* 1972, S. 53f., *Schmidt-Relenberg et al.* 1976, S. 105f.). Ein Konzept von Partnertherapie, welches diese Notwendigkeit anerkennt und welches die Partner sogar noch dazu bringt, Rechte und Pflichten, an die sie sich durch Verträge binden, selbständig einzuklagen, hat da natürlich besonderen Wert. Die „Hilfe zur Selbsthilfe" wird zu einer Entlastung der Gesellschaft.

## 5. Konsequenzen für Forschung und Praxis

Auf einige methodologische Probleme habe ich bereits in Zusammenhang mit den Erfolgskriterien hingewiesen. Klar sein dürfte nach den vorangegangenen Ausführungen außerdem, daß die Operationalisierung des den meisten Untersuchungen zugrundeliegenden Kriteriums des ehelichen Glücks, der ehelichen Zufriedenheit, der ehelichen Anpassung ebenfalls problematisch ist (vgl. *Laws* 1975, S. 75). Inzwischen wird auch bereits ausformuliert, daß Bedenken hinsichtlich der meisten diagnostischen Instrumente zur Erfassung der Qualität einer Beziehung/Ehe vor allem deshalb am Platz sind, weil sich diese Instrumente einseitig am Ideal einer konventionellen Ehe orientieren (*Reiter & Steiner* 1981). Es wäre zu wünschen, daß in dieser Richtung – weniger vorsichtig als bisher! – weitergearbeitet würde, daß in Veröffentlichungen mehr Mut zur Auseinandersetzung mit ideologischen Fragen gezeigt würde und daß Methodendiskussionen nicht als Mittel dazu dienen würden, Zieldiskussionen auszuweichen.

Für die Praxis ergibt sich als wichtigste Forderung aus den vorangegangenen Ausführungen die Forderung nach einer anderen – ehrlicheren – Aufklärung der Klienten. In dieser Aufklärung müßte den Zielen, die in einer bestimmten Richtung von Partnertherapie erreicht werden sollen, weit mehr Platz eingeräumt werden als bisher. Was die Klienten wirklich wissen wollen und auch wissen sollen, bevor sie eine Partnertherapie beginnen, sind die Vorstellungen, die der Therapeut sowohl von Beziehungen als auch vom Verlauf der Therapie hat. Nur dann können sie wirklich entscheiden, ob die angebotene Therapie auch ihren eigenen Vorstellungen entspricht. Dazu haben sie keine Chance, wenn sie gleich damit überfahren werden, daß man ihnen eine „wissenschaftlich fundierte Therapie" anbietet, die „dem derzeitigen Stand der Psychotherapieforschung entspricht" (*Anneken et al.* 1977, Anhang; kritisch dazu: *Bauriedl* 1980, S. 177f.).

Bei einer Information der Klienten, wie sie hier gefordert wird, muß man freilich damit rechnen, an Werbewirksamkeit einzubüßen.

Eine solche Aufklärung ist außerdem erst dann möglich, wenn sich zunächst einmal die Therapeuten selbst der hinter ihrem Konzept stehenden Ziele und Beziehungs-„theorien" besser bewußt werden. Die Erfahrungen mit der „Fortschrittlichkeit" der Partnertherapie zeigen, wie wichtig es wäre, gegenüber sogenannten modernen, neuen, fortschrittlichen Therapieansätzen so lange prinzipiell skeptisch zu bleiben, solange man sich nicht mit den dahinterstehenden Vorstellungen (Krankheitsbegriff, Menschenbild, Ziele) vertraut gemacht hat. Dieser Aufruf zur Skepsis gilt selbstverständlich auch allgemeiner: Nicht nur Partnertherapeuten, sondern Therapeuten überhaupt sollten „argwöhnisch sein gegenüber etablierten Strukturen und Routinen, und das sowohl in bezug auf das eigene Handeln als auch in bezug auf die gesellschaftliche Vordefiniertheit von Aufgaben" (*Keupp* 1978, S. 210).

Ein Argwohn gegenüber dem eigenen Handeln und den gesellschaftlichen Aufträgen, der nicht in eine Verweigerung mündet – die man dann als „kritisch" zur Schau tragen kann – bedeutet ein ständiges Sich-und-seine-Arbeit-in-Frage-Stellen, positiver ausgedrückt: ein ständiges Sich-seiner-selbst-bewußt-Sein. Der Streit um „Markenzeichen", die man dem eigenen Therapieansatz anheften kann – z.B. um das Etikett der „Fortschrittlichkeit" –, hat dann vielleicht noch den Stellenwert eines akademischen Geplänkels; in der Praxis ist etwas anderes entscheidend: daß der Therapeut sich seiner eigenen Ziele, Einstellungen und Wünsche bewußt ist und daß er diese Ziele auch vor anderen – besonders vor den Klienten – offenlegt.

**LITERATUR:**


ANNEKEN, R., ECHELMEYER, L., KALUZA, K., KLEIN, H., KLOCKGETER-KELLE, A. & ZIMMER, D.: Kommunikationstraining für Paare. ***Materialien der DGVT, Nr. 2.*** Tübingen, 1977.

AUCKENTHALER, A.: ***Klientenzentrierte Partnertherapie.*** Stuttgart: Kohlhammer, in Vorber.

BAURIEDL, Th.: ***Beziehungsanalyse.*** Frankfurt/M.: Suhrkamp, 1980.

BOSCH, M. & KOHAUS, M.: Die therapeutische Beziehung – Funktion und Rolle des Therapeuten in der Familientherapie. In: Petzold, H. (Hrsg.): ***Die Rolle des Therapeuten und die therapeutische Beziehung.*** Paderborn: Junfermann, 1980, 133-144.

BUCHHOLZ, M.B.: Psychoanalyse – Familientherapie – Systemtheorie: Kritische Bemerkungen zur These vom Paradigmawechsel. ***Praxis der Kinderpsychologie,*** 30, 1981. 48-56.

DEISSLER, K.G.: Anmerkungen zur ökosystemischen Sichtweise der Psychotherapie. ***Familiendynamik,*** 6, 1981, 158-175.

DIERKING, W.: Familientherapie in der Bundesrepublik Deutschland. *Familiendynamik,* 5, 1980, 290-304.

DUSS von WERDT, J.: Familientherapie als angewandte Familiensoziologie. Versuch einer Problemstellung. In: Richter, H.E., Strotzka, H. & Willi, J. (Hrsg.): *Familie und seelische Krankheit.* Reinbek: Rowohlt, 1976, 38-47.

GASPARI, Ch.: Die Situation der Familie in Europa. Ansätze zu einer Neubewertung ihrer Funktion. In: Perrez, M. (Hrsg.): *Krise der Kleinfamilie?* Bern: Huber, 1979, 83-112.

GERBIS, K.E., SCHROETTER, R. & HAUTZINGER, M.: Reciprocity Counseling. Eine Replikationsstudie zu einem verhaltenstherapeutischen Partnerprogramm. In: Hautzinger, M. & Schulz, W. (Hrsg.): *Klinische Psychologie und Psychotherapie, Bd. 4, Kongreßbericht Berlin 1980.* Tübingen/Köln, 1980, 151-162.

GLISSON, D.H.: A review of behavioral marital counseling: Has practice tuned out theory? *The Psychological Record,* 26, 1976, 95-104.

GUGGENBÜHL-CRAIG, A.: *Die Ehe ist tot – lang lebe die Ehe.* Zürich: C.G. Jung-Institut, 1976.

GURMAN, A.S.: Contemporary marital therapies: A critique and comparative analysis of psychoanalytic, behavioral and systems theory approaches. In: Paolino, T. & McCrady, B. (Hrsg.): *Marriage and Marital Therapy. Psychoanalytic, Behavioral and Systems Theory Perspectives.* New York: Brunner/Mazel, 1978, 445-566.

GURMAN, A.S. & KNISKERN, D.P.: Research in marital and family therapy: Progress, perspective and prospect. In: Garfield, S.L. & Bergin, A.E. (Hrsg.): *Handbook of psychotherapy and behavior change (Revised edition).* New York: Wiley, 1978, 817-901.

GURMAN, A.S. & RICE, D.G. (Hrsg.): *Couples in Conflict. New Directions in Marital Therapy.* New York: Jason Aronson, 1975.

HAHLWEG, K.: Konstruktion und Validierung des Partnerschaftsfragebogens PFB. *Zeitschrift für Klinische Psychologie,* 8, 1979, 17-40.

HALEY, J.: Familientherapie. In: Sager, C.J. & Singer-Kaplan, H. (Hrsg.): *Handbuch der Ehe-, Familien- und Gruppentherapie, Band 2.* München: Kindler, 1973.

HESSDÖRFER, S.: Partnertherapie. In: Baumann, U., Berbalk, H. & Seidenstücker, G. (Hrsg.): *Klinische Psychologie: Trends in Forschung und Praxis. Band 2.* Bern: Huber, 1979, 162-194.

HURVITZ, N.: Interaction Hypotheses in Marriage Counseling. In: Gurman, A.S. & Rice, D.G. (Hrsg.): *Couples in Conflict. New Directions in Marital Therapy.* New York: Jason Aronson, 1975, 225-240.

JACOBSON, N.S.: A review of the research on the effectiveness of marital therapy. In: Paolino, T. & McCrady, B. (Hrsg.): *Marriage and Marital Therapy. Psychoanalytic, Behavioral and Systems Theory Perspectives.* New York: Brunner/Mazel, 1978, 395-444.

JACOBSON, N. & MARTIN, B.: Behavioral marriage therapy: Current status. *Psychological Bulletin,* 83, 1976, 540-556.

JERVIS, G.: *Kritisches Handbuch der Psychiatrie.* Frankfurt/M.: Syndikat Autoren- und Verlagsgesellschaft, 1978.

KELLERHALS, J.: Fragen und Vorschläge zum soziologischen Studium der Krise der Familie. In: Perrez, M. (Hrsg.): *Krise der Kleinfamilie?* Bern: Huber, 1979, 50-81.

KEMPLER, W.: *Grundzüge der Gestalt-Familientherapie.* Stuttgart: Klett, 1975.

KEUPP, H.: Gemeindepsychologie als Widerstandsanalyse des professionellen Selbstverständnisses. In: Keupp, H. & Zaumseil, M.: *Die gesellschaftliche Organisierung psychischen Leidens.* Frankfurt/M.: Suhrkamp, 1978.

KIMMEL, D. & van der VEEN, F.: Factors of Marital Adjustment in Locke's Marital Adjustment Test and the Family. *Journal of Marriage,* 1974, 57-63.

KÖHNE, J.: Eheberater – ein neuer Beruf. Geschichtliche Entwicklung und derzeitiges Verständnis. *Partnerberatung,* 13, 1976, 91-105.

KOHL, R.N.: Pathologic Reactions of Marital Partners to Improvement of Patients. *Annual Journal of Psychiatry,* 118, 1962, 1036-1041.

LAWS, J.L.: A Feminist View of Marital Adjustment. In: Gurman, A.S. & Rice, D.G. (Hrsg.): *Couples in Conflict. New Directions in Marital Therapy.* New York: Jason Aronson, 1975, 73-123.

LAZARUS, A.A.: Behavior therapy and marriage counseling. *Journal of the American Society of Psychosomatic Dentistry and Medicine,* 15, 1968, 49-56.

LEMAIRE, J.G.: Angst vor Intimität: Sich die Liebe vom Leibe halten. *Psychologie heute,* 7, Oktober 1980, 28-33.

LESLIE, G.R.: The field of marriage counseling. In: Christensen, N.T. (Hrsg.): *Handbook of Marriage and the Family.* Chicago: Rand McNally, 1964, 912-943.

LIBERMAN, R.P.: Behavioristische Ansätze für die Familien- und Ehepaartherapie. In: Sager, C.J. & Singer-Kaplan, H. (Hrsg.): *Handbuch der Ehe-, Familien- und Gruppentherapie.* München: Kindler, Bd. 2, 1973, 398-417.

MANDEL, A., MANDEL, K.H., STADTER, E. & ZIMMER, D.: *Einübung in Partnerschaft durch Kommunikationstherapie und Verhaltenstherapie.* München: Pfeiffer, 1971.

NÄF-HOFMANN, M.: Ist die heutige Kleinfamilie in einer Krise? In: Perrez, M. (Hrsg.): *Krise der Kleinfamilie?* Bern: Huber, 1979, 114-126.

O'LEARY, K.D. & TURKEWITZ, H.: Marital Therapy from a Behavioral Perspektive: In: Paolino, T. & McCRADY, B. (Hrsg.): *Marriage and Marital Therapy. Psychoanalytic Behavioral and Systems Theory Perspectives.* New York: Brunner/Mazel, 1978, 240-297.

OLSON, D.H.: Marital and family therapy: Integrative review and critique. *Journal of Marriage and the Family,* 32, 1970, 501-538.

OTTOMEYER, K.: *Ökonomische Zwänge und menschliche Beziehungen.* Reinbek b. Hamburg: Rowohlt, 1977.

RAPPAPORT, A.F. & HARREL, J.E.: A Behavioral Exchange Model for Marital Counseling. In: Gurman, A.S. & Rice, D.H. (Hrsg.): *Couples in Conflict. New Directions in Marital Therapy.* New York: Jason Aronson, 1975, 258-277.

REITER, L. & STEINER, E.: Ist „eheliche Anpassung" ein latentes Therapieziel in der Partnertherapie? Theoretische und empirische Untersuchungen zur „Dyadic Adjustment Scale" von G.B. Spanier. *Partnerberatung,* 18, 1981, 78-89.

SATIR, V.M.: *Familienbehandlung. Kommunikation und Beziehung in Theorie, Erleben und Therapie.* Freiburg: Lambertus, 1978 (3. Aufl.).

SCHMIDT-RELENBERG, N., LUETKENS, Chr. & RUPP, K.-J.: *Familiensoziologie: eine Kritik.* Kohlhammer, 1976.

SCHOLZ, O.B. (Hrsg.): *Diagnostik in Ehe- und Partnerschaftskrisen. Fortschritte der Klinischen Psychologie, Band 14.* München, Wien, Baltimore: Urban & Schwarzenberg, 1978a.

SCHOLZ, O.B.: Fragebögen und Formulare für die Eheberatung bzw. Ehetherapie. In: Scholz, O.B. (Hrsg.): *Diagnostik in Ehe- und Partnerschaftskrisen.* München, Wien, Baltimore: Urban & Schwarzenberg, 1978b, 99-125.

SCHWERDT, C.: *Entwicklung, Durchführung und Überprüfung eines integrativen Konzepts zur Partnertherapie auf der Basis der Verbesserung von dyadischer Interaktion.* Münster (Westf.): Univ., Philos. Fak., Dissertation, 1980.

SIGUSCH, V. & SCHMIDT, G.: Jugend und Ehe. Ergebnisse einer empirischen Untersuchung. *Veröffentlichungen des Instituts für Ehe- und Familienwissenschaft, Zürich.* Tübingen: Katzmann, 1972, 42-64.

STUART, R.B.: Operant treatment for marital discord. *Journal of Consulting and Clinical Psychology,* 33, 1969, 675-682.

STUART, R.B.: Die operante-interpersonale Behandlung von Eheproblemen. In: Sager, C.J. & Singer-Kaplan, H.: ***Handbuch der Ehe-, Familien- und Gruppentherapie.*** München: Kindler, Band 2, 1973, 626-642.

STUART, R.B.: An operant interpersonal program for couples. In: Olson, D.H.L. (Hrsg.): ***Treating Relationships.*** Lake Mills, Iowa: Graphic Publishing Company, 1976, 119-132.

TOVEY, R.: Marital group therapy. ***Clinical Social Work Journal,*** 1979, Band 7 (2), 147-151.

WEISS, R.L.: Contracts, cognition and change: A behavioral approach to marital therapy. ***The Counseling Psychologist,*** 5, 1975, 15-26.

WEISS, R.L.: The Conceptualization of Marriage from a Behavioral Perspective. In: Paolino, Th.J. & McCrady, B.S. (Hrsg.): ***Marriage and Marital Therapy. Psychoanalytic, Behavioral and Systems Theory Perspectives.*** New York: Brunner/Mazel, 1978, 165-239.

WIEMAN, R.M., SHOULDERS, D.I. & FARR, J.-A.: Reciprocal reinforcement in marital therapy. ***Journal of Behavior Therapy and Experimental Psychiatry,*** 5, 1974, 291-295.

WILLI, J.: ***Therapie der Zweierbeziehung.*** Reinbek b. Hamburg: Rowohlt, 1978.

**Kontaktadresse:** Dr. Anna Auckenthaler
Institut für Psychologie der Universität Innsbruck
Sonnenburgstr. 16
A-6020 Innsbruck

# Dramatherapie – Möglichkeiten einer erlebnisorientierten Verhaltenstherapie bei der Behandlung von Kontaktstörungen

*Peter A W Figge*

## 1. Problemstellung

Übereinstimmend wird in verschiedenen Untersuchungen im deutschen Sprachraum der Problembereich „Kontaktstörungen" als derjenige beschrieben, welcher von Studenten besonders häufig als motivierender Beschwerdegrund genannt wird, wenn sie die Beratungsstellen der Universitäten aufsuchen. Da davon auszugehen ist, daß Störungen im sozialen Bereich mit Störungen des Arbeitsverhaltens verbunden sind, bedeuten Kontaktschwierigkeiten für den betreffenden Studenten in seiner Lebens- und Arbeitssituation „Universität" in der Regel massive psychische Beeinträchtigungen. Diese Verknüpfung zwischen sozialer Isolation und der Unfähigkeit, die eigene studentische Existenz durch intellektuelle Leistung rechtfertigen zu können, führt zu schwerwiegenden Folgen.
Menschen mit Kontaktstörungen sind ängstliche Menschen. Sie leiden unter ihrer Unfähigkeit, Beziehungen zu anderen herzustellen, in denen Nähe und Distanz gemäß den eigenen Wünschen gestaltet werden kann. Ein lebendiges Beziehungsverhältnis zwischen Menschen wird stets auf einer situationsgerechten Balance zwischen Nähe und Distanz bestehen. D.h., es gibt kein „Alles-oder-Nichts"-Prinzip, nach dem nur totale Nähe oder aber absolute Distanz das Beziehungsbild bestimmen. Das Bild einer Beziehung ist vielmehr gekennzeichnet durch einen fließenden Wechsel von unterschiedlichen Gefühlen und damit zusammenhängenden Wünschen.
Personen, die unter Kontaktstörungen leiden, vereinen in sich die Ambivalenz gleichzeitiger Wünsche nach Nähe und Distanz. Dies bedeutet zum einen, daß es ihnen nur schwer gelingt, in der jeweiligen Situation mit anderen ihren eigenen Wunsch hinsichtlich des Ausmaßes an Nähe und Distanz deutlich wahrzunehmen. Darüber hinaus enthält die Ambivalenz die Unfähigkeit, einmal wahrgenommene Wünsche auch den betreffenden Menschen mitzuteilen und gegebenenfalls auch durchzusetzen. Erfahrungen in der individuellen Lerngeschichte verhindern so die Herstellung einer Beziehung entlang der vorhandenen Gefühle und Wünsche. Statt einer stabilen Balance zwischen Nähe und Distanz entwickelt sich ein hektischer Prozeß sprunghaften Sich-Näherns und Fliehens: Der kontaktgestörte Mensch befindet sich in einem fortdauernden Appetenz-Aversions-Konflikt mit seiner Umwelt.

Gemeinsam ist kontaktgestörten Menschen das Gefühl, sich isoliert und einsam zu fühlen. Unabhängig davon, ob sie allein, in einer Partnerschaft oder inmitten vielfältiger sozialer Beziehungen leben. Es liegt nahe, von einer Form der „sozialen Vereinsamung" zu sprechen, herbeigeführt durch die Unfähigkeit, inmitten von Menschen eine wunschgemäße, situationsgerechte Balance von sozialer Nähe und Distanz zu verwirklichen. Die Beobachtung, daß sich kontaktgestörte Menschen in bestimmten, unterschiedlichen Formen der Beziehung zu anderen wiederfinden lassen, kann weitgehend als Folge der individuellen Versuche verstanden werden, dem Gefühl der Vereinsamung zu entkommen bzw. es erst gar nicht aufkommen zu lassen. Unterschiedliche Formen der Beziehung zu anderen können somit als subjektive Lösungsversuche angesehen werden, den Konflikt zwischen Nähe und Distanz den eigenen Möglichkeiten entsprechend zu lösen.

Die beobachteten Beziehungsstrukturen sollen im folgenden mit Hilfe von zwei Dimensionen veranschaulicht werden. Zum einen verdeutlicht eine *Aktivitätsdimension* die Ausformung der jeweiligen Unfähigkeit bei der Gestaltung der Beziehung zu anderen. Zum anderen beschreibt eine *Dimension sozialer Nähe* das Ausmaß der subjektiv erlebten Entfernung zu anderen. Innerhalb der beiden Dimensionen lassen sich vier verschiedene Formen sozialer Beziehungen verdeutlichen, wobei gilt, daß die betroffenen Menschen diese Arten von Beziehungen notwendigerweise herstellen, weil sie kontaktgestört sind. Dabei soll die Verwendung der Bezeichnungen „Zaghafter", „Dulder", „Flüchter" und „Klammerer" keine klassische Typisierung nahelegen oder den Blick für die Variabilität der Beziehungsformen einengen. Vielmehr sollen diese Bezeichnungen idealtypisch Interaktionsmuster verdeutlichen, welche für kontaktgestörte Menschen charakteristisch sind.

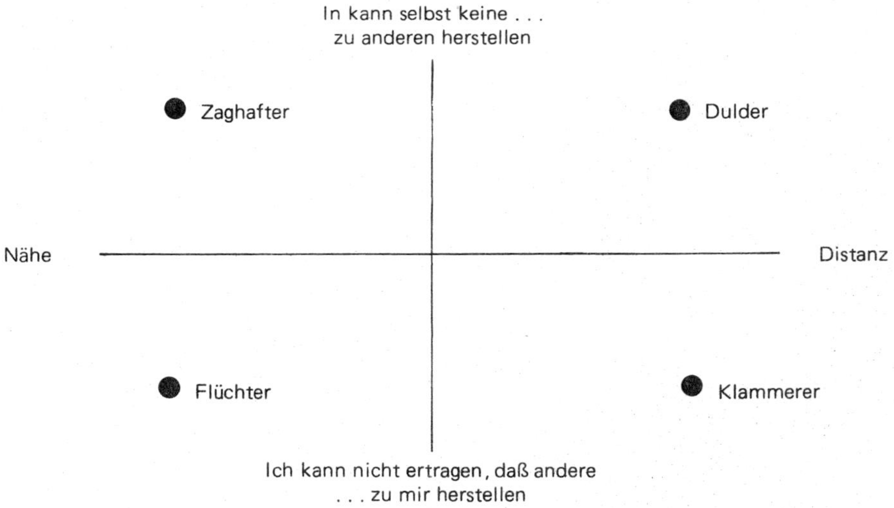


**Abbildung 1:** Beziehungsstrukturen kontaktgestörter Menschen

## 2. Stichprobenbeschreibung

An einer als Dramatherapie bezeichneten Form der Verhaltenstherapie in Gruppen nahmen 21 männliche und 30 weibliche Studenten teil, die sich selbst als kontaktgestört bezeichneten und sich im Beratungszentrum der Universität Hamburg zur Therapie anmeldeten. Bei einer durchschnittlichen Problemdauer von zwölf Jahren unterscheiden sich diese Klienten der dramatherapeutischen Stichprobe im wesentlichen nicht von den übrigen Studenten der Universität Hamburg hinsichtlich ihres allgemeinen sozialen und familiären Hintergrundes sowie hinsichtlich ihrer intellektuellen Leistungsfähigkeit.

Für die Entstehung und Aufrechterhaltung der Kontaktstörungen scheinen weniger „äußere", objektive Sozialisationsfaktoren (Struktur der Herkunftsfamilie, Erwerbstätigkeit und Arbeitsverhältnis der Eltern usw.) eine Rolle zu spielen, als vielmehr lerngeschichtliche, „innere" Faktoren, wie z.B. die Auswirkung der Tatsache, daß Mütter und Väter von Studenten mit Kontaktstörungen in auffällig hohem Ausmaß in helfend-erzieherischen Berufen arbeiten.
In Anlehnung an die Anmerkungen von *Schmidbauer* (1977) über die Hilflosigkeit der professionellen Helfer kann angenommen werden, daß in der Beziehung zwischen Eltern und Kindern eine Helfer-Schützling-Kollusion bei der Entstehung von Kontaktstörungen beteiligt ist.

In der augenblicklichen Lebenssituation ist bei den kontaktgestörten Studenten eine durchgehende Diskrepanz zwischen dem Wunsch nach menschlicher Gemeinschaft und der Realität eigener Vereinsamung festzustellen. Im Gegensatz zum jeweiligen Idealbild ist das Selbstbild gekennzeichnet durch geringe soziale Resonanz. Ein stark depressives Selbsterleben ist auffallend, verbunden mit einer eher zurückhaltenden und sich als sozial wenig fähig bezeichnenden Selbsteinschätzung. Soziale Reserviertheit verbindet sich mit hohen sozialen Angstwerten. Die Einstellung und Sicherheit gegenüber der eigenen Arbeit ist wenig selbstvertrauend (s. Abbildung 2).

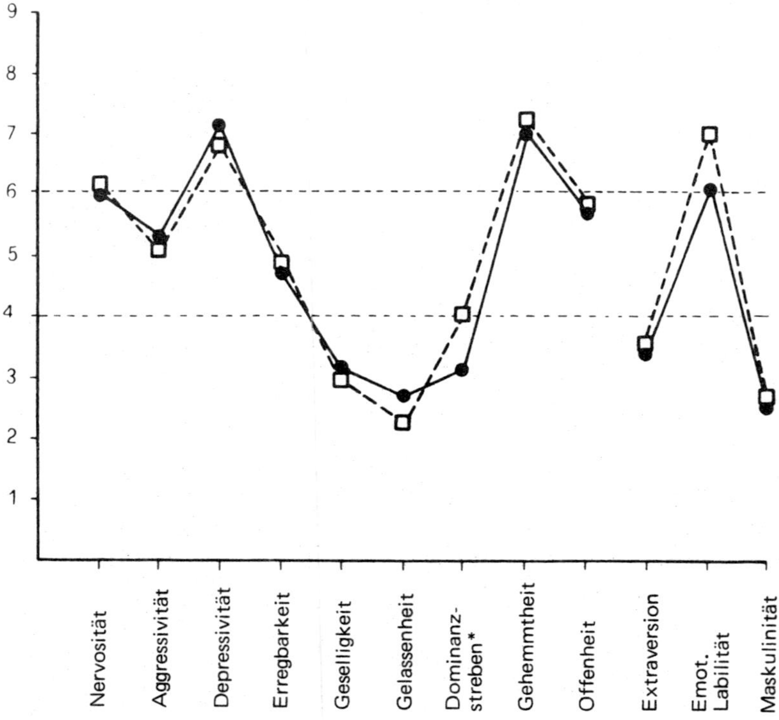


**Abbildung 2:** Freiburger Persönlichkeits-Inventar. Ergebnisse zum Zeitpunkt der ersten Testung.
● Experimentalgruppe (N = 21) □ Kontrollgruppe (N = 20)
*) sign. p = .05

## 3. Vorgehensweise

Das dramatherapeutische Angebot bestand jeweils aus vier Einzelgesprächen mit einem Therapeuten, an die sich im Falle einer Therapievereinbarung im Laufe eines Semesters sechzehn Gruppensitzungen einmal in der Woche anschlossen. An diesen dreistündigen Gruppensitzungen nahmen jeweils in gleicher Zusammensetzung acht Klienten – zur Hälfte männlich, zur Hälfte weiblich – sowie ein weiblicher und ein männlicher Therapeut teil. Eine dieser Gruppensitzungen verlief in Form von drei „Intensivtagen", zu denen sich die Gruppe mit ihren Therapeuten in eine Tagungsstätte außerhalb der Universität Hamburg zurückzog.
Der Untersuchungsplan wurde auf der Grundlage eines Prä-Post-Test/Fremd-Wartegruppen-Designs erstellt, d.h., es wurden Veränderungswerte einer Experimentalgruppe (N = 21) nach der Therapie (ca. 4 Monate) entsprechenden Veränderungswerten einer vergleichbaren Wartegruppe (N = 20) nach der Wartezeit (durchschnittlich ca. 4 Monate) gegenübergestellt. Bei der Auswahl der Methoden zur Erfassung von Effekten der Dramatherapie wurde versucht, ein weites Spektrum möglicher Auswirkungen abzudecken. Verschiedene, teils verbreitete (z.B. Gießen-Test, Freiburger Persönlichkeits-Inventar), teils neu entwickelte Formen der Erhebung wurden verwendet (Fragebögen zur Selbsteinschätzung sowie zur Fremdeinschätzung durch nahestehende Personen, zur Klient–Therapeut-Beziehung sowie zum Gruppenverlauf; Nachgespräche mit nicht an der Therapie beteiligten Psychotherapeuten).

Fünf dramatherapeutische Gruppen wurden durchgeführt, in denen Klienten unter der Experimental- als auch unter der Kontrollbedingung (nach Beendigung ihrer Wartezeit) gleichermaßen vertreten waren. Die Gesamtdauer der Untersuchung betrug vier Jahre.

## 4. Dramatherapie – Konzept einer erlebensorientierten Verhaltenstherapie

Innerhalb der Verhaltenstherapie haben Tendenzen ein Phänomen entstehen lassen, welches in doppelter Hinsicht als Heimatlosigkeit bezeichnet werden kann.
Es hat sich nämlich der Eindruck verbreitet, daß die Verhaltenstherapie für viele Therapeuten zwar eine effektive Methode therapeutischer Intervention darstellt, aber nicht immer für diese auch eine Art therapeutischer Heimat bedeutet. Heimatlosigkeit steht aber auch für die skeptische Distanz jener Menschen, die verhaltenstherapeutisch orientierte Hilfe nicht aufzusuchen oder anzunehmen wagen, weil sie hiermit Vorgehensweisen und therapeutische Beziehungsformen verbinden, die dem eigenen Selbstverständnis nicht entsprechen und durch Begriffe wie „Training" oder „therapeutisches Programm" nahegelegt werden. Hiermit ist eine jener erwähnten Tendenzen angesprochen, nämlich ein Hang zu weitgehend festgelegten Programmen, Trainings oder Verhaltenskursen, die den Eindruck erweckt haben, als bestehe Psychotherapie im verhaltenstherapeutischen Sinn aus einer generalisierten Anwendung von Sozialtechniken. Fast scheint es, als würden Klienten in Ermangelung flexibler, subjektzentrierter Interventionsformen auf bestimmte, therapieeignende Aspekte für standardisierte und planhafte Methoden reduziert, wenn auch in letzter Zeit Konzepte bekannt werden, die sich wieder von der starren Form programmatisierter Verhaltenstherapie entfernen (interaktionelle Problemlösegruppen, *Grawe et al.* 1980; multimodale Gruppentherapie, *Lazarus* 1978). Ob für die genannte Ent-

wicklung eine gewisse Symptomzentrierung der Verhaltenstherapie in ihren Anfängen verantwortlich ist, oder eine auf Grund ausgedehnter empirischer Therapieforschung erfolgte, überstarke Operationalisierung von Therapieinhalten und -zielen, eine Ökonomisierungsabsicht für eine möglichst effiziente Versorgung oder aber Persönlichkeitsaspekte von Verhaltenstherapeuten, denen Programme und Kurse eine Sicherheit im Chaos des therapeutischen Suchens und Nichtwissens bieten, kann hier nur als Frage aufgeworfen werden.
Neben der Tendenz zur Programmatisierung mögen die angeführten Gründe aber auch für einen weiteren Aspekt verantwortlich sein, der zu der zitierten Heimatlosigkeit beiträgt: die Tendenz zur Ergebnisorientierung.
Es scheint in der Verhaltenstherapie weit verbreitet, daß der Prozeß der Therapie eigentlich nur insoweit von Wichtigkeit ist, als er instrumentelle Bedeutung für ein konkretes Therapieziel besitzt. Die Therapie selbst ist auf die Erreichung eines vorher bestimmten Endzustandes festgelegt: Interpersonelle Schwierigkeiten innerhalb der Therapie, individuelle Unzufriedenheit mit dem „Programm", Abweichungen vom Plan und Inhalt des Therapieverlaufs werden eher als Störfälle angesehen. Auf sie wird eingegangen, um die Erreichung des Endzieles nicht zu gefährden und um nach Abhandlung der Störung auf den vorgezeichneten Weg zurückzukehren.

Verhaltenstherapie, die die Entwicklung, den Fortbestand und die Therapie abweichenden Verhaltens und Erlebens als Lernprozeß versteht und somit als Erwerb von Erfahrung, ist jedoch ihrem Wesen nach eine Therapie durch Erfahrung. Deshalb sollte auch innerhalb der Verhaltenstherapie ein Prozeß der „Selbst-Erfahrung des Suchens" eine stärkere Gewichtung gegenüber einer „Fremd-Vermittlung von Gefundenem" erhalten. Dem Lernziel von Psychotherapie, nämlich der Möglichkeit und Offenheit, den Weg der eigenen Suche anzutreten, kann Verhaltenstherapie dann gerecht werden, wenn sie sich auch als offenes Angebot interpersonaler Erfahrungsräume versteht; wenn sie die Einseitigkeit von Trainings- und Ergebnisorientierung zugunsten einer Neubewertung von Erlebens- und Prozeßaspekten auflöst.

Wenn man Verhaltenstherapie als Therapie durch Erfahrung bezeichnen kann, dann muß sie angesichts ihrer Entwicklung zur Standardisierung und Ergebnisorientierung nun in die Lage versetzt werden, die erforderlichen Erfahrungsräume für ihre Klienten wieder mit jener Beweglichkeit, Flexibilität und Originalität auszustatten, denen die Verhaltenstherapie ihre Entstehung gegenüber den klassischen Psychotherapieformen verdankt. Eine der Möglichkeiten, den genannten Tendenzen in diesem Sinne entgegenzuwirken, könnte für die Verhaltenstherapie in der Nutzung des umfangreichen therapeutischen Potentials des Spiels und des Spielens enthalten sein.

Der therapeutische Wert des Spiels, wie er bereits im Psychodrama (*Leutz* 1974), im „Therapeutischen Theater" (*Iljine* 1978, *Petzold* 1975), in der Gestalttherapie (*Perls* 1976), in der nichtdirektiven Spieltherapie (*Axline* 1947, *Schmidtchen* 1974) sowie in transaktionalen Ansätzen (*Berne* 1970) genutzt wurde, rückt für die Verhaltenstherapie jedoch erst spät in den Mittelpunkt größerer Aufmerksamkeit. Während Konzepte des „behavior drama" (*Sturm* 1965, 1970) oder des „behavioristischen Psychodramas" (*Petzold* 1973, 1978) Verbindungen zum Psychodrama betonen, setzten sich Ansätze unter Wiederaufnahme des Begriffes des „assertive training" (*Salter* 1949) verstärkt durch. Sie konzentrierten sich besonders auf den Aspekt des

übenden Rollenspiels bei der Ausbildung selbstbehauptenden und sich durchsetzenden Verhaltens für sozial ängstliche Menschen. In Erweiterung dieses Ansatzes liegt der Schwerpunkt der Dramatherapie auf einer verstärkten Berücksichtigung von Erlebens- und Prozeßaspekten als Therapieinhalten (*Figge* 1982).
Dramatherapie verbindet Formen des Spiels mit bekannten Interventionsstrategien der Verhaltenstherapie zu einem umfassenden Konzept für die Behandlung von Kontaktstörungen. Dies ist auf die Integration der kognitiven, emotionalen und sozialen Bildungsebenen ausgerichtet und bezieht sich im Vorgehen auf ein umfassendes Repertoire von Übungen und Spielen. Das dramatherapeutische Verständnis geht davon aus, daß die aktuellen und konkreten Schwierigkeiten und Symptome eines Klienten zu Beginn der Therapie nicht das Ziel von direkten Interventionen bilden. Vielmehr sollen diese Schwierigkeiten als Anzeichen dafür gelten, daß die individuelle Sozialisation den einzelnen Personen keine.bzw. in unzureichendem Maße Verhaltens- und Erlebensrepertoires verfügbar gemacht hat, um die Realität von Nähe und Distanz bedürfnisgerecht gestalten zu können.

Zunächst soll durch unterschiedliche Lernerfahrungen in Spielformen, die nicht wie das Rollenspiel ein Funktionieren des komplexen Systems von Kognition, Emotion und Verhalten voraussetzen, das individuelle Potential an Verhalten und Erleben neu oder wieder erschlossen und ausprobiert werden. Es gilt also durch die Nutzung von „Als-ob"-Erlebens- und Prozeßbezügen des Spiels zunächst einen Erprobungs- und Lernprozeß zu ermöglichen. Aus dem wachsenden Repertoire, Umwelt wahrzunehmen und sich in ihr wunschgemäß verhalten zu können, kann zu einem späteren Zeitpunkt der Therapie in Rollenspielen individuell ausgewählt werden. Eine mit dem Ziel verbesserter therapeutischer Transferwirkung gemeinsam erarbeitete Interaktionshierarchie, bestehend aus Übungsaufgaben zum Thema Nähe und Distanz, wird somit nicht auf Grund von vorformulierten Anweisungen, sondern auf der Grundlage des erworbenen, individuellen Verhaltens- und Erlebensrepertoires erprobt.
Die dramatherapeutische Praxis läßt sich nicht als die unverändert wiederholbare Anwendung eines uniformen Therapieprogramms kennzeichnen. Vielmehr beruht die therapeutische Praxis auf einem umfassenden Repertoire von Übungen und Spielen, die hinsichtlich ihrer therapeutischen Funktion und Eignung verschiedenen Modalitäten zugeordnet werden können: „Kontakt-", „Entspannungs-" und „Bewegungsübungen", Übungen zur Entwicklung der „sinnlichen Wahrnehmung" und „Phantasie" sowie Übungen zu den Bereichen „Laute und Geräusche", „Kommunikation" und „soziale Sensitivierung".

Als Grundlage für die Auswahl von Spielen und Übungen dient die Ausrichtung an einer im Verlauf der Therapie zunehmenden Ich-Bezogenheit (von gemeinsamen Spielen in der Gruppe hin zu individuell bezogenen Spielen um eigene Wünsche, Hoffnungen und Schwierigkeiten) sowie an einer wachsenden Komplexität der Therapieelemente (von einfachen Entspannungs- oder Bewegungsübungen hin zu umfassenden Spielen, die einen flexiblen Gebrauch verschiedener Sinnesfunktionen und Verhaltensfähigkeiten erfordern). Eine Sammlung von Spielen und Übungen zur Therapie von Kontaktstörungen sowie Beispiele von Interaktionshierarchien sind enthalten in *Figge* (1982).

## 5. Ergebnisse

Die *Vortest-Ergebnisse* (erhoben zu Beginn der Therapie bzw. zu Beginn der Wartezeit) zeigen, daß die Zufallszuweisung der Klienten zur Experimental- bzw. zur Kontrollbedingung zu einer befriedigenden Parallelisierung der Versuchsgruppen geführt hat. Abbildung 2 verdeutlicht am Beispiel des Freiburger Persönlichkeits-Inventars (FPI) die weitgehende Entsprechung der beiden Gruppen und veranschaulicht die Stichprobenbeschreibung kontaktgestörter Menschen.

Bei *Abschluß der Therapie* sind, übereinstimmend in unterschiedlichen Erhebungsformen, deutliche Entwicklungen zugunsten der Experimentalgruppen zu beobachten, die in Richtung auf eine verbesserte emotionale Grundstimmung, auf zunehmende soziale Offenheit und Selbstbewußtheit und auf eine veränderte Einstellung gegenüber der eigenen Arbeit verlaufen. Klienten der Experimentalgruppe erleben sich nach Abschluß der Therapie als deutlich optimistischer und entspannter als die vergleichbaren Klienten der Wartegruppe nach Abschluß der Wartezeit. Veränderungswerte des FPI (d.h. Differenzen zwischen Werten zu Beginn und Ende von Therapie- und Wartezeit) stehen exemplarisch für das weite Spektrum von Verbesserungen der Experimentalgruppe im kognitiven, emotionalen und sozialen Bereich (s. Abbildung 3).

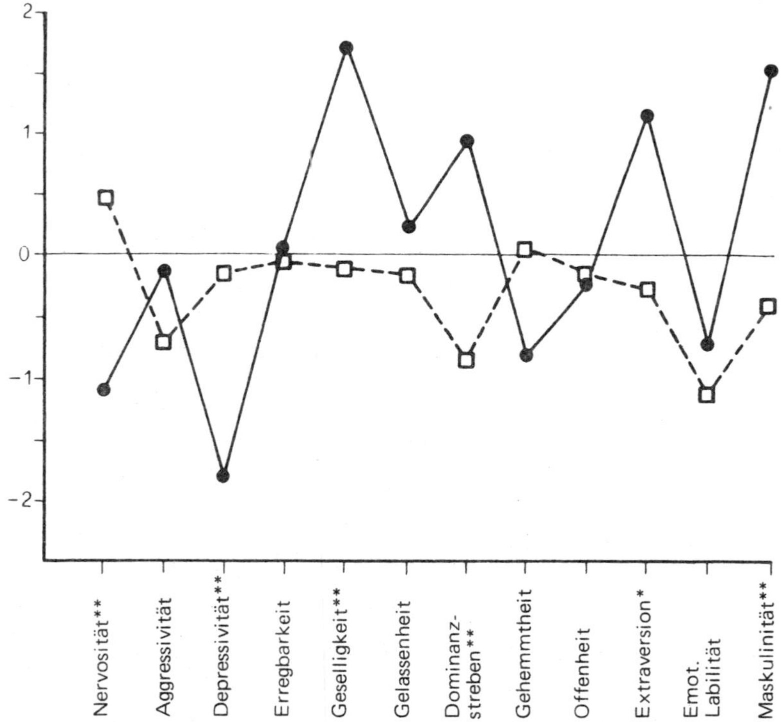


**Abbildung 3:** Veränderungen im Freiburger Persönlichkeits-Inventar (positive Werte = Wertezuwachs, negative Werte = Werteabnahme)
● Experimentalgruppe (N = 21) □ Kontrollgruppe (N = 20)
*) -p = .05 **) -p = .01 + -p = .10

Im Rahmen der Untersuchung des *Therapieverlaufs* ist die Zunahme einer Entwicklungsdimension, die als „Zuversicht im Veränderungsempfinden" bezeichnet wird und die mit Hilfe von Gruppenstundenbögen im Anschluß an jede Gruppensitzung erhoben wurde, als stetig wachsend im Verlauf der Gruppensitzungen festzustellen.

Die Analyse der Entwicklung von Therapieeffekten durchschnittlich *sieben Monate nach Therapieende,* erhoben durch Interviews und Fragebögen, legt nahe, daß die beobachteten Effekte sich für den überwiegenden Teil der Klienten noch weiter verstärken und in verschiedenen Lebensbereichen praktische Anwendung finden.

## 6. Diskussion

Es scheint, daß Kurzpsychotherapie wie Dramatherapie in der beschriebenen Form wesentliche und langfristige Veränderungen bei kontaktgestörten Menschen bewirken kann, die sich entsprechend der dramatherapeutischen Konzeption auf kognitive, emotionale und soziale Bereiche beziehen.

Die Veränderungen der emotionalen Grundstimmung werden dabei als Folge konkreter Erfahrungen innerhalb und außerhalb der Therapie angesehen. Das Wahrnehmen und Verbalisieren eigener, aktueller Gefühle im Hier und Jetzt der Spielsituation führt nicht zu negativen Konsequenzen der Ablehnung und des Unverständnisses anderer. Vielmehr beinhaltet das Akzeptieren und Mitteilen eigener Gefühle nicht nur eine zunehmende Selbstakzeptierung, sondern führt auch zu einer Reduzierung eines überhöhten, gegenpoligen Idealbildes. Kognitive Elemente der Therapie mögen weiterhin an dem entlastenden Prozeß des Verstehens der eigenen Situation beteiligt sein: Das Gefühl schwindet, drohenden und schwer begreifbaren Einflüssen ausgeliefert zu sein.

Der Schwerpunkt dramatherapeutischen Vorgehens auf der praktischen Erprobung, auf dem Ausprobieren neuer Formen des Verhaltens und Erlebens trägt zu einer allgemeinen sozialen Öffnung bei. Im Spiel und in der Arbeit mit der Interaktionshierarchie machen die Klienten die Erfahrung, das Verhältnis von Nähe und Distanz zu anderen selbst bestimmen zu können. Sie lernen in schrittweiser Annäherung jenen Punkt des Erlebens und Verhaltens herauszufinden und zu überwinden, an dem für den einzelnen ein Sich-Öffnen für andere und ein Zugehen auf andere Menschen bislang durch Angst verhindert wird. Die positive Verstärkung innerhalb der Therapiegruppe, aber auch im Alltag, für dieses vorsichtige Suchen bedeutet dann weitere Motivation für zusätzliches Ausprobieren. Das Akzeptieren der eigenen Möglichkeiten sowie die Betonung experimentellen Handelns führt letztlich auch zu einer realistischen Einschätzung eigener Ziele und somit zu einem Abbau überhöhter Idealforderungen an sich selbst.

Im Hinblick auf eine Zunahme von selbstbehauptenden Eigeneinschätzungen steht das Moment der Selbstverantwortlichkeit für den Verlauf der Therapie im Mittelpunkt einer Interpretation. Die Betonung der Eigeninitiative des Klienten bei der Gestaltung der Sitzungen und der Verweis, die jeweiligen Wünsche im Spiel ausprobieren zu können, führt als Leitlinie des Verhaltens in der Therapie zu der Erfahrung, eigene Wünsche nicht nur erleben, sondern auch verwirklichen zu können. Nicht zuletzt bedeutet ein Experimentieren mit konkretem Verhalten zu Distanzaspekten in sozialen Beziehungen im Spiel und innerhalb der Interaktionshierarchie auch Erfahrungen von graduell zunehmender sozialer Eigenkompetenz.

Die umrißhafte Darstellung und Diskussion von Forschungsergebnissen zur Dramatherapie soll jedoch nicht ohne jenen Hinweis abgeschlossen werden, welcher jene Klienten berücksichtigt, für die Dramatherapie in der beschriebenen Form weniger geeignet war, als es eine andere Art therapeutischer Hilfestellung vielleicht gewesen sein könnte.

Dies bedeutet, jenseits des optimistischen Ausblicks auf positive Auswirkungen von Dramatherapie, Antworten auf die Frage zu finden, welcher Klient unter welchen Umständen besonders von dieser Form der Therapie profitiert und welche Aspekte u.U. auf die Eignung eines andersartigen Therapieangebotes hinweisen. Gegenwärtige Untersuchungen bezüglich der Wechselwirkung von Klientenvariablen und der Struktur von Dramatherapie (z.B. Dauer der Therapie, zeitliche Begrenzung, Therapieinhalte), bezüglich der speziellen Beziehung zwischen Klienten und Dramatherapeuten oder bezüglich einiger Klientenvariablen wie spezifischer Motivation und intellektueller Leistungsfähigkeit deuten erste Antworten auf die gestellte Frage nach der Indikation an.

**LITERATUR:**


AXLINE, V.: ***Play Therapy.*** Boston/Mass.: Houghton, Misslin, 1947.

BERNE, E.: ***Spiele der Erwachsenen.*** Reinbek b. Hamburg: Rowohlt, 1970.

FIGGE, P.A.W.: ***Lernen durch Spielen.*** Heidelberg: Quelle & Meyer, 1975.

FIGGE, P.A.W.: ***Dramatherapie bei Kontaktstörungen.*** München: Kösel, 1982.

GRAWE, K., DZIEWAS, H. & WEDEL, S.: Interaktionelle Problemlösegruppen – ein verhaltenstherapeutisches Gruppenkonzept. In: Grawe, K. (Ed.): ***Verhaltenstherapie in Gruppen.*** München: Urban & Schwarzenberg, 1980.

ILJINE, V.N.: Das therapeutische Theater. In: Petzold, H. (Ed.): ***Angewandtes Psychodrama in Therapie, Pädagogik und Theater.*** Paderborn: Junfermann, 1978², 238-246.

LAZARUS, A.A. (Ed.): ***Multimodale Verhaltenstherapie.*** Frankfurt/M.: Fachbuchh. f. Psychologie, 1978.

LEUTZ, G.: ***Psychodrama.*** Berlin: Springer, 1974.

PERLS, F.S.: ***Grundlagen der Gestalttherapie.*** München: Pfeiffer, 1976.

PETZOLD, H.: ***Gestalttherapie und Psychodrama.*** Kassel: Nicol-Verlag, 1973.

PETZOLD, H.: Das „therapeutische Theater" Iljines. ***Gruppendynamik,*** 6, 1975, 117-126.

PETZOLD, H.: Das Psychodrama als Methode der klinischen Psychotherapie. In: Pongratz, L. (Ed.): ***Klinische Psychologie; Handbuch der Psychologie, Band 8, 2. Halbband.*** Göttingen: Hogrefe, 1978, 2751-2783.

SALTER, A.: ***Conditioned Reflex Therapy.*** New York: Creative Age, 1949.

SCHMIDBAUER, W.: ***Die hilflosen Helfer.*** Reinbek b. Hamburg: Rowohlt, 1977.

SCHMIDTCHEN, S.: ***Klientzentrierte Spieltherapie.*** Weinheim u. Basel: Beltz, 1974.

STURM, I.E.: The Behavioristic Aspect of Psychodrama. ***Group Psychotherapy,*** 18, 1965, 50-64.

STURM, I.E.: A Behavioral Outline of Psychodrama. ***Psychotherapy,*** 7, 1970, 245-247.



**Kontaktadresse:** Dr. Peter AW Figge
Universität Hamburg, Beratungszentrum für Studenten
Edmund-Siemers-Allee 1
2000 Hamburg 13

# Bewertung von Kurzpsychotherapien[1]

*Sol L. Garfield*

## 1. Vorbemerkungen

Die Dauer von Psychotherapien ist seit Jahren Gegenstand von Diskussionen und Kontroversen. Selbst Freud zögerte, wenn es darum ging, die für eine Psychoanalyse notwendige Behandlungsdauer festzulegen. Er veranschlagte einen Behandlungszeitraum von sechs bis zwölf Monaten und verband diese Aussage mit der Hoffnung, daß die Perfektionierung der Methode die Behandlungsdauer verkürzen würde. Einige seiner Schüler, wie z.B. Rank und Ferenczi bemühten sich bei ihrer Arbeit unmittelbar um die Verkürzung der Behandlungsdauer. Derartige Versuche wurden jedoch späterhin von den meisten Psychoanalytikern als wenig vorteilhaft abgelehnt. Tatsächlich verlängerte sich die Behandlungsdauer, obwohl die Psychoanalyse populärer und perfektionierter wurde. Die durchschnittliche Dauer einer Psychoanalyse wird heute auf etwa fünf bis sechs Jahre geschätzt. In einzelnen Falldarstellungen wird sogar von 20 Jahren analytischer Behandlung berichtet.

Mehrere miteinander verbundene Grundannahmen sind dabei für das Vorgehen in den traditionellen psychodynamischen Psychotherapien leitend. Eine dieser Grundannahmen besagt, daß der eigentliche Grund für neurotisches Verhalten in unterdrückten Konflikten bestehe. Da der Klient[2] sich dem Prozeß, diesen Konflikt aufzudecken, widersetzt und Abwehr zeigt, muß der Therapeut geduldig vorgehen. Ein forciertes Aufdecken unbewußter oder unterdrückter Inhalte führt entweder zum Therapieabbruch oder zur Verschlechterung des psychischen Zustandes des Klienten. Entsprechend einer weiteren Grundannahme hat sich die Störung des Klienten über mehrere Jahre hinweg entwickelt und kann daher auch nicht innerhalb kurzer Zeit beseitigt werden.

Weiter nimmt man an, daß das Aufdecken und Bewußtmachen verdrängter Erlebnisinhalte ein Prozeß ist, der einfach Zeit erfordert. Wenn es nicht gelingt, die Ursachen des Konflikts zu finden, kommt es in der Folge zu Symptomverschiebungen. Zusammengefaßt muß also eine „wirkliche" und effektive Psychotherapie intensiv, rekonstruktiv und langwierig sein. Kurzpsychotherapien und direktive Psychotherapieverfahren werden gewöhnlich als verdeckend bezeichnet, als eher ungünstig und weniger wünschenswert angesehen und in den Auswirkungen als bestenfalls lindernd beschrieben.

Die oben beschriebene Situation fand ich vor vierzig Jahren vor, und sie galt auch noch für weitere zwanzig Jahre. Bis zum heutigen Tag hat sich die Situation jedoch bemerkenswert verändert. Die Popularität und die Vorrangstellung der Psychoanalyse haben sich verringert (*Garfield & Kurtz* 1976); verhaltens- und kognitionsorientierte Psychotherapieverfahren haben einen bedeutenden Einfluß erhalten; durch

---

1) Übersetzung: Eberhard Biehl, Universität Trier.

2) Die Begriffe „client" und „patient" wurden synonym mit „Klient" übersetzt.

die Community Mental Health-Bewegung konnten auch schlechter gestellte Mitglieder unserer Gesellschaft psychosoziale Versorgungsangebote in Anspruch nehmen; Kurzpsychotherapieverfahren sind weitgehend akzeptiert (*Garfield* 1981). Das sind interessante Entwicklungen, die im folgenden genauer betrachtet werden sollen.

## 2. Zum Vergleich von Langzeit- und Kurzpsychotherapie

Die vorzufindende Hervorhebung von Langzeitpsychotherapien und die gleichzeitige Abwertung von Kurzpsychotherapien zeigt deutlich den Einfluß der früher vorherrschenden Ideologie. *Avnet* (1965) untersuchte die Problematik in einer Studie, bei der 2100 New Yorker Psychiater gebeten wurden, im Rahmen eines Projekts der Krankenversicherungen auf 15 Sitzungen begrenzte Psychotherapien durchzuführen. 900 dieser Psychiater verweigerten ihre Teilnahme an der Untersuchung, obwohl sie das Projekt grundsätzlich unterstützten. Die meisten dieser Psychiater gaben an, nur Langzeitpsychotherapien durchzuführen, sich nicht mit Kurzpsychotherapien zu befassen oder niemandem in einer kurzen Zeitspanne helfen zu können. Solche Aussagen implizieren die Überzeugung bzw. die Annahme, daß Langzeitpsychotherapie effektiv ist und Kurzpsychotherapie nicht. Zwei weitere Ergebnisse sind ebenfalls auffallend. Zum einen haben die behandelnden Psychiater in 94% der Fälle nach der Durchführung der vereinbarten 15 Sitzungen ihren Klienten eine weitere Psychotherapie empfohlen. Am Rande sei bemerkt, daß diese Empfehlung von den meisten Klienten nicht befolgt wurde. Im Gegensatz dazu wurde der Empfehlung des Psychiaters, keine weitere Psychotherapie durchzuführen, im allgemeinen zugestimmt. Weiter waren die Erfolgsbeurteilungen auffallend, die die 740 Klienten und ihre Psychiater in einer Follow-up-Studie nach zwei Jahren berichteten. Die Ergebnisse gleichen sehr stark denen vergleichbarer Arbeiten über Langzeitpsychotherapien. Nach Meinung der Psychotherapeuten war in 76% der Fälle eine deutliche Verbesserung feststellbar, während 81% der Klienten ihren Zustand als deutlich verbessert bezeichneten. Als gebessert wurde der Zustand von 10,5% der Psychotherapeuten und 17% der Klienten beurteilt. Obwohl die meisten dieser Psychotherapeuten Langzeitpsychotherapien bevorzugten, beurteilten sie in drei von vier Fällen die Ergebnisse der Kurzpsychotherapien als positiv.

*Muench* (1965) berichtete ähnliche Ergebnisse. Im Rahmen seiner Studie wurden zeitlich begrenzte Psychotherapien an einer universitären psychologischen Klinik durchgeführt. Einige der Psychotherapeuten der Klinik zögerten zunächst, an einer kontrollierten Studie teilzunehmen, bei der Klienten zufällig der zeitlich begrenzten Psychotherapie zugeordnet werden sollten, weil sie annahmen, daß es ungerecht und möglicherweise sogar schädlich für diese Klienten sein könne, wenn die Psychotherapiedauer in dieser Form begrenzt wird. Daher wurde den Psychotherapeuten erlaubt, die vorgesehene Behandlungsdauer zu verlängern, wenn sie den Eindruck hatten, daß dies notwendig sei. Diese Fälle wurden jedoch aus der Untersuchung ausgeschlossen. Die Studie erlaubt somit, die Ergebnisse von Kurzpsychotherapie, zeitlich begrenzten Psychotherapien und zeitlich unbegrenzten Psychotherapien zu vergleichen. Die kurze und die zeitlich begrenzte Psychotherapieform zeigten so positive Ergebnisse, daß sich die Klinikmitarbeiter entschieden, zukünftig, im Gegensatz zu ihrer anfänglich berichteten Sichtweise, nur noch auf zehn Sitzungen begrenzte Psychotherapien anzubieten, um damit die Bedürfnisse einer größeren Anzahl von Klienten befriedigen zu können.

Diese Ergebnisse belegen zum einen, daß einige Psychotherapeuten nicht von der Nützlichkeit der Kurzpsychotherapien überzeugt sind, und zum anderen, daß auch eine zeitlich begrenzte Kurzpsychotherapie zu positiven Ergebnissen führen kann. Es ist darauf hinzuweisen, daß es sich sowohl bei klientzentrierter Psychotherapie als auch bei Verhaltenstherapie eigentlich um Kurzpsychotherapien (15 bis 30 Sitzungen) handelte, als sie populär wurden. Obwohl auch bei diesen Verfahren der Trend zur Verlängerung der Psychotherapiedauer festzustellen war, sind sie im Vergleich zu den traditionellen psychodynamischen Verfahren nach wie vor als relativ kurze Psychotherapien anzusehen.

Zwei weitere Problembereiche sollen noch diskutiert werden; die – bereits erwähnte – Sorge um die Gesundheitsversorgung der weniger wohlhabenden und unterprivilegierten Mitglieder unserer Gesellschaft sowie Fragen des Therapieabbruchs. Unterschichtangehörige erhalten häufig weder eine Langzeitpsychotherapie, noch werden sie überhaupt als wünschenswerte Klientel angesehen. Unabhängig von der Tatsache, daß Personen mit geringem sozioökonomischem Status Vorbehalte gegen Psychiater und Klinische Psychologen haben, bringen diese Personen die für eine erfolgreiche Absolvierung einer traditionellen Psychotherapie erforderlichen Voraussetzungen nicht mit, unter anderem, weil es ihnen gar nicht möglich ist, die Psychotherapie zu bezahlen.

Die klassische New Haven-Studie von *Hollingshead & Redlich* (1958) zeigte, daß intensive Psychotherapien überwiegend den oberen sozialen Schichten vorbehalten waren. Die von *Ryan* (1969) in Boston durchgeführte Studie zeigte ähnliche Ergebnisse. Die zur Verfügung stehenden psychosozialen Ressourcen reichen nicht aus, um die Bedürfnisse aller Ratsuchenden erfüllen zu können. Psychiatrische Leistungen werden meistens von gut ausgebildeten Personen in Anspruch genommen, die den mittleren und oberen Schichten angehören (*Ryan* 1969). Forschungsergebnisse zu Fragen des Therapieabbruchs zeigen eine gewisse Beziehung zu den eben beschriebenen Tendenzen. In der Literatur zu psychoanalytisch orientierten Psychotherapieverfahren wird Fragen des Therapieabbruchs sehr wenig Interesse entgegengebracht, obwohl ein großer Teil der Klienten, die eine Psychoanalyse beginnen, diese nicht zu Ende führt, wie aus den frühen Arbeiten des Berliner Psychoanalytischen Instituts deutlich wurde. Das Problem wird eher oberflächlich erklärt. Die Patienten seien unmotiviert oder könnten ihre Widerstände nicht überwinden. Auch wenn der Klient viel zum Gelingen einer Psychotherapie beitragen kann, sind die Psychoanalytiker sehr schnell bereit, es dem Klienten anzulasten, wenn es zu Therapieabbruch oder Mißerfolg kommt. (Wir wissen jedoch auch, wer sich die positiven Therapieergebnisse zuschreibt.) In einigen Publikationen werden erstaunliche Daten über die Aufenthaltsdauer in ambulanten Kliniken berichtet. Zunächst fällt auf, daß viele Klienten bereits nach der sechsten Sitzung aus der Psychotherapie ausstiegen. Zweitens setzte nur ein geringer Teil der Klienten die Psychotherapie über die 25. Sitzung hinaus fort. In einer unserer früheren Arbeiten fanden wir, daß weniger als 9% der Psychotherapien mehr als 25 Sitzungen dauern (*Garfield & Kurz* 1952). Drittens wurde ein signifikanter Zusammenhang zwischen niedrigem sozioökonomischem Status und dem drop out festgestellt (*Garfield* 1978).

Es ist interessant zu sehen, daß bestimmte Vorstellungen fortbestehen, selbst wenn Daten vorliegen, die diesen Vorstellungen widersprechen. So wollen die meisten Psychotherapeuten Langzeitpsychotherapien durchführen und glauben auch solche durchzuführen, obwohl nur ein geringer Prozentsatz der Klienten tatsächlich eine Langzeitpsychotherapie erhält. In einer Klinik, in der ich arbeitete, beabsichtigten wir zum Beispiel, intensive psychoanalytisch orientierte Psychotherapien durchzuführen. In meiner ersten Untersuchung stellte sich heraus, daß die durchschnittliche Behandlungsdauer bei sechs Sitzungen lag! Weitere Untersuchungen stützten die Ergebnisse dieser vor 30 Jahren veröffentlichten Arbeit (*Garfield* 1978). Obwohl die Ergebnisse unterschiedlich interpretiert werden können, tendiere ich dazu, genau wie andere Autoren, darin eine Bestätigung für die mangelnde Brauchbarkeit traditioneller Psychotherapieansätze für viele Klienten zu sehen. Die herkömmlichen Erwartungen psychodynamisch orientierter Psychotherapeuten entsprechen offensichtlich nicht denen vieler Klienten, insbesondere nicht denen der schlechter ausgebildeten, denn diese erwarten deutliche Verbesserungen bis zur fünften Sitzung und eine Beendigung der Psychotherapie bis zur zehnten Sitzung (*Garfield & Wolpin* 1963). Kurzpsychotherapien und Verhaltensmodifikation können solche Erwartungen eher erfüllen. Ähnlich ist es mit den Erwartungen zur Rolle des Psychotherapeuten. Klienten erwarten eher das in Kurzpsychotherapien übliche aktivere Psychotherapeutenverhalten.

## 3. Zur Entwicklung unterschiedlicher Formen der Kurzpsychotherapie

Im folgenden werden einige wichtige Entwicklungen aus dem Bereich der Kurzpsychotherapie aufgezeigt. Ein guter Literaturüberblick wurde von *Butcher & Koss* (1978) vorgelegt.

Kurzpsychotherapien scheinen inzwischen eine akzeptierte und gebräuchliche Therapieform zu sein. Wie von *Butcher & Koss* (1978) ausgeführt und wie ich selbst früher schon aufzeigte, entwickeln sich die meisten Psychotherapien – ob geplant oder nicht geplant – zu Kurzpsychotherapien. Wie bei anderen psychotherapeutischen Ansätzen gibt es auch verschiedene Formen bei den Kurzpsychotherapien – unabhängig davon, ob sie als solche gekennzeichnet sind oder nicht. So werden verschiedene Formen psychodynamisch orientierter Kurzpsychotherapien berichtet, die interessanterweise auf unterschiedlichen theoretischen Annahmen aufbauen und angeblich unterschiedliche Verfahrensweisen bevorzugen. *Malan* (1963, 1976) hebt die Funktion der Übertragung und die Bedeutung der Aufmerksamkeit für einen zentralen Konflikt hervor. *Sifneos* (1964, 1981) betont an seiner angstevozierenden Kurzpsychotherapie die psychodynamische Orientierung; bestimmte Probleme, wie ödipale Schwierigkeiten oder eine sorgfältige Auswahl der Klienten stehen im Vordergrund.

Manche Psychotherapeuten bestimmen genau die Psychotherapiedauer, wohingegen andere eine bestimmte Spanne an Kontakten vorgeben. Obwohl die analytisch orientierten Psychotherapeuten dazu neigen, die Beziehung in der Psychotherapie und Deutungen als wichtige Faktoren anzusehen, hängt es von der speziellen Form der psychodynamischen Kurzpsychotherapie ab, wie damit umgegangen wird. Neben den psychodynamisch orientierten Kurzpsychotherapien sind Psychotherapieformen, die auf Krisen und kritische Lebensereignisse Bezug nehmen, sowie eine Reihe anderer Verfahren zu nennen. Verhaltenstherapien sind auch eher Kurzpsychotherapien. Tatsächlich war die Kürze der Verhaltenstherapie eines ihrer besonderen Merkmale und gleichzeitig auch ein Gesichtspunkt, der von den eher traditionell orientierten Psychotherapeuten mit Skepsis betrachtet wurde (*Wilson* 1981). Auch wenn nicht alle Verhaltenstherapien weniger als 25 Sitzungen umfassen, zählt die kurze Psychotherapiedauer gewöhnlich zu ihren charakteristischen Merkmalen, insbesondere wenn man die Verhaltenstherapie mit anderen Psychotherapien vergleicht.

Unter der Annahme, daß ein spezifischer Ansatz am besten zu einer bestimmten Entwicklungs- oder Altersgruppe paßt, versuchten *White, Burke & Havens* (1981) verschiedene Formen kurzer, analytischer Psychotherapien verschiedenen Altersgruppen von Klienten zuzuordnen. Obwohl dies den Anschein einer unter entwicklungspsychologischen Gesichtspunkten vernünftigen Erklärung hat, scheint es mir eine zu starke Vereinfachung zu sein. Suchen alle Personen eines bestimmten Alters wegen ähnlicher zugrundeliegender Probleme eine Therapie? Haben sie eine ähnliche Symptomatologie oder Psychopathologie? Wo sind die Ansätze, insbesondere die verhaltensorientierten, einzuordnen, die für spezielle Störungen, wie Depressionen, phobische Reaktionen, sexuelle Probleme etc. entwickelt wurden? Solche Fragen können nur durch systematische Forschung beantwortet werden, und diese steht noch aus.

Die Definitionsversuche zu dem Begriff „Kurzpsychotherapie" führten zu unterschiedlichen Aussagen. Manche kurzpsychotherapeutischen Verfahren dauerten sechs bis zehn Stunden, obwohl auch Psychotherapien, die mehr als 20 oder 25 Sitzungen umfaßten, ebenfalls als „kurz" bezeichnet wurden. Die von *Malan* entwickelte Form der Kurzpsychotherapie umfaßt 30 Sitzungen, die von *Sifneos* erstreckt sich bis zu einem Jahr. Somit gibt es keine allgemein akzeptierte Festlegung, aus wieviel Sitzungen eine Kurzpsychotherapie besteht, und einige Kurzpsychotherapien dauern wahrscheinlich länger als andere, die die Zusatzbezeichnung „Kurz-" nicht tragen. Bei der Durchsicht von Forschungsergebnissen ist daher auf die Anzahl der tatsächlich durchgeführten Sitzungen zu achten. In einer mir vor einigen Jahren vorgelegten unveröffentlichten Arbeit waren für Kurzpsychotherapien durchschnittlich zwölf Sitzungen angegeben, während die durchschnittliche Sitzungszeit für die zeitlich nicht begrenzte Psychotherapie 14 betrug! Es überrascht nicht, daß keine Unterschiede zwischen den beiden Psychotherapieformen festgestellt werden konnten. Nebenbei bemerkt kamen diese Daten aus einer psychodynamisch orientierten Klinik, die Kurzpsychotherapien eher ablehnend gegenübersteht.

Verschiedene theoretische Ansätze zur Kurzpsychotherapie weisen auch Gemeinsamkeiten auf. Im allgemeinen übernimmt der Psychotherapeut eine aktivere Rolle, wobei die momentane Situation und das aktuelle Problem des Klienten stärker betont werden. Die für die Lösung eines Problems zur Verfügung stehende Zeit gibt einen Rahmen vor, in dem zugrundeliegende unbewußte Konflikte und deren Lösung weniger beachtet werden, während den Stärken des Klienten mehr Bedeutung geschenkt wird, die Ziele spezifischer sind und verstärkt versucht wird, ein primäres Problem anzusprechen. Der Psychotherapeut muß flexibler reagieren und versuchen, die Therapie so schnell wie möglich voranzutreiben.

Manche Klienten kommen mit Kurzpsychotherapien besser zurecht. Nach *Butcher & Koss* (1978) sind Kurzpsychotherapien für folgende Klientengruppen indiziert: solche, die aktuelle Verhaltensprobleme haben; solche, die bisher gute Coping-Strategien hatten; solche, die gut Beziehungen aufnehmen und gestalten können und solche, die eine hohe Therapiemotivation haben.
Solche Charakteristika sind natürlich auch für Klienten in Langzeitpsychotherapien erwünscht. Nach Meinung der Autoren sind Kurzpsychotherapien für Unterschichtklienten geeigneter.

Auch wenn ich diesen Beobachtungen zustimme, möchte ich darüber hinausgehend sogar annehmen, daß Kurzpsychotherapien für die meisten Klienten geeignet sind. Ich komme später darauf zurück. Zunächst sollen einige Forschungsergebnisse zur Effektivität der Kurzpsychotherapien berichtet werden.

## 4. Zur Evaluation der Erfolge von Kurzpsychotherapien

Die Forschung zu den Erfolgen der verschiedenen Formen der Kurzpsychotherapie ist in den letzten Jahren beachtlich angestiegen. Die Ergebnisse dieser Arbeiten deuten darauf hin, daß in 70% der Fälle eine Verbesserung des Zustandes der Klienten eintritt, was den Ergebnissen für längere Psychotherapie ähnlich ist (*Butcher & Koss* 1978). Die Qualität der Untersuchungen zeigt eine beträchtliche Variabilität. Nichtsdestoweniger deutet die Vielzahl der positiven Ergebnisse, verbunden mit der Verschiedenartigkeit der vorgenommen Erfolgsmessungen, auf ein Ausmaß an Effektivität bei den Kurzpsychotherapien hin, das dem anderer Formen psychotherapeutischer Intervention vergleichbar ist.

Manche Studien zielten auf den direkten Vergleich von Kurzpsychotherapien mit sogenannten zeitlich unbegrenzten Psychotherapien ab. Obwohl auch hier Mängel gefunden werden können, sind die Ergebnisse recht deutlich und übereinstimmend. Kurzpsychotherapie, zeitlich begrenzte Psychotherapie und Langzeitpsychotherapien können gut auf eine Stufe gestellt werden. Zu dieser Schlußfolgerung kamen *Luborsky, Singer & Luborsky* (1975) und *Butcher & Koss* (1978). Auch *Gurman & Kniskern* (1978) kamen in ihrem Überblick über Ehe- und Familientherapien zu einer ähnlichen Schlußfolgerung. Dieses Ergebnis wird weiter durch die Arbeit von *Smith, Glass & Miller* (1980) gestützt. Es muß jedoch nochmals erwähnt werden, daß die Definitionen von Langzeit- und Kurzpsychotherapie von Untersuchung zu Untersuchung variieren und einige sogenannte Langzeitpsychotherapien oder zeitlich nicht begrenzte Psychotherapien kürzer sein können als die sogenannten Kurzpsychotherapien. Trotzdem sind die Ergebnisse übereinstimmend, und die Kurzpsychotherapien schneiden ebenso gut ab wie die längeren Psychotherapieformen.

Manche Befürworter der Langzeitpsychotherapien kritisieren diese Ergebnisse, ohne die unterschiedlichen Ziele der Psychotherapieformen in Betracht zu ziehen. Sie beanspruchen als Therapieziele die deutliche Persönlichkeitsveränderung und die Reorganisation der Persönlichkeit, die dem Klienten ein befriedigenderes und produktiveres Leben ermöglichen sollen. Einfache Symptombeseitigung wird nicht als Ziel einer solchen Psychotherapie betrachtet. Wie *Rachman & Wilson* (1980) feststellten, haben die Vertreter dieser Sichtweisen jedoch keine systematische Studie vorgelegt, die anhand angemessener Erfolgskriterien das Erreichen dieser Ziele hätte belegen können. Der Abschlußbericht einer über 18 Jahre gelaufenen Studie der Menninger-Foundation of Psychoanalysis and Psychoanalytically Oriented Psychotherapy ist unglücklicherweise so abgefaßt, daß es mir nicht möglich ist, klare Angaben über die Psychotherapieerfolge zu finden (vgl. *Kernberg et al.* 1972). Der Bericht erlaubt mir keine Interpretationen, die die Effektivität dieser recht langen Therapien (298 Stunden für Psychotherapie und 835 Stunden für Psychoanalyse) belegen, obwohl ich hinzufügen muß, daß der Bericht unter diesem Aspekt auch am unklarsten ist. Eine umfassende Evaluation fand ich nur bezüglich der statistischen Egebnisse zu der Variable „globale Veränderung". Folgt man meinem Verständnis des vorliegenden Materials, wurde der Zustand von sechs Patienten am Ende der Psychotherapie als verschlechtert, von elf als unverändert, von sieben als leicht verbessert und von 18 (oder 43%) als leicht oder deutlich verbessert beurteilt. Selbst wenn man meine Interpretation als korrekt ansieht, können diese Ergebnisse nicht die Effektivität dieser Psychotherapieformen belegen; dies schon gar nicht, da die Psychotherapien zu aufwendig und zeitintensiv waren. Obwohl ich nicht abschätzen kann, ob meine Interpretation zu weitgehend oder vorurteilsgeladen ist, bezweifle ich sehr, daß die Menninger-Untersuchung als ein deutlicher Beleg für die Effektivität psychoanalytischer Langzeittherapien angeführt werden kann. Schon das Fehlen einer Kontrollgruppe untersagt harte Schlußfolgerungen.

Solange keine überzeugenden Belege vorliegen, die, auf der zufälligen Zuordnung der Klienten zur Langzeit- und Kurzpsychotherapie beruhend, die Ziele von Langzeitpsychotherapien unterstützen können, bleibe ich bei meiner Bevorzugung der kürzeren Psychotherapieformen und der Verhaltensmodifikation. Die Ansicht, daß unterschiedliche psychotherapeutische Verfahren am besten verschiedenen Klientengruppen zugeordnet werden, sollte jedoch nicht unbeachtet bleiben. In der Vergangenheit waren die Klienten, die für Langzeitpsychotherapien ausgesucht wurden, jedoch die weniger gestörten, die intelligenteren, die besser ausgebildeten und die erfolgreichsten und produktivsten Personen unter denjenigen, die Psychotherapie suchen. Ich glaube nicht, daß die intensivsten therapeutischen Bemühungen denjenigen zugute kommen sollten, die die Maßnahmen scheinbar am wenigsten benötigen. Dies ist jedoch eine Wertfrage.

Für die offensichtlich positiven Ergebnisse der kurzen Psychotherapieform gibt es mehrere Gründe, von denen die wichtigsten im folgenden genannt werden:

a) Viele Klienten – und dies entspricht meinen eigenen Beobachtungen – sind weder an einer Langzeitpsychotherapie noch an einer traditionellen Psychotherapieform interessiert, die verbale Selbstdarstellung, psychodynamische Aspekte, unterdrückte Konflikte etc. betont. Klienten, die diese Form der Therapie bevorzugen, gehören einer kleinen und ausgewählten Gruppe an; z.B. Professionelle aus dem Gesundheitsbereich, gut ausgebildete und relativ erfolgreiche Personen.
b) Die Forschungsergebnisse über Therapieabbrecher stützen diese Sichtweise.
c) Die meisten Klienten wünschen, daß ihre Psychotherapie so wenig aufwendig wie möglich ist, und zwar hinsichtlich der Dauer und der Kosten. Sie verbinden dies mit dem Wunsch, so schnell wie möglich Hilfe zu bekommen.
d) Kurzpsychotherapien entsprechen eher den Erwartungen vieler Klienten und den empirischen Berichten über die durchschnittliche Psychotherapiedauer (*Garfield & Wolpin* 1963, *Garfield* 1978, *Butcher & Koss* 1978).

e) Die Rolle des Therapeuten entspricht stärker den Erwartungen der Klienten (Aktivität, schnelles Einschreiten, Betonung momentaner Probleme etc.).
f) Kurzpsychotherapie, die in Krisenzeiten angeboten werden kann, steigert die Therapiemotivation sowie den affektiven Gehalt der Psychotherapie und hilft somit, Chronifizierungen zu vermeiden.

Aufgrund der vorgenannten Überlegungen möchte ich die folgenden vorläufigen Schlußfolgerungen vorstellen:
a) Kurzpsychotherapie sollte eine Maßnahme sein, die praktisch von allen Klienten gewählt werden kann. Dies erlaubt uns, einer größeren Anzahl von Klienten Hilfestellung anzubieten und somit effizienter zu arbeiten.
b) Vielen Berichten zufolge sprechen über zwei Drittel der Klienten gut auf eine Kurzpsychotherapie an und diese kann auch beendet werden (*Butcher & Koss* 1978, *Harris, Kalis & Freeman* 1963).
c) Das verbleibende Drittel kann länger in Psychotherapie verbleiben, wenn dies indiziert erscheint, an eine andere Stelle überwiesen werden oder muß als durch unsere derzeitigen therapeutischen Bemühungen nicht erreichbar beurteilt werden.
d) Die Psychotherapie sollte von den Zielen des Klienten geleitet sein, nicht von denen des Psychotherapeuten. Der erstere wünscht eine schnelle Lösung seines Problems, keine vollständige Exploration, Einsicht und Umorganisation, selbst wenn ihm dies garantiert wird.
e) Wie bereits gezeigt wurde, erfordern solche Psychotherapien eine wesentlich aktivere Rolle des Psychotherapeuten als viele traditionell ausgebildete Psychotherapeuten sie gewöhnlich zeigen:
   1. müssen Psychotherapeuten mannigfaltige Erwartungen zur Psychotherapie haben,
   2. können sie sich nicht zurücklehnen und ihre Klienten alles tun lassen,
   3. müssen sie die Psychotherapie aktiv planen,
   4. müssen sie vernünftige und konkrete Ziele setzen und fähig sein, den Klienten und die Situation schnell zu beurteilen,
   5. dürfen sie sich nicht auf eine Orientierung oder Maßnahme verlassen; vielmehr müssen sie ein psychotherapeutisches Programm auswählen, das angesichts des Problems des Klienten sinnvoll erscheint.

Abschließend möchte ich noch bemerken, daß wir mehr systematische Follow-up-Untersuchungen über die Effekte von Kurzpsychotherapien benötigen.
Wir müssen auch die einzelnen Maßnahmen, die scheinbar zu guten oder schlechten Ergebnissen führen, genauer untersuchen. Dadurch könnten wir Variablen entdekken, die für den psychotherapeutischen Prozeß von Bedeutung sind. Und abschließend hoffe ich, daß wir keine „perfekten" Kurzpsychotherapeuten werden, denn, wenn wir dies tun, werden, wie sich bei anderen Psychotherapieformen gezeigt hat, die Psychotherapien wieder länger dauern.

**LITERATUR:**

AVNET, H.H.: How effective is short-term therapy? In: Wolberg, L.R. (Ed.): ***Short-term psychotherapy.*** New York: Grune & Stratton, 1965.

BUTCHER, J.N. & KOSS, M.P.: Research on brief and crisis-oriented psychotherapies. In: Garfield, S.L. & Bergin, A.E. (Eds.): ***Handbook of psychotherapy and behavior change.*** New York: Wiley, $1978^2$.

GARFIELD, S.L.: Research on client variables in psychotherapy. In: Garfield, S.L. & Bergin, A.E. (Eds.): ***Handbook of Psychotherapy and Behavior Change.*** New York: Wiley, $1978^2$.

GARFIELD, S.L.: Psychotherapy: A Forty-Year Appraisal. ***American Psychologist,*** 36, 1981, 174-183.

GARFIELD, S.L. & KURTZ, R.: Clinical psychologists in the 1970s. ***American Psychologist,*** 31, 1976, 1-9.

GARFIELD, S.L. & KURZ, M.: Evaluation of treatment and related procedures in 1216 cases referred to a mental hygiene clinic. ***Psychiatric Quarterly,*** 26, 1952, 414-424.

GARFIELD, S.L. & WOLPIN, M.: Expectations regarding psychotherapy. ***Journal of Nervous and Mental Disease,*** 137, 1963, 353-362.

GURMAN, A.S. & KNISKERN, D.P.: Research on marital and family therapy. In: Garfield, S.L. & Bergin, A.E. (Ed.): ***Handbook of psychotherapy and behavior change.*** New York: Wiley, $1978^2$.

HARRIS, M.R., KALIS, B. & FREEMAN, E.: Precipitating stress: An approach to brief therapy. ***American Journal of Psychotherapy,*** 17, 1963, 465-471.

HOLLINGSHEAD, A.B. & REDLICH, F.C.: ***Social class and mental illness: A community study.*** New York: Wiley, 1958.

KERNBERG, O.F., BURSTEIN, E.D., COYNE, L., APPELBAUM, A., HORWITZ, L. & VOTH, H.: Psychotherapy and Psychoanalysis: Final report of the Menninger Foundation's Psychotherapy Research Project. ***Bulletin of the Menninger Clinic,*** 36 (Nos. 1/2), 1972, 1-276.

LUBORSKY, L., SINGER, B. & LUBORSKY, L.: Comparative studies of psychotherapies. ***Archives of General Psychiatry,*** 32, 1975, 995-1008.

MALAN, D.H.: ***A study of brief psychotherapy.*** New York: Plenum Press, 1963.

MALAN, D.H.: ***Toward the validation of dynamic psychotherapy.*** New York: Plenum Press, 1976.

MANN, J.: ***Time-limited psychotherapy.*** Cambridge: Harvard University Press, 1973.

MUENCH, G.A.: An investigation of the efficacy of time-limited psychotherapy. ***Journal of Counseling Psychology,*** 12, 1965, 294-299.

RACHMAN, S.L. & WILSON, G.T.: ***The effects of psychological therapy.*** Oxford: Pergamon Press, $1980^2$.

RYAN, W. (Ed.): ***Distress in the city.*** Cleveland: Case Western University Press, 1969.

SIFNEOS, P.E.: ***Seven-years experience with short-term dynamic psychotherapy. Proceedings of the 6th International Congress of Psychotherapy, Selected Lectures.*** London, Basel, New York: S. Karger, 1964 (1965), 127-135.

SIFNEOS, P.E.: Short-term anxiety provoking psychotherapy: Its history, technique, outcome, and instruction. In: Budman, S.H. (Ed.): ***Forms of brief therapy.*** New York: Guilford Press, 1981.

SMITH, M.L., GLASS, G.V. & MILLER, T.I.: ***The benefits of psychotherapy.*** Baltimore: Johns Hopkins University Press, 1980.

WHITE, H.S., BURKE, J.D. (jr.) & HAVENS, L.L.: Choosing a method of short-term therapy. A development approach. In: Budman, S.H. (Ed.): ***Forms of brief therapy.*** New York: Guilford Press, 1981.

WILSON, G.T.: Behavior Therapy as a short-term therapeutic approach. In: Budman, S.H. (Ed.): ***Forms of brief therapy.*** New York: Guilford Press, 1981.

**Kontaktadresse:** Sol L. Garfield, Ph.D. Professor
Washington University, St. Louis, Missouri 63130

# Differentielle Gesprächspsychotherapie

Herausgeber

Dieter Tscheulin
Psychologisches Institut der Universität – Lehrstuhl II
Ludwigstraße 6, 8700 Würzburg

## Vorwort

Die Beiträge in diesem Symposium setzen sich unter folgenden Leitfragen mit dem Thema „Differentielle Gesprächspsychotherapie" auseinander:

1. Gibt es eine differentielle Vorgehensweise in der Gesprächspsychotherapie? Das heißt: Gibt es in der klientenzentrierten Psychotherapie sachkundige und beabsichtigte Operationen (Techniken) des Therapeuten, die aus psychologischen Prinzipien abgeleitet sind und bei unterschiedlichen Situationen auf die Modifikation von Verhaltens- und Erlebnisweisen abzielen?
2. Wie können die Erfahrungen bezüglich differentieller Vorgehensweisen bei verschiedenen Klienten oder in unterschiedlichen Situationen (Stadien der Therapie; Einzel-, Paar- oder Gruppentherapie; Beratung und Sozialarbeit) systematisiert und theoretisch expliziert werden?

Die hier abgedruckten Arbeiten sind Kurzfassungen der Vorträge und stellen nur eine Auswahl der Beiträge dar. Sie sollen einen kurzen Einblick in die kontroversen Positionen bieten. Eine Zusammenstellung der vollständigen und überarbeiteten Einzelartikel findet sich in dem im Frühjahr 1983 beim Beltz-Verlag erscheinenden Sammelband von Tscheulin, D. (Hrsg.):
Beziehung und Technik in der Klientenzentrierten Therapie. Zur Diskussion um eine Differentielle Gesprächspsychotherapie.

# Klientenzentrierte Partnertherapie vs. klientenzentrierte Einzeltherapie. Ein Beitrag zur Diskussion um eine differentielle Gesprächspsychotherapie.[1]

*Anna Auckenthaler*

## 1. Zum Begriff einer differentiellen Gesprächspsychotherapie

Unter differentieller Gesprächspsychotherapie wird hier nicht ein differentielles *Vorgehen* verstanden, in dem Sinn, daß man bestimmte Techniken und Strategien zur Verfügung hat, aus denen man dann ganz gezielt je nach Klient (bzw. je nach Klientengruppe) und je nach Situation eine optimale Wahl trifft (vgl. *Bommert* 1977, S. 157, *Tscheulin* 1982, S. 20). Durch eine derartige Vorstellung von differentieller Gesprächspsychotherapie wird nämlich die Definition der klientenzentrierten Psychotherapie aufgehoben. Klientenzentrierte Psychotherapie ist definiert dadurch, daß der Therapeut dem Klienten ein Beziehungsangebot macht, das gekennzeichnet ist durch das Bemühen des Therapeuten um Kongruenz, bedingungslose Wertschätzung und Empathie. Die Beziehung, die der Therapeut dem Klienten anbietet, wenn er differentiell vorgeht, ist eine völlig andere: Der Therapeut wird zum Experten, der den Klienten manipuliert. In der klientenzentrierten Psychotherapie kann der Therapeut „Experte" aber nur sein für die Herstellung einer Beziehung mit den oben genannten Qualitäten, einer Beziehung also, die charakterisiert ist durch das Bemühen des Therapeuten um Kongruenz, bedingungslose Wertschätzung und Empathie. Nur *darin* besteht die Anforderung an den Therapeuten. *Wie* er dabei vorzugehen hat, kann ihm nicht geraten, noch weniger vorgeschrieben werden – deshalb nicht, weil er für die Beziehung, die er zum Klienten herzustellen hat, selbst die Verantwortung trägt (vgl. *Bauriedl* 1980, S. 138, *Binder & Binder* 1979, S. 197). *Was er im einzelnen „macht", ist gleichgültig, solange er es aus dem Bemühen um Kongruenz, bedingungslose Wertschätzung und Empathie heraus macht – mit dem einzigen Ziel, dem Klienten zu mehr Kongruenz, Selbstwertschätzung und Selbstempathie zu verhelfen.*

Trotzdem möchte ich mit der Ablehnung eines differentiellen Vorgehens in der klientenzentrierten Psychotherapie nicht alte „Uniformitätsmythen" heraufbeschwören (vgl. *Kiesler* 1966, 1969). Wogegen ich mich wende, ist die Entwicklung ausgefeilter Strategien und – damit verbunden – die Entwicklung von Handlungsanweisungen für den Therapeuten. Was ich aber sehe, ist, daß Therapeuten sich je nach Klient (vielleicht auch je nach Klientengruppe) und je nach Situation unterschiedlich *verhalten*. In diesem unterschiedlichen *Verhalten* sehe ich nicht nur keinen Verstoß gegen das klientenzentrierte Konzept, sondern im Gegenteil: Es ist eine notwendige Konsequenz aus den Anforderungen, die an den klientenzentrierten

1) Kurzfassung des Vortrags. Eine vollständige und überarbeitete Version erscheint in *Tscheulin* (1983); vgl. Einleitung.

Therapeuten gestellt werden, muß sich aus dem Bemühen um Kongruenz, bedingungslose Wertschätzung und Empathie geradezu zwangsläufig ergeben.

Auf diesem Hintergrund kann sich die Frage nach einer differentiellen Gesprächspsychotherapie m.E. nur stellen als Frage danach, *ob der Therapeut sein Bemühen um Kongruenz, bedingungslose Wertschätzung und Empathie je nach Klient (bzw. je nach Klientengruppe) und je nach Therapiesituation anders ausdrückt und wie er es ausdrückt* (vgl. auch *Biermann-Ratjen et al.* 1979, S. 81f.). Das „Differentielle" besteht dann nicht in bestimmten Techniken, aus denen der Therapeut auswählt, die er plant und absichtlich einsetzt, sondern darin, daß nach Klienten und Situationen unterschiedliches Therapeutenverhalten *beschrieben* werden kann. Verhaltens*anweisungen* lassen sich daraus *nicht* ableiten; denn eine klientenzentrierte Psychotherapie, in der dem Therapeuten bestimmte Verhaltensweisen empfohlen bzw. vorgeschrieben werden, ist keine klientenzentrierte Psychotherapie mehr. Der Auftrag an den klientenzentrierten Psychotherapeuten bleibt abgedeckt durch die Aufforderung, sich um Kongruenz, bedingungslose Wertschätzung und Empathie dem Klienten gegenüber zu bemühen. Ihm *dabei* Hilfen anzubieten – z.B. durch die Beschreibung unterschiedlichen therapeutischen Verhaltens – mag sinnvoll sein.

Da es zu unterschiedlichem therapeutischen Verhalten aufgrund unterschiedlicher Klienten und/oder Situationen kommt, möchte ich mich bei meiner Abgrenzung der klientenzentrierten Partnertherapie von der klientenzentrierten Einzeltherapie nicht mit Unterschieden im Verhalten des Therapeuten, sondern mit Unterschieden in der *Situation* beschäftigen. Damit soll einerseits der Gefahr vorgebeugt werden, daß Verhaltensbeschreibungen doch wieder als Verhaltensanweisungen (miß-)verstanden werden, andererseits soll dadurch ausgedrückt werden, daß das jweilige Verhalten des Therapeuten ohnehin nur von sekundärem Interesse sein kann. Es wird also im folgenden beschrieben werden, wie sich die Situation der klientenzentrierten Partnertherapie von der Situation der klientenzentrierten Einzeltherapie unterscheidet – mit der Absicht, durch ein Aufmerksam-Machen auf die spezifischen Charakteristika der partnertherapeutischen Situation den Therapeuten bei ihrem Bemühen um Kongruenz, bedingungslose Wertschätzung und Empathie zu helfen.

## 2. Die Situation der klientenzentrierten Partnertherapie in Abgrenzung von der Situation der klientenzentrierten Einzeltherapie

Einige (Über–)Forderungen, mit denen Partnertherapeuten konfrontiert werden, sind zurückzuführen auf Mißverständnisse hinsichtlich des klientenzentrierten Konzepts. So kommt es etwa durch die Vernachlässigung des interaktionellen Charakters der drei Kernbedingungen (vgl. *Rogers* 1957) zu Forderungen wie „Der Therapeut muß eine unbedrohliche Atmosphäre schaffen" (vgl. z.B. *Pavel* 1980, S. 128). Der Auftrag an den Therapeuten kann aber nur lauten, sein – durch das Bemühen um Kongruenz, bedingungslose Wertschätzung und Empathie gekennzeichnetes – Beziehungsangebot den beiden Klienten getrennt zu machen.

Daraus, daß der Therapeut sein Beziehungsangebot *zwei* Klienten machen muß, ergeben sich für ihn u.a. folgende Implikationen:

– Er muß mit seiner Parteilichkeit umgehen können. Das bedeutet nicht, daß er

Parteilichkeit prinzipiell vermeiden muß, vielmehr soll er sich mit seiner Parteilichkeit auseinandersetzen und sie als Hilfe beim Verstehen der beiden Klienten nützen. Er muß sich bewußt machen, warum er den einen Partner besser verstehen und wertschätzen kann als den anderen – anders ausgedrückt: Er muß sich um Kongruenz bemühen, und zwar sowohl in der Beziehung zum einen als auch in der Beziehung zum anderen Partner.

– Er muß mit seiner Empathie und Wertschätzung erfassen, was seine Empathie und Wertschätzung gegenüber einem der beiden Klienten für den anderen bedeutet. (Fühlt sich der leer Ausgehende bedroht, erleichtert . . .?)
– Er muß sich vor allem auf jene Bereiche konzentrieren, über welche die beiden Partner miteinander kommunizieren bzw. die für beide Partner in ihrer Beziehung zueinander relevant sind.

Damit wird übergeleitet zum zweiten wesentlichen Charakteristikum der partnertherapeutischen Situation: Der Therapeut muß sich nicht nur auf eine Verdoppelung der Anzahl der Klienten einstellen – er bietet seine Beziehung zwei Klienten an, *die miteinander in Beziehung stehen* und das auch *außerhalb* der therapeutischen Situation. Das bringt für den Therapeuten weitere Konsequenzen mit sich, die er aus der Einzeltherapie nicht kennt:

– Er wird vor eine Situation gestellt, die sich beschreiben läßt unter den Stichworten „Dreieckssituation", „Konkurrenz", „Rivalität". Wie der Therapeut damit umgeht, ist wieder eine Frage seines Bemühens um Kongruenz. (Was heißt es für mich, wenn ich erlebe, daß ein Klient für mich zugänglicher bzw. weniger zugänglich ist als für seinen Partner? Wie geht es mir, wenn ich Beziehungen zu mehreren Personen aufnehme? . . .)
– Er muß damit umgehen können, daß in der Partnertherapie die „konstruktiven Persönlichkeitsveränderungen" nur in jenen Bereichen erreicht werden, die in die Kommunikation der beiden Partner einbezogen sind, und daß für die Klienten auch innerhalb der therapeutischen Situation die *Auswirkungen* von Kongruenz bzw. Inkongruenz, Selbstwertschätzung bzw. mangelnder Selbstwertschätzung und Selbstempathie bzw. mangelnder Selbstempathie das eigentlich Wichtige sind, genauer: die Auswirkungen von Kongruenz/Inkongruenz usw. auf die Beziehung der beiden Partner zueinander.
– Er muß damit klarkommen, daß in der Situation der Partnertherapie ein Stück Alltagsbeziehung passiert bzw. daß die Situation der Partnertherapie vor allem durch das Hereinnehmen der *Äußerungen* von Inkongruenz/Kongruenz gewissermaßen konkreter ist als die Situation der Einzeltherapie. Der Therapeut ist nur zu leicht in Gefahr, dieser größeren Konkretheit der Situation mit einem „konkreteren" Verhalten zu begegnen. Der Drang nach Aktivsein ist auf diesem Hintergrund zu sehen (vgl. z.B. *Bauriedl* 1980, S. 202ff.), der Therapeut wechselt dabei von der Beziehungsebene auf die Verhaltensebene und macht aus einer Beziehungstherapie eine Kommunikationstherapie. Statt dessen sollte er seinen Wunsch nach Aktivitäten als Aufforderung dazu nützen, sich wieder um mehr Kongruenz, bedingungslose Wertschätzung und Empathie gegenüber den beiden Klienten zu bemühen.

Vor allem in Zusammenhang mit der größeren Konkretheit der Partnertherapie zeigt sich, daß die Situation der Partnertherapie sich geradezu anbietet als Tummelplatz für Anhänger eines differentiellen Vorgehens. Aber gerade *weil* das so ist, sollte der klientenzentrierte Partnertherapeut seinen Wünschen nach Techniken, Strategien, Spielen . . . mit besonderer Skepsis begegnen. Alle Probleme, die sich ihm in der Partnertherapie stellen, sollten ihm Hinweis darauf sein, daß er sich wieder um mehr Kongruenz, bedingungslose Wertschätzung und Empathie gegenüber den beiden Klienten bemühen muß. So – und nur so! – wird es ihm möglich sein, die spezifische Situation der Partnertherapie zu erfassen. Auf Strategien, Tips, Tricks . . . muß und kann er dabei verzichten.

**LITERATUR:**


BAURIEDL, Th.: ***Beziehungsanalyse.*** Frankfurt am Main: Suhrkamp, 1980.

BIERMANN-RATJEN, E., ECKERT, J. & SCHWARTZ, H.J.; ***Gesprächspsychotherapie. Verändern durch Verstehen.*** Stuttgart: Kohlhammer, 1979.

BINDER, U. & BINDER, H.-J.: ***Klientenzentrierte Psychotherapie bei schweren psychischen Störungen.*** Frankfurt am Main: Fachbuchhandlung für Psychologie, Verlagsabteilung, 1979.

BOMMERT, H.: ***Grundlagen der Gesprächspsychotherapie.*** Stuttgart: Kohlhammer, 1977.

KIESLER, D.J.: Some myths of psychotherapy research and search for a paradigma. ***Psychological Bulletin,*** 65, 1966, 110-136.

KIESLER, D.J.: A grid model for theory and research in the psychotherapies. In: Eron, L.D. & Callahan, R. (Eds.): ***The relationship of theory to practice in psychotherapy.*** Chicago: Aldine Publishing Co., 1969, 115-145.

PAVEL, F.-G.: ***Die klientenzentrierte Psychotherapie. Entwicklung – gegenwärtiger Stand – Fallbeispiele.*** München: Pfeiffer, 1978.

ROGERS, C.R.: The necessary and sufficient conditions of therapeutic personality change. ***Journal of Consulting Psychology,*** 21, 1957, 95-103.

TSCHEULIN, D.: Differentielle Gesprächspsychotherapie – Kontradiktion oder Innovation? Entwurf für einen Beitrag. In: Bittner, G. (Hrsg.): ***Festschrift für L.J. Pongratz.*** Göttingen: Hogrefe (im Druck; vorauss. 1982).



**Kontaktadresse:** Dr. Anna Auckenthaler
Institut für Psychologie
der Universität Innsbruck
Sonnenburgstr. 16
A-6020 Innsbruck

# Thesen und Befunde zu einer differentiellen Gesprächspsychotherapie[1]

*Dieter Tscheulin*

Gibt es in der klientenzentrierten Gesprächspsychotherapie ein differentielles Vorgehen oder ist diese identisch mit einem therapeutischen Basisverhalten? Reduziert sich Gesprächspsychotherapie wirklich auf ein bestimmtes Beziehungsangebot des Therapeuten an den Klienten, das sich in seiner verhaltensmäßigen Ausprägung von Klient zu Klient und von Situation zu Situation idealiter nicht unterscheidet?

Differentiell Vorgehen heißt nach allgemeinem Verständnis geplant und wissenschaftlich begründet bei unterschiedlichen Klienten oder Situationen sich unterschiedlich verhalten. Und „wissenschaftlich begründet" heißt, daß das psychotherapeutische Tun auf psychologischen Erkenntnissen und methodischen Prinzipien gegründet ist. Meines Erachtens wird in der Verhaltenstherapie der differentielle Aspekt und in der Gesprächspsychotherapie der Basisaspekt *über*betont. Psychotherapie ist aber gleichermaßen beides: therapeutisches Basisverhalten und differentielle Therapie.

Diese These galt es im Bereich der Gesprächspsychotherapie zu untersuchen. Paradigmatisch wurde dazu das unterschiedliche Selbstgewahrsein von Klienten und die dadurch mögliche Unterscheidung zwischen handlungsbezogenen und selbstreflexiven Klienten herangezogen. Handlungsbezogene Klienten haben große Schwierigkeiten, spontan ihre Aufmerksamkeit auf sich selbst zu richten. Sie gehen häufig ganz in Handlung auf und haben es deswegen schwer, überhaupt zu erleben. Selbstreflexive Klienten dagegen sind sehr stark auf sich selbst aufmerksam, erleben dadurch sehr leicht Unzulänglichkeiten bei sich und haben es schwer, durch Aktivität neue Erfahrungen zu sammeln.

Anhand der sozialpsychologischen Theorie von Duval & Wicklund (vgl. *Brehm* 1980) und nach entsprechenden Erfahrungen in der Praxis wurden die Hypothesen entwickelt, daß diese unterschiedlichen kognitiv-emotionalen Klienteneigenarten eine komplementäre Ergänzung in der Vorgehensweise des Therapeuten erfordern, daß z.B. handlungsbezogene Klienten eine stärkere konfrontierende Vorgehensweise des Therapeuten benötigen, und daß Konfrontationen bei Selbstreflexiven unangebracht sind. Und entsprechend der These, daß Psychotherapie therapeutisches Basisverhalten und differentielles Vorgehen ist, müßte sich ein konfrontatives wie non-konfrontatives Verhalten des Therapeuten auf der Basis einer klientenzentrierten therapeutischen Haltung verwirklichen lassen.

In einer ex-post-facto-Untersuchung an zehn abgeschlossenen Gesprächspsychotherapien und in einem experimentiellen Versuch mit 16 Studenten-Klienten wurden diese Hypothesen bestätigt:

---

1) Kurzfassung des Vortrags. Eine vollständige und überarbeitete Version erschein in ***Tscheulin*** (1983); vgl. Einleitung.

1. Klienten erleben ihre Therapeuten, die differentiell konfrontativ bzw. non-konfrontativ vorgehen, ob spontan-intuitiv oder geplant-beabsichtigt, als vergleichbar offen, einfühlsam und akzeptierend. Differentielle Psychotherapie verwirklicht sich auf dem Boden eines therapeutischen Basisverhaltens.
2. Handlungsbezogene Klienten gewinnen mehr bei einem Therapeuten, der sie konstruktiv zu konfrontieren vermag, der z.B. in der Lage ist, seine ihm eigene Sicht- und Erlebnisweise dem Klienten zur Verfügung zu stellen.
   Selbstreflexive Klienten gewinnen eher bei einem Therapeuten, der nicht konfrontativ vorgeht, der gerade in der Lage ist, seine eigene Sicht- und Erlebnisweise wegzulassen.

Ich meine, beide Ergebnisse sind in folgender These über eine zentrale Gesetzmäßigkeit von Psychotherapie zusammenzufassen:
Damit in der Psychotherapie eine konstruktive Persönlichkeitsveränderung stattfinden kann, bedarf es eines reziprok-komplementären Beziehungsverhältnisses zur Kontaktperson.

**LITERATUR:**

BREHM, Sh.S.: *Anwendung der Sozialpsychologie in der klinischen Praxis.* Bern: Huber, 1980.

TSCHEULIN, D.: Differentielle Gesprächspsychotherapie – Kontradiktion oder Innovation? In: Bittner, G. (Hrsg.): *Festschrift für Prof. Dr. L.J. Pongratz.* Göttingen: Hogrefe (im Druck; vorauss. 1982).

**Kontaktadresse:** Dr. Dieter Tscheulin
Psycholog. Institut der Universität
Lehrstuhl II
Ludwigstr. 6
8700 Würzburg

# Ähnlichkeiten und Unterschiede bei klientenzentrierter Einzel- und Gruppentherapie[1]

*W.R. Coulson*

In einer gegenwärtig noch laufenden Untersuchung über die spezifische Eigenart klientenzentrierter Therapie haben sich mit so überzeugender Übereinstimmung drei Ansichten ergeben, daß man sich gedrängt fühlt, über sie zu berichten. Sie legen eine andere als die noch bis vor kurzem verbreitete Sicht über die Faktoren nahe, die die klientenzentrierte Therapie effektiv machen. Sie versprechen auch einige Hinweise zum Verständnis der Unterschiede zwischen Einzel- und Gruppentherapie im klientenzentrierten Modell.

Diese Ansichten sind:
1. daß der Therapeut die Beziehung stärker *kontrolliert* als man vorweg angenommen hatte;
2. daß der Therapeut weniger *persönlich engagiert* ist als man erwarten würde (daß er „weniger real" ist – manchmal auch so ausgedrückt, als ob er „nicht Person" zu sein schiene);
3. daß man sich aber (wäre man Klient) dennoch wünschen würde, daß einem so kunstfertig und mit so viel Achtung vor der Eigenart des einzelnen begegnet würde, wie man es am Untersuchungsinstrument miterlebt – und dies vielleicht sogar gerade wegen des geringen persönlichen Engagements des Therapeuten.

Das Untersuchungsinstrument besteht aus Filmaufnahmen aus dem Jahre 1955, die Carl Rogers bei seiner Arbeit im Beratungszentrum der Universität von Chicago zeigen. Sie wurden erfahrenen Beratern mit der Aufforderung vorgeführt, sich der klientenzentrierten Therapie einmal unvoreingenommen und unbelastet zu nähern und alles wegzulassen, was sie bis dahin vielleicht aus Büchern gelernt haben. Sie sollten die Filme als eigenständiges *Phänomen* sehen.

Die oben zusammengefaßten Ansichten als Reaktionen auf die Filme führten uns zu dem Schluß, daß die Selbstkongruenz und die Persönlichkeit des Therapeuten lange überbetont und zugleich die Bedeutung der Technik, insbesondere das Spiegeln der Gefühle nur ungenügend gewürdigt worden ist. Die Maximen: „Sag, was Du fühlst!" und „Vor allem sei Person!" geben wenig Hilfestellung für die Berufspraxis.

Die auffälligsten Eigenschaften klientenzentrierter Therapie waren in den Augen unserer Versuchsteilnehmer die fehlende Bereitschaft (oder Fähigkeit) erfahrener Therapeuten, sich in eine Konversation hineinziehen zu lassen und ihre Weigerung, das zu sagen, was ihre Klienten von ihnen hören wollten. Das führt zu einem Paradox: Therapeuten fühlen sich in ihre Klienten ein, aber sie tun es von ihrem *eigenen* Standpunkt aus. Sie versuchen nicht, ihren Klienten die Arbeit abzunehmen. Zum

---
1) Kurzfassung des Referats; Übersetzung von Josef Kellerhaus & Dieter Tscheulin. Eine vollständige Version erscheint in *Tscheulin* (1983); siehe Einleitung.

Beispiel gibt es in einer unserer Filmvorlagen bald nach Beginn einen Moment, in dem der Klient seinen Therapeuten offensichtlich so einschätzt: „Dieser Mann wird mir nicht helfen!" Nach dieser Szene folgt in der Interaktion der beiden ein qualitativer Sprung, mit dem klar wird: alles, was vorausging, war nur ein *Vorwort* zur eigentlichen Therapie.

Der Begriff „Beziehung", ungerechtfertigt auf die Therapie angewandt, beinhaltet die Möglichkeit eines wechselseitigen Austausches zwischen Therapeut und Klient. Er impliziert z.B. auch den Austausch von Vertraulichkeiten. Den Betrachtern unserer Filmvorlagen war es völlig klar, daß ein solcher Austausch unter Gleichberechtigten nicht im entferntesten in der Absicht des erfolgreichen Therapeuten liegt. Klientenzentrierte Therapie ist eine Art Heimisch-Werden (indwelling), bei der zwei Bewußtseinszentren, Therapeut und Klient, all ihre Aufmerksamkeit einem Zentrum widmen. Therapeuten geben sich an die Erlebniswelt ihrer Klienten ab. Anders ausgedrückt, die Aufgabe der Therapeuten ist es, sich selbst zugunsten ihrer Klienten innerlich frei zu machen (to empty themselves). Das ist der Grund, warum der klientenzentrierte Therapeut von seiten unserer Versuchsteilnehmer so häufig als selbstlos bezeichnet wurde.

Die Disziplin des klientenzentrierten Therapeuten in der Gruppenarbeit ist nicht so strikt wie in der Einzeltherapie. Denn gerade die äußeren Umstände einer Gruppentherapie bringen es mit sich, daß sie als eine vom Leben abgehobene Erfahrung erlebt wird. Das heißt auch, daß der scheinbar wortwörtliche Ausdruck von Gefühlen in der Gruppe (z.B. die Äußerungen von Liebe für andere Mitglieder) nicht so wörtlich genommen wird. Die Mitglieder gewähren einander stillschweigend ein Stück dichterische Freiheit.

Illustriert wird dies durch ein Ereignis, das Rogers selbst in einer aufgezeichneten Encounter-Gruppe widerfuhr (*Rogers & Farson* 1967). Gegen Ende des 16 Stunden dauernden Gruppen-Encounters drückte eine der weiblichen Teilnehmerinnen ihre tiefe Zuneigung aus für „den Mann Carl Rogers, weil ich Sie als Person des öffentlichen Lebens nicht kenne". Sie sagte ihm, daß sie ihn liebe. Er war durch ihre Bemerkung zu Tränen gerührt und drückte seinerseits seine Gefühle für sie aus und sagte, daß er niemals, als junger Mann, „so etwas hätte sagen können, insbesondere zu einer attraktiven Frau". Doch in einem ähnlich bewegendem Moment in einer gefilmten Einzeltherapiesitzung wird, als die Klientin ihre Zuneigung und Dankbarkeit dafür, daß Rogers sie in ihren Gefühlen begleitet hat, ausdrückt, die Regel beibehalten, nicht auf sich Bezug zu nehmen. Es ist das Erleben des *Klienten,* welches im Mittelpunkt steht, nicht das des Therapeuten. Denen, die dieses einseitige Geschehen sehen, scheint es klar zu sein, daß nichts verloren ist, wenn der Therapeut sich weigert, von sich selbst zu reden, sei es, um der Klientin für ihr Kompliment zu danken, sei es, um ihr zu bekennen, daß auch er sich ihr nahe fühle. Die Klientin hatte von ihrer Furcht vor einem geplanten Krankenhausaufenthalt gesprochen, wenn sie sich einem Krebstest unterziehen würde. Die konsequente Begleitung des Therapeuten war rein symbolisch oder instrumental. Er würde sie nicht *im wörtlichen Sinn* ins Krankenhaus begleiten. Der Wortwechsel, in den diese symbolische Begleitung eingebettet war, verdankte seine Kapazität, beide Teilnehmer gefühlsmäßig zu rühren, der Tatsache, daß er – wie ein Gedicht oder ein anderes Kunstwerk – von den wirklichen Lebensumständen abgehoben war. Die Anteilnahme des Therapeuten hatte die Durchschlagskraft einer Universalsprache. Die beständigen therapeutischen Kraftreserven von Verstehen und von Akzeptieren, die in der Therapie entfacht werden, rühren von ihrer Abgehobenheit (detachment) her und verleihen ihnen eine größere Bedeutung als es die augenblicklichen Umstände eines Austausches zwischen gleichen je erlauben würden. Es ist natürlich offensichtlich, daß eine solche Abgehobenheit [1] nichts mit Kälte zu tun hat. Es handelt sich vielmehr um eine künstlerische Leistung, und den daran beteiligten Symbolismen mag es wohl gelingen, mehr Wärme und Anteilnahme auszudrücken als es Freundschaftsbekundungen tun würden.

Die in der klientenzentrierten Therapie ausgedrückte Zuneigung ist rein formal und hat etwas von einem Ritual. Sie ist nicht der spontane Ausdruck von Liebenden. Die Bedeutung von Förmlichkeit und Zurückhaltung in der Therapie erinnert an die Antwort C.S. Lewis', die er einmal den Kritikern gab, die der Dichtung von John Milton mangelnde Spontaneität vorwarfen. Eine derartige Kritik, meint *Lewis,* sieht Ungewöhnliches als höchste Wahrheit. *Lewis* protestiert: „Die ganze Kunst besteht nicht darin, das Unerwartete hervorzulocken, sondern mit Perfektion und Präzision jenseits aller Erwartung gerade das Bild hervorzubringen, das uns unser ganzes Leben verfolgt hat" (1942). Damit ist ein Hauptaspekt der Kunst des klientenzentrierten Therapeuten nicht schlecht beschrieben, jene Kunst, die – um noch einmal Lewis Worte zu gebrauchen – „immer etwas Stilisiertes, fern von jeder Konversation, etwas Rätselhaftes war. Der Stil täusche um nichts mehr vor, ‚natürlich' zu sein, als ein Sänger vortäusche zu sprechen." Wenn – um diese Analogie fortzuführen – klientenzentrierte Therapie eher eine Form der Musik als eine Form des Gesprächs ist, haben wir einen Schlüssel dafür, wie die viel geschmähte Spiegelung der Gefühle zu verstehen ist, nämlich (mit den Worten T.S. Eliots) als „music heard so deeply that it is not heard at all."[2]

Unsere Untersuchungen legen nahe, daß das Widerspiegeln der Gefühle – wenn es mit Kunstfertigkeit erfolgt – genau eine solche Form der Musik ist. Das Spiegeln erscheint besonders aus fünf Gründen eine außerordentlich nützliche Technik zu sein:

1. Sie ist direkt nützlich, indem sie zeigt, daß der Therapeut *beim* Klienten ist.
2. Sie ist die Form der Empathie, bei der das Risiko, ungenau zu sein, am geringsten ist.
3. Sie hat einen nützlichen „Verfremdungseffekt", indem sie dem Klienten seine subjektiven Gefühle in einer beinahe objektiven Form zurückgibt und ihm so eine leichte Überprüfung derselben von außen erlaubt. Nicht selten ist es vorgekommen, daß der Therapeut dem Klienten zurückspiegelte, was dieser ihm gerade gesagt hatte und dann zu hören bekam: „Hmm, da habe ich noch gar nicht dran gedacht." Wenn man die eigenen Gefühle durch einen anderen ausgedrückt hört, bringt das in der Tat eine Veränderung der *Perspektive,* was gelegentlich genug Licht auf ein widerspenstiges Problem wirft, so daß Hinweise zu seiner Lösung aufzutauchen beginnen.

---

1) Abgehobenheit (detachment) meint nach Ansicht der Übersetzer in diesem Zusammenhang das gleiche wie Disziplin.

2) Übersetzt etwa: „Musik, so tief empfunden, daß sie überhaupt nicht gehört wird."

4. Die Spiegelung der Gefühle hilft dem Therapeuten, seine Aufmerksamkeit konstant zu halten und zu zentrieren. Wenn ich weiß, daß ich meinem Klienten wiedergeben muß, was ich von ihm verstanden habe, werde ich nicht versuchen, mich meinen eigenen Gedanken zu überlassen. In diesem Sinne ist die klientenzentrierte Therapie wie Meditation für Therapeuten; ihre Klienten sind ihr Mantra.
5. Sie ist ebenso wertvoll in dem, was sie *nicht* ist. Sie hat nichts zu tun mit dem Erteilen von Ratschlägen und verzichtet auf die Aneinanderreihung von Platitüden.

Der therapeutische Effekt durch Spiegelung der Gefühle, wenn diese mit der erforderlichen Seriosität erfolgt – selbst in einer simulierten Therapiesituation –, wird demjenigen unmittelbar evident, dessen therapeutische Gewohnheiten bisher von anderer Art als das Spiegeln gewesen waren. Wenn das Thema heutzutage auf die klientenzentrierte Therapie kommt, sagen Ausbildungskandidaten sehr schnell: „Ich weiß, was das ist. Ich habe es versucht. Es funktioniert nicht." Was sie aber ausprobiert haben, ist ein verbaler Formelsatz, ein „Schema F", das irgend etwas mit Selbstkongruenz, Empathie und unbedingter positiver Wertschätzung zu tun hat. Nicht wenige Ausbildungskandidaten werden sagen, daß sie versucht haben, die in dem Formelsatz geforderten therapeutischen Einstellungen zu verwirklichen, sich aber im Endeffekt therapeutisch unfähig gefühlt haben. Wenn man den Kernpunkt des Spiegelns erkennt, legt dies ein anderes Vorgehen nahe. Was wir letztlich unseren Studenten sagen, ist: „Schau Dir diese Filme an und versuche zu *kopieren*, was Du siehst. Denke nicht darüber nach; geh' einfach mit. Versuche, nur für eine Stunde Deines ganzen Lebens, diese sehr eingeschränkte Art des Verhaltens nachzuahmen. Sieh, was passiert." Für den Fall, daß sie im Verlaufe des Experiments die Spur des Modells verlieren, haben wir andere Formulierungen vorgesehen. Wir verwenden dann z.B. die Formel „SooI (WWI)": „Stay out of it (with warmth and interest)." Eine solche Formel sagt den Studenten nicht, was sie tun sollen, sondern vielmehr, was sie *nicht* tun sollen: „Sich nicht hineinziehen lassen." Es ist so, als ob wir von unseren Studenten verlangen, ein Gedicht zu rezitieren, und nicht so sehr, es zu verstehen – jedenfalls für den Augenblick.

Versuchen wir auf diese Weise Carl-Rogers-Karikaturen heranzuzüchten? Nein. Wir können hier auf die Unterscheidung zurückgreifen, die Lewis „den alten Kritikern" in bezug auf das Erlernen der Dichtkunst zuschreibt. Sie hatten „ganz recht, wenn sie sagten, daß Poesie ‚durch Erleuchtung geschult' wird, weil die Dichtung früher eines der Hauptmittel war, mit dem jede neue Generation lernte, zwar nicht zu kopieren, aber durch Kopieren ein gutes Technikrepertoire zu schaffen". Es ist nichts an einem Technikrepertoire als solchem auszusetzen, sowohl beim Erlernen der Therapie als auch nicht selten in der Praxis. Wir glauben, die Wahlmöglichkeiten von Anfängern zu vergrößern, wenn sie sich auf die Möglichkeit einlassen können, sich therapeutischer Techniken zu bedienen, die anfänglich durch Imitation zu lernen sind. Die traditionelle Methode der Vermittlung komplexer artistischer Fertigkeiten an Schüler war die Lehre. Wenn das unschätzbare Wissen des Meisters erfolgreich weitervermittelt werden soll, ist ein enger Kontakt zwischen ihm und dem Lehrling nötig. Jeder erfahrene Praktiker weiß weit mehr als er oder sie mitteilen kann. Das ist der Grund, warum sich das Studium klientenzentrierter Filme so als Lernhilfe empfiehlt.

**LITERATUR:**

LEWIS, C.S.: ***A Preface to Paradise Lost.*** New York: Oxford University Press, 1961 (first published 1942).

RASKIN, N.J.: Studies of Psychotherapeutic Orientation: Ideology and Practice. ***American Academy of Psychotherapists Research Monograph,*** 1974, No. I.

ROGERS, C.R. & FARSON, R.: ***Journey into Self.*** Film produced by W.J. McGaw, Jr., for Western Behavioral Sciences Institute, La Jolla, California, 1967.

**Kontaktadresse:** W.R. Coulson, Ph.D., Ed.D.
Center for Studies of the Person
La Jolla, California

# Erlebnisorientierte Gruppenpsychotherapie – Eine Weiterentwicklung der klientenzentrierten Gruppenpsychotherapie [1]

*Horst-Dietmar Spittler*

## 1. Differentielle Gesprächspsychotherapie

Folgt man der von Tscheulin für dieses Symposium vorgegebenen Definition für differentielle Gesprächspsychotherapie, so ist darunter zu verstehen, „daß der Therapeut verschiedene Klienten oder Situationen unterscheidet und sich dementsprechend unterschiedlich verhält und unterschiedliche Operationen, d.h. Techniken und Strategien benutzt." . . . „Wir gehen heute davon aus, daß jede Art von Psychotherapie therapeutisches Basisverhalten *und* differentielle Therapie ist, und wir denken, daß diese auch für die Praxis der klientenzentrierten Therapie gilt" (*Tscheulin* 1982).
Nichtdifferentielle Gesprächspsychotherapie wäre demnach eine Gesprächspsychotherapie, in der lediglich „therapeutisches Basisverhalten" verwirklicht wird, d.h. der Therapeut ein für alle Klienten gleiches Verhalten zu realisieren versucht, ohne sein therapeutisches Vorgehen über das Basisverhalten hinaus auf die Bedürfnisse des Klienten abzustimmen.

Anhand der von uns durchgeführten „erlebnisorientierten Gruppenpsychotherapie" wollen wir im folgenden aufzeigen, inwieweit Elemente unseres Konzeptes für Gruppenpsychotherapie unter den von Tscheulin gegebenen Kriterien einer „differentiellen Gesprächspsychotherapie" einzuordnen sind.

## 2. Das Konzept unserer erlebnisorientierten Gruppenpsychotherapie

Dies setzt jedoch zunächst voraus, daß wir unser Konzept der erlebnisorientierten Gruppenpsychotherapie kurz skizzieren. Eine ausführliche Darstellung haben wir 1980 vorgelegt (*Mente & Spittler* 1980).

### 2.1 Therapeutisches Basisverhalten in der erlebnisorientierten Gruppenpsychotherapie

Die von uns durchgeführte erlebnisorientierte Gruppenpsychotherapie stellt eine Weiterentwicklung der gruppenpsychotherapeutischen Ansätze im klientenzentrierten Bereich dar. Dieser Ansatz ist insofern klientenzentriert, als wir den von *Rogers* (1973) gefundenen Kernvariablen bei unserer Arbeit in der Gruppe eine wesentliche Bedeutung beimessen, wobei jedoch nicht übersehen werden darf, daß diese Variablen in der Gruppenpsychotherapie eine Veränderung in ihrer Bedeutung erfahren (vgl. *Mente & Spittler* 1980, Bd. 1, S. 54ff.). Dies gilt im besonderen Maße für die Variable Verbalisierung emotionaler Erlebnisinhalte (VEE), da die Gruppe ein anderes Bezugssystem als das diadische in der Einzeltherapie ist.

1) Kurzfassung des Vortrags. Eine vollständige und überarbeitete Version dieses Artikels erscheint in *Tscheulin* (1983); vgl. Einleitung.

Zum Basisverhalten rechnen wir auf der Seite der Klienten, daß sie dazu gelangen, in einem ausreichenden Maße ein den Variablen Selbstexploration und mitfühlendes Verstehen gemäßes Verhalten zu realisieren. So sind wir bei unseren letzten Gruppentherapien auch dazu übergegangen, mit den Klienten vor Eintritt in die Gruppentherapie ein Verhalten gemäß der Variablen mitfühlendes Verstehen einzuüben (*Mente & Spittler* 1980).

### 2.2 Differentielles Vorgehen

Bereits bei der Beschreibung des therapeutischen Basisverhaltens haben wir deutlich gemacht, daß die von Rogers gefundenen Kernvariablen in der Gruppenpsychotherapie eine Veränderung erfahren müssen, wenn Gruppenpsychotherapie mehr sein soll als nur Einzeltherapie in der Gruppe. Wird Gruppenpsychotherapie nun aber so durchgeführt, daß der Interaktion der einzelnen Gruppenmitglieder eine hilfreiche Bedeutung gegeben wird, so muß die Gruppe so zusammengestellt sein, daß dies auch wirklich stattfinden kann. Eine Gruppe, die nur nach dem Zufallsprinzip zusammengestellt ist, wird dieser Anforderung aller Wahrscheinlichkeit nach nicht gerecht. Somit ist die Zusammenstellung der Gruppe wesentlicher Bestandteil unseres differentiellen Vorgehens.

Das hier vorgestellte Konzept einer erlebnisorientierten Gruppenpsychotherapie unterscheidet sich ferner von anderen Konzepten klientenzentrierter Gruppenpsychotherapie besonders auch dadurch, daß die Selbstlenkung der Gruppe ein dominierendes Element der Therapie ist und erlebnisaktivierende/nonverbale Übungen in die Therapie einbezogen werden.

Dieses Vorgehen –
1. Vorbereitung des Klienten auf die Gruppenpsychotherapie,
2. Zusammenstellung der Therapiegruppe,
3. gestufte Selbstlenkung,
4. Einbeziehung nonverbaler Übungen –

stellt aus unserer Sicht keine Einengung des Klienten dar, vielmehr ist der Versuch darin zu sehen, dem Klienten günstige Bedingungen für die Therapie zu geben, ihn in seiner Selbständigkeit und Unabhängigkeit vom Therapeuten zu fördern und ihm den Raum für neues soziales und emotionales Lernen zu geben.

## 3. Veränderungen bei den Klienten durch unsere Therapie

Mit Hilfe unserer Untersuchung konnten wir den Nachweis erbringen, daß die von uns durchgeführte erlebnisorientierte Gruppenpsychotherapie zu erheblichen positiven Veränderungen im Erleben und Verhalten unserer Klienten führt (vgl. *Mente & Spittler* Bd. 2, S. 150ff.).

**LITERATUR:**

MENTE, A. & SPITTLER, H.-D.: *Erlebnisorientierte Gruppenpsychotherapie.* Paderborn, 1980.
ROGERS, C.R.: *Die klientbezogene Gesprächstherapie.* München, 1973 (copr. 1951).

TSCHEULIN, D.: Differentielle Gesprächspsychotherapie – Kontradiktion oder Innovation? In: Bittner (Hrsg.): *Festschrift für L.J. Pongratz.* Göttingen: Hogrefe, ca. 1982 (im Druck).

Ein ausführliches Literaturverzeichnis befindet sich in ***Mente & Spittler*** (1980).

**Kontaktadresse:** Horst-Dietmar Spittler
Staufenstr. 27
4400 Münster

# Klinisch-psychologische Grundausbildung an der Universität

Herausgeber:

Dieter Tscheulin
Psycholog. Institut der Universität – Lehrstuhl II
Ludwigstr. 6, 8700 Würzburg

# Vorwort

Die wissenschaftliche Dignität klinisch-psychologischer Behandlungsmethoden wird wohl zu Recht auch an ihrer Lehr- und Lernbarkeit festgemacht. Der Ausbildungsforschung müßte deshalb ein besonderes Interesse und ein breiter Raum in der klinisch-psychologischen Forschung gewidmet sein. Dies ist aber leider nicht der Fall. Gute Ausbildungsforschung ist selten, und es droht die Gefahr, daß Ausbildungsfragen mehr und mehr aus der Universität ausgelagert werden.

Unter diesem Gesichtspunkt verdienen die folgenden Kongreßbeiträge ganz besondere Beachtung und Anerkennung.
Sie geben als Dokumentation und als empirische Forschungsberichte über Ausbildungsprozesse einen guten Einblick in den Entwicklungsstand des Faches „klinisch-psychologische Beratungs- und Behandlungsmethoden". Sie zeigen Schwierigkeiten und Grenzen der praktischen Umsetzung wissenschaftlicher Erkenntnisse, aber sie belegen auch die Möglichkeiten dieser Umsetzung. Sie stellen dadurch auch eine Herausforderung dar, die Qualität der klinisch-psychologischen Ausbildung immer wieder zu überdenken, zu überprüfen und zu steigern.

# Universitäre Praxisausbildung in Klinischer Psychologie: Das Münsteraner Ausbildungsprojekt „Erwachsenenpsychiatrie". Eine evaluative Studie.[1]

*Peter A. Fiedler, Sigrun Christoph, Ulrich Karutz und Gerd Buchkremer*

## I. Das Münsteraner Ausbildungsprojekt „Erwachsenenpsychiatrie": Projektziele, Projektbeschreibung, curriculare Einbindung in den Diplomstudiengang

### 1. Einleitung

Aus den vielfältigen Diskussionen über eine Reform der Hochschulausbildung zum Klinischen Psychologen zeichnet sich zunehmend ab, daß die bisher an den meisten Universitäten noch vorherrschende Dominanz einer *Psychotherapie*ausbildung (zumeist als Spezialausbildung in einer Schulrichtung – Psychoanalyse, Gesprächspsychotherapie oder Verhaltenstherapie –, wie auch zunehmende Versuche einer Integration psychotherapeutischer Richtungen) den beruflichen Anforderungen, die sich aus den Arbeits- und Lebensbedingungen in den psychosozialen Tätigkeitsfeldern ergeben, kaum gerecht wird (hierzu *Groeger et al.* 1979, *Birtsch & Tscheulin* 1980, *Fiedler* 1980a, *Fichter et al.* 1980). Nicht nur aus den Schwierigkeiten der Berufsanfänger, sondern auch aus den behandelten Praxisproblemen in Supervisionsveranstaltungen werden klar ausbildungsbedingte Fehl-Qualifikationen (z.B. schulenspezifische Therapiespezialisierungen), gänzlich fehlende Qualifikationen (z.B. unzureichende Kenntnisse der Eigenarten von Berufsfeldern und Institutionen) und grundlegende Schwierigkeiten bei dem Versuch einer Theorie-Praxis-Integration sichtbar (hierzu etwa *Kleiber* 1978, *Breuer & Seeger* 1979, *Breuer* 1979, *Keupp & v.Kardorff* 1980). Innerhalb der Studienreformdiskussion der letzten zwei Jahre (z.B. in den Studienreformkommissionen der Länder und des Bundes) scheint vor allem eine stärkere *Praxisfeldorientierung* als Korrektiv zur herkömmlichen schulorientierten Psychotherapieausbildung eine Auflösung der angedeuteten Probleme zu versprechen.

In diesem Beitrag möchten wir über Konzept und Erfahrungen aus einem eigenen universitären berufsfeldorientierten Ausbildungsprojekt berichten.
Das Ausbildungsprojekt „Erwachsenenpsychiatrie" war als einjähriges Projektstudium konzipiert. Es war Teil der praxisbezogenen Schwerpunktausbildung (PSA) am Psychologischen Institut der Westfälischen-Wilhelms-Universität Münster und wurde in den Jahren 1979/1980 mit 15 Studenten durchgeführt. Die praxisbezogene Schwerpunktausbildung „Erwachsenenpsychiatrie" war eine von acht parallel angebotenen Praxisausbildungen, die – dem Münsteraner Studienplan entsprechend –

1) Es handelt sich hier um die in einem Beitrag vereinte und stark gekürzte Fassung zweier Kongreßvorträge. Die ausführliche Vortragsfassung, die die wesentlichen Ergebnisse der Evaluationsstudie enthält, kann bei den Autoren angefordert werden.

entweder in unterschiedlichen Praxisfeldern (z.B. Psychiatrie, Erziehungsberatung, Heimerziehung usw.) angesiedelt waren und/oder unterschiedliche Zielgruppen thematisierten (Jugendliche, Kinder, Paare, alte Menschen usw.) und/oder sich an unterschiedlichen Therapierichtungen (Verhaltenstherapie, Gesprächspsychotherapie usw.) schwerpunktmäßig orientierten.

## 2. Allgemeine Anforderungen an eine berufsfeldorientierte Praxisausbildung

Vorbilder für klinisch-psychologische Projektstudiengänge gibt es kaum. Insbesondere an den Universitäten, die durch die besonders geeigneten Strukturmerkmale einer Universitätsneugründung gekennzeichnet sind (wie beispielsweise Oldenburg, Osnabrück, Bielefeld oder Bremen), befindet sich die Projektausbildung erst noch in den Anfängen. Wir mußten uns bei der Konzeption also vorrangig auf Projektberichte anderer, vornehmlich pädagogischer Fachrichtungen stützen (zusammenfassend *Fiedler* 1980). Zudem konnten wir jedoch auf eigene Erfahrungen aus zwei Vorläuferprojekten in der Heimerziehung und in der Sozialarbeit zurückgreifen (über die wir bereits an anderer Stelle berichtet haben: *Böcker et al.* 1978, *Fiedler* 1980b).

Vor allem unter Rückgriff auf die in diesen Vorläuferprojekten gewonnenen Einblicke in die Möglichkeiten einer formalen und inhaltlichen Strukturierung einjähriger Projekte beabsichtigten wir, die Studierenden auf ein Praxisfeld, nämlich Erwachsenenpsychiatrie, hin auszubilden (eingeschränkt weiter auf Personen mit schizophrenen Störungen); wir wollten den Studenten Arbeits- und Interventionsweisen des Psychologen theoretisch und praktisch vermitteln, mit ihnen insbesondere die relevanten psychologisch-therapeutischen Interventionsformen einüben und ihnen ansatzweise die selbständige praktische Tätigkeit unter Fachsupervision ermöglichen. Schließlich war es unser Anliegen, die Studierenden mit den institutionell gegebenen Formen multidisziplinärer Kooperation vertraut zu machen.

Ein erheblicher Teil der Ausbildung sollte dazu in Praxiseinrichtungen am Ort verlegt werden. Zur Realisierung dieses wohl wichtigsten Anliegens – Studierende halten sich in einem Praxisfeld auf, um es kennenzulernen *und* in ihm praktisch zu arbeiten – hatten wir uns der Kooperation von mehreren Ärzten und Psychologen in den drei psychiatrischen Einrichtungen Münsters (dem Westfälischen Landeskrankenhaus, der Psychiatrischen Universitätsklinik und der Tagesklinik) versichern können.[1] Als maßgeblich für das Erreichen der Kooperation von Mitarbeitern der Institutionen muß angesehen werden, daß es uns bereits vorab gelungen war, deutlich zu machen, daß eine Studentenbetreuung nicht nur Betreuungsprobleme aufwirft. Vielmehr ergeben sich vielfältige Vorteile für die Praktiker dadurch, daß von den Studenten vielfältige Routineaufgaben arbeitsteilig übernommen werden (wie Aktenführung, Durchführung von Explorationen, Unterstützung bei therapeutischen und rehabilitativen Maßnahmen). Schließlich ist der Student kritischer und hilfreicher Diskussionspartner bei vielfältigen Problemen, nicht zuletzt wegen seines aktuellen Literaturwissens.

1) Den leitenden Direktoren dieser Einrichtungen, Herrn Prof. Dr. Tölle und Herrn Medizinaldirektor Dr. Mülich, sei für die wohlwollende Unterstützung gedankt.

Vier Kriterien sollten für die Durchführung des Gesamtprojektes maßgebende Richtschnur sein (hierzu auch *Fiedler* 1980b):

a) Die Herstellung eines angemessenen Theorie-Praxis-Bezuges: Von Studierenden sollte gleichermaßen der Versuch unternommen werden (a) wissenschaftlich-theoriegeleitet zu arbeiten und (b) gleichzeitig lernend und verändernd im Berufsfeld einzugreifen. Ziel: Einheit und Widerspruch von theoretischer Arbeit und praktischer Anwendung von Wissenschaft sollte bereits im Prozeß des Erwerbs von Wissenschaft erfahrbar gemacht werden.

b) Die Herstellung eines wirklichkeitsnahen Praxisbezuges: Die Studierenden sollten als Partner mit eigenständigen, vornehmlich psychologischen Aufgabenbereichen in die multidisziplinären Teams über längere Zeit hinweg eingebunden sein. Ziel: Kennenlernen von Tätigkeitsmerkmalen und Problemen möglicher zukünftiger Adressatengruppen, der zukünftigen Kollegen und der Institution.

c) Die Vermittlung institutioneller und berufspolitischer Handlungskompetenz: Die Studierenden sollten mit berufspolitischen Aufgaben und Fragen der gesundheitspolitischen Rahmenbedingungen institutioneller Arbeit vertraut werden. Ziel: Der Erwerb einer sozialen und beruflichen Handlungskompetenz zur Vorbereitung auf die eigene berufliche Praxis.

d) Die Ermöglichung forscherischen Lernens: Allen Studierenden sollte die Möglichkeit gegeben werden, bereits während des gleichzeitig von den Veranstaltern als ***Forschungsprojekt*** konzipierten Ausbildungsprojektes wissenschaftliche Fragestellungen eigenständig und/oder im Team zu verfolgen und diese in einer im Anschluß an das Projekt anzufertigenden Diplomarbeit eigenständig zu bearbeiten. Zwar sollten während des Ausbildungsjahres die o.g. ausbildungsdidaktischen Gesichtspunkte dominieren, zumindest im Verlauf und zeitlich über das Projekt hinausgehend sollte der Vermittlung forschungsspezifischer Tätigkeitsmerkmale (hier der Anwendungsforschung) breiterer Raum gegeben werden. Durch solchermaßen forschendes Lernen sollte den Studierenden die anspruchsvolle Verknüpfung von theoretischer Arbeit, praktischer Anwendung von Wissenschaft und ihrer methodologischen Kontrollmöglichkeiten vermittelt werden.

## 3. Didaktische und methodische Strukturen im Verlauf der Projektausbildung „Erwachsenenpsychiatrie"

Zunächst möchten wir die grobe Darstellung des Zeitverlaufs sowie die curriculare Einbindung des Projektes in das klinisch-psychologische Hauptstudium vorstellen:

Zwei Semester Vorbereitung durch Vorlesungen und Seminare auch nicht-klinisch-psychologischen Inhalts sowie spezielle projektübergreifende klinisch-psychologische Seminare, die für die praxisbezogene Schwerpunktausbildung wesentliche vorbereitende Funktionen haben: Es sind dies insbesondere Vorlesung und Seminar „Theorien der Verhaltensmodifikation", Übung und Seminar „Verhaltensanalyse und Verhaltensmodifikation", Vorlesung, Übung und Seminar zur „Diagnostik" sowie zwei Vorlesungen zur „Psychopathologie", letztere in Münster durch Lehrende der Psychiatrischen Universitätsklinik angeboten. Hinzu kommen schließlich noch die nicht in der Übersicht aufgenommenen Vorlesungen zu den Prüfungsfächern Klinische Psychologie I und II, Pädagogische Psychologie, Angewandte Psychologie sowie Angewandte Sozialpsychologie. Zusammenfassend: Die Studierenden kommen zu Beginn des 7. Fachsemesters aus einer recht *breit* angelegten Theorie-Methoden-Praxis-Ausbildung in die praxisfeldorientierten Spezialisierungen. Wichtig: Die Veranstalter können bereits eine Reihe von klinisch-psychologischen Grundfertigkeiten bei den Studierenden voraussetzen, was eine entsprechend praxisbezogene Ausbildungsplanung des Projektstudiums ermöglicht.

Nach einer Vorstellung aller acht parallel angebotenen Praxisausbildungsblöcke gegen Ende des 6. Fachsemesters entschieden sich 15 Studierende für die Praxisausbildung „Erwachsenenpsychiatrie": Fünf der 15 Studierenden waren im Westfälischen Landeskrankenhaus tätig, acht der 15 in der Psychiatrischen Universitätspoliklinik und zwei Studierende in der Tagesklinik.

Danach umfaßte die Ausbildung grob gesehen vier Phasen.

a) Juli bis Oktober 1979:
Vorbereitende Lektüre (Psychiatrie-Lehrbuch, Arbeit in kleinen Gruppen).

b) Oktober 1979 bis Januar 1980:
Therapeutische Selbsterfahrung und Erwerb therapeutischer Basisqualifikationen;
***parallel:***
Erwerb theoretischer Kenntnisse in Psychopathologie, Psychopharmakologie, Psychosomatik in Vorträgen von Fachvertretern mit Schwerpunktsetzungen auf die „Schizophrenie";
***parallel:***
Vermittlung von Kenntnissen der Methodologie von anwendungsbezogener Forschung;
***parallel:***
Erstes Kennenlernen der Institutionen in Praktika.

c) Januar bis April 1980:
Planung und Vorbereitung der praktischen Arbeit (zugleich Forschungsprojekte) in jedem der drei ausgewählten Praxisbereiche in Kooperation mit dort tätigen Ärzten und Psychologen;
***parallel:***
Aufnahme regelmäßiger Tätigkeit jedes Studierenden in den drei Institutionen unter Supervision der Veranstalter und der praktisch arbeitenden Ärzte und Psychologen.

d) Von April bis Juli 1980:
Projektarbeit in Praxisgruppen (Studenten in Kooperation mit Ärzten und Psychologen in den jeweiligen Kliniken);
***parallel:***
Forschungskontrollierte Therapiepraxis durch Studenten unter Supervision der teilnehmenden Ärzte, Psychologen und Veranstalter.

Es gibt in diesem Verlauf geringfügige Zeitverschiebungen zwischen den einzelnen Projekten wegen der etwas unterschiedlichen Verläufe in den drei Kliniken. Durchschnittlich umfaßte jedoch jede der drei Ausbildungsphasen zwölf Ausbildungswochen. Nach unserer Berechnung kommt jeder Studierende auf eine Gesamtausbildungszeit von ca. 700 Stunden, eine Stundenzahl, die im oberen Bereich dessen liegt, was als notwendig für eine Psychotherapieausbildung (etwa innerhalb der Diskussion um das Psychotherapeutengesetz) angesehen wird.

*Zu den drei Projekten:*

a) ***Praxisgruppe Landeskrankenhaus:*** Das im Landeskrankenhaus geplante und schließlich realisierte Projekt könnte als ***Supervisionsprojekt*** bezeichnet werden. Jeder Student arbeitete auf einer oder zwei Station(en) mit einem Arzt, einem Psychologen und dem Pflegepersonal zusammen. Ausgehend von einem von allen Teilnehmern (fünf Ärzten, zwei Psychologen, zehn Pflegern und Schwestern und den fünf Studenten) an zwei Eingangswochenenden erarbeiteten Schizophrenieverständnis (vgl. ***Fiedler & Buchkremer*** 1982) wurde anhand ausgewählter Fälle langjährig hospitalisierter schizophrener Patienten die therapeutische Arbeit und der Alltag auf den Stationen in Supervisionsveranstaltungen (mit je einem der Veranstalter als Supervisor) thematisiert. Inhaltlich wurde an persönlichen und fachlichen Problemstellungen der Teilnehmer mit dem Ziel der Verbesserung therapeutischer Angebote für ausgewählte Patienten gearbeitet. Die Studenten waren darüber hinaus mit der Datenerhebung für ihre auch weiterhin in gesonderten Kolloquien betreuten Diplomarbeiten beschäftigt.

b) ***Praxisgruppe Poliklinik:*** Dieses Projekt befaßte sich mit der Entwicklung und kontrollierten Erprobung eines Psychotherapiekonzeptes zur Rückfallprophylaxe für schizophrene Patienten in ambulanter Behandlung unter Einbeziehung ihrer Angehörigen (dieses Projekt haben wir bereits an anderer Stelle ausführlich vorgestellt, vgl. ***Buchkremer & Fiedler*** 1981a, b, ***Fiedler & Buchkremer*** 1981, 1982). Es arbeiteten je zwei Studenten dieser Gruppe als Therapeutenpaar unter Supervision der Veranstalter zusammen. Auch hier die parallele feste Einrichtung eines Diplomarbeitskolloquiums, in dem die in Zusammenhang mit den Diplomarbeiten anfallenden Forschungsprobleme besprochen wurden.

c) ***Praxisgruppe Tagesklinik:*** Unterstützt von den Mitarbeitern dieser Klinik organisierte die studentische Zweiergruppe eigenständig eine Arbeitstherapie für die Gruppe der schizophrenen Patienten dieser Einrichtung. Aus technischen Gründen (der zeitgebundenen Auftragseinforderung einer Teppichfirma) mußte dieses Projekt bereits während der zweiten Phase durchgeführt werden.

## II. Erwerb therapeutischer Kompetenz durch praktische Tätigkeit während der Universitätsausbildung: Evaluationsstudie zum Münsteraner Ausbildungsprojekt „Erwachsenenpsychiatrie"[1]

### 1. Einleitung

In der hier in seinen wesentlichsten Ergebnissen vorgestellten Evaluationsstudie wurde nun untersucht, wieweit sich folgende drei Ausbildungsziele durch das Hinzunehmen praktischer Berufstätigkeit realisieren ließen:

1) Der Erwerb therapeutischer Kompetenz, d.h. Wissen und Fertigkeiten im Umgang mit Patienten und Patientengruppen.
2) Der Erwerb von Teamfähigkeit (Wissen und Fertigkeiten im Umgang mit Kollegen und im Team).
3) Der Erwerb einer institutionellen und berufspolitischen Handlungskompetenz.

Auf die inzwischen wohl ausreichend belegte Bedeutsamkeit, die der Beziehungsgestaltung Therapeut-Patient, Therapeut-Mitarbeiterteam sowie Psychologe im Spannungsfeld der Institution/Gesellschaft zukommt, wollen wir hier nicht näher eingehen (hierzu etwa *Breuer & Seeger* 1979, *Breuer* 1979, *Keupp & Kardorff* 1980, *Belschner, Gottwald & Kaiser* 1981).

### 2. Zum methodischen Vorgehen

Die für die Evaluationsstudie erhobenen Daten sind vorrangig aus Selbsteinschätzungen, in qualitativen Teilen aber auch auf interpersonelle Fremdeinschätzungen während gemeinsamer Diskussionen und Interviews hervorgegangen. Dabei sind wir – im Sinne eines pragmatischen Veränderungsinteresses von Forschung – davon ausgegangen, daß die evaluative Datenerhebung als kontinuierliche begleitende Selbstbeobachtung und Selbstbewertung die Möglichkeiten des Erwerbs praktisch-psychologischer Kompetenz *verstärkt* (hierzu *Fiedler & Eickels* 1981).

*Die Datenerhebung zum Zwecke der Evaluation ist aus dieser Sicht gleichzeitig didaktisches Mittel der Ausbildung*

---

1) Die 500 Seiten umfassende Gesamtstudie kann gegen Unkostenübernahme (Ablichtung und Versand) bei den Autoren angefordert werden.

In dem Projekt haben zwei externe Forscher (*Christoph & Karutz* 1981) die Evaluationsarbeit übernommen, als solche das Projekt wissenschaftlich begleitet und – im Sinne des formulierten Veränderungsinteresses – in das Projekt durch kontinuierliche Datenerhebung und deren Rückmeldung aktiv hineingewirkt.

## 3. Erhebungsinstrumente

Der Ausbildungsgruppe wurden im Verlauf der Gesamtausbildungszeit vier unterschiedliche Erhebungsinstrumente verschieden oft vorgelegt:

- ein Fragebogen zur Selbsteinschätzung therapeutischer Kompetenz und Teamfähigkeit im Abstand von drei Monaten, insgesamt fünfmal innerhalb des Ausbildungsjahres;
- wöchentlich ein Ereignisprotokollbogen zum Abfragen von subjektiv als veränderungsbedeutsam eingestuften „kritischen Ereignissen" bezüglich des Erwerbs therapeutischer Kompetenz und Teamfähigkeit;
- im Abstand von drei Monaten ein Erhebungsfragebogen „sonstiger Aktivitäten", insgesamt dreimal; anhand dieser Befragung sollten die Studierenden jeweils rückblickend auf ein Vierteljahr für sie als für den Kompetenzerwerb wesentlich erachtete Ereignisse angeben;
- eine selbstanzufertigende graphische „Verlaufsdarstellung" in der Retroperspektive eine Woche nach Abschluß der Ausbildung, die den Studierenden die graphisch freie Darstellung des subjektiv erfahrenen Entwicklungsweges hinsichtlich therapeutischer Kompetenz und Teamfähigkeit ermöglichen sollte.

Die Erhebungsinstrumente wurden sämtlich für das Projekt neu entwickelt, da wir hinsichtlich unserer Fragestellung keine Möglichkeit sahen, auf erprobte Verfahren zurückzugreifen, die uns vor allem auch eine Perspektive dafür eröffneten, als didaktische Forschungsinstrumente zu einer Lernzielrealisierung in der Ausbildung beizutragen.

## 4. Darstellung einiger Ergebnisse

Der beträchtliche Umfang der erhobenen quantitativen wie qualitativen Daten erfordert hier eine Beschränkung auf zentrale Fragestellungen: Konkret werden wir uns hier auf eine grobe Darstellung lediglich der ***wöchentlichen Ereignismitteilungen*** der Studierenden beschränken, da durch sie am anschaulichsten die subjektiven Kompetenzgenesen der Studenten zu den Ausbildungsphasen und -inhalten in Beziehung gesetzt werden können (zur umfassenden Datenanalyse vgl. *Christoph & Karutz* 1981 sowie *Fiedler, Christoph, Karutz & Buchkremer* 1982).

So handelt es sich bei den Ergebnissen der wöchentlichen Ereignisbefragungen um vor allem quantitative Mitteilungen der Studenten zu aktuellen Kompetenzentwicklungen und deren Ursachen. Studenten sollten wöchentlich alle jene Ereignisse schriftlich auf DIN-A4-Protokollbögen festhalten, die sie subjektiv als bedeutsam für ihre Kompetenzentwicklung ansahen. Es waren einerseits Ereignisse, die in direktem Zusammenhang mit der Ausbildung standen, wie Ausbildung am Institut, Kleingruppenarbeit, Kontakte mit Kollegen und Patienten, Erfahrungen im Kontext der Institution oder die Diplomarbeit; andererseits sollten aber auch relevante Ereignisse mitgeteilt werden, die anderen Lebenszusammenhängen zuzuordnen sind, wie Privatbereich, außeruniversitäre Fortbildung oder Nebentätigkeit, Erholung, Entspannung sowie Freizeitunternehmungen.

Die mit Abstand meistgenannten Ereignisse bezogen sich auf den Aufenthalt und die Tätigkeiten im Praxisbereich: Therapeutische Gespräche mit Patienten und deren Angehörigen sowie deren Reflexion, der Teamkooperation sowie das Kennenlernen institutioneller Rahmenbedingungen. Erhebliche Anteile haben weiter die Methoden- und Therapieausbildung sowie die Befassung mit Evaluationsfragen der wissenschaftlichen Kontrolle praktischen Handelns in Diplomarbeiten. Diese übergewichtige Bedeutung der in praxi gemachten Erfahrungen für die subjektiv erlebte Kompetenzentwicklung kommt nochmals in Abbildung 1 zum Ausdruck.

Sie machen insgesamt 64% aller Nennungen aus und liegen damit erheblich über jenen 15-Prozent-Ereignissen, die der Ausbildung am Institut zuzuordnen wären – die mit ihren fünf bzw. sechs Semesterwochenstunden im wesentlichen der herkömmlichen Ausbildung entspricht.

Wichtiges Nebenergebnis: Auch außerhalb der Ausbildung platzfindende Geschehnisse haben erheblichen Einfluß – wobei private Erlebnisse, aber auch Erfahrungen in universitätsexternen Fort- und Weiterbildungen von den Studierenden am häufigsten genannt werden.

In der Untersuchung von *Christoph & Karutz* (1981) sind nun *subjektiv erlebte Kompetenzgenesen* nach Person und über den Verlauf des Ausbildungsjahres weiter spezifiziert. Es würde hier den Rahmen sprengen, ausführlicher darauf einzugehen. Wir möchten uns deshalb auf einige wenige Beobachtungen zu den individuellen Verläufen beschränken:

Die Ereignismitteilungen – und die dazu vorliegenden schriftlichen Erläuterungen der Studierenden wie auch die zusätzlichen Hinweise bei Ereignisbesprechungen und in Teams – lassen darauf schließen, daß in vielen Fällen von einer *Wechselbeziehung zwischen Ausbildung, Praxis und/oder Privatbereich* auszugehen ist. Die Relevanz von Ereignissen steigt bei erfolgreicher In-Beziehung-Setzung von Theorie (Ausbildung) und Praxis(-problemen). Einzelanalysen der Mitteilungen zeigen, daß Kompetenzgewinn dann vermerkt wird,

- wenn etwa (um hier einige Beispiele zu nennen) Unsicherheiten im Umgang mit Patienten oder das Bewußtwerden ungenügender therapeutischer Kompetenz durch Ausbildungseinheiten und Diskussion in Gruppen ausgeglichen werden kann,
- oder wenn Konfliktlösungen im Team durch Supervision eine Neuorientierung erfahren,
- oder wenn negative Erfahrungen mit Klienten oder Kollegen privat besprochen werden können.

Schließlich nochmals der Hinweis darauf, welch herausragende Bedeutung die Studenten dem unmittelbaren *Praxiskontakt* beimessen. Wichtig auch die Beobachtung, welch erhebliche Anteile der *Praxissupervision* durch die Veranstalter für die Kompetenzentwicklung beigemessen werden, auch zu Fragen, die die Reflexion der eigenen Berufsrolle und den Umgang mit dem Expertenstatus betreffen.

Wir sind geneigt anzunehmen, daß die Praxistätigkeit für einige Studenten zum Erleben eines sogenannten „*Praxisschocks*" geführt haben mag, der sich aus einer ak-

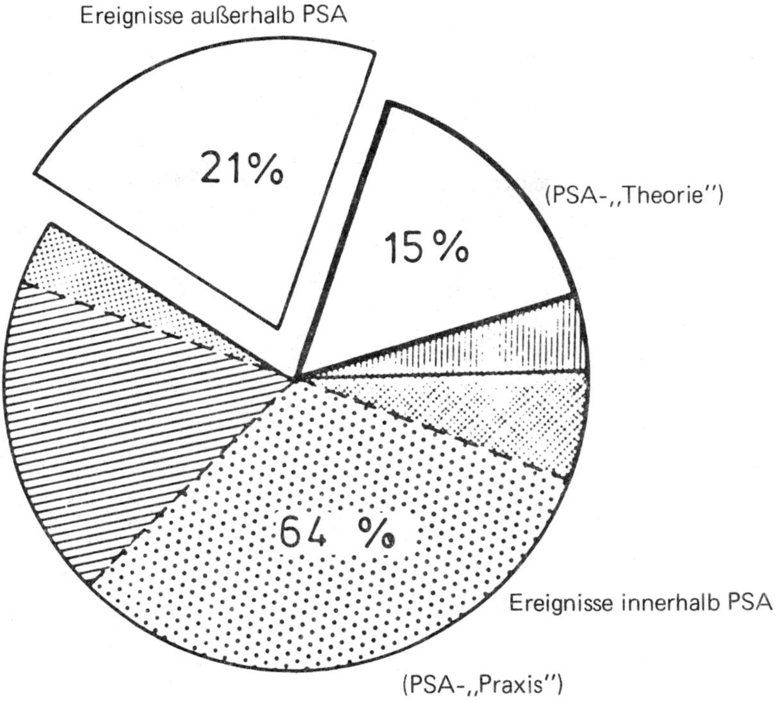


| | |
|---|---|
| Vorbereitende Gespräche mit dem Praxisbereich | 4% |
| Teamkooperation im Praxisbereich | 18% |
| Therapeutische/beratende Kontakte / Integration im Praxisbereich | 32% |
| Konfrontation mit den institutionellen Rahmenbedingungen therapeutischer Arbeit | 6% |
| Diplomarbeit | 4% |

**Abbildung 1:** Prozentuale Verteilung zu Ereignisbereichen zusammgefaßter Kategoriegruppen bezogen auf das Gesamtseminar und den gesamten Ausbildungszeitraum.

tuellen Häufung von Ereignissen unterschiedlicher Kategorisierung in engst begrenzten Zeiträumen herauslesen läßt, die jeweils zumindest institutionelle Konflikte, wie Abhängigkeits- und Ohnmachtsgefühle und unzureichende Partizipationsmöglichkeiten mit hoher Wertigkeit betreffen.

## 5. Zusammenfassende Interpretation der Evaluationsergebnisse

Ohne jeden Zweifel mag aus den vorgetragenen Ergebnissen der Schluß gezogen werden, daß von den teilnehmenden Studenten dieses Projektes der subjektiv festmachbare Erwerb berufspraktischer Kompetenz überwiegend der Tatsache zugeschrieben wird, während der Ausbildungszeit in einer Institution berufspraktisch tätig gewesen zu sein. Zwar werden auch jene Ausbildungsanteile, die als Theorie- und Therapiepraxis-Seminar im Universitätsinstitut am ehesten der herkömmlichen Therapieausbildung entsprechen, in ihrer differentiellen Wertigkeit für den Kompetenzgewinn als wesentliche Voraussetzung angesehen. Die eigentliche Kompetenzgenese und Kompetenzdifferenzierung läßt sich jedoch erst im komplexen Wechselspiel der unterschiedlichen berufspraxisbezogenen Ausbildungsbereiche angemessen begreifen. Dazu einige Bewertungen:

a) Die Realisierung eines angemessenen Theorie-/Berufs-/Praxisbezugs ist nur möglich, wenn Studierende ausreichend Zeit finden, in einem Praxisfeld des Ausbildungsprojektes zu arbeiten und in ihm praktisch tätig werden zu können. Dies setzt entsprechende Strukturen des Berufspraxisfeldes voraus und vor allem die Sicherstellung einer Kooperation nicht nur der Psychologen der Institution, sondern auch der in tangierten Arbeitsbereichen tätigen Kollegen (etwa der Ärzte, Pfleger, Sozialarbeiter usw.). Und wenn diese Kooperation – wie im vorgestellten Projekt – über den beruflichen Bereich hinausgeht und z.T. private Begegnungen und Aktivitäten ermöglicht, so hat dies – wie sich zeigte – erhebliche Rückwirkungen auch auf die subjektiv erlebten Entwicklungen beruflicher Kompetenz.

b) Die Ergebnisse unserer Studie sprechen dafür, daß unsere Studenten fast sämtlich eines oder mehrere der vielfach berichteten sogenannten „Praxisschockerlebnisse" zu überwinden hatten. Sie bekommen innerhalb der individuellen Kompetenzgenesen einen hohen Stellenwert insofern, als sie subjektiv mit erheblichem Erfahrungszuwachs assoziiert sind, vorausgesetzt, sie können durch begleitende Supervision aufgefangen werden. Dieser subjektiv erlebte Erfahrungszuwachs wird vor allem in der Möglichkeit gesehen, auftauchende Probleme unter theoretischen Gesichtspunkten der Ausbildung zu reflektieren, also auf die angelegten wissenschaftlich fundierten Verstehens- und Problemlösungsansätze Bezug zu nehmen und innerhalb dieser Ansätze innovativ tätig zu werden. Hier nun liegt ein entscheidender Unterschied zu den selbstgewählten Lösungsstrategien der Berufsanfänger und Praktiker, die Innovationen eher durch eine zunehmende Ablehnung des universitär erworbenen Fachwissens und durch eine Hinwendung zu vor allem unüberprüften Therapieverfahren des freien Psychomarktes zu lösen versuchen (insbesondere hierzu *Breuer* 1979). In dem fachlich kontrollierten Erwerb von Fähigkeiten zur Beurteilung der Angemessenheit und Notwendigkeit innovativer Intervention und Kooperation sehen wir das wesentlichste Ziel projektorientierter Studiengänge.

c) Schließlich zum Anspruch des forschenden Lernens: Aus den wöchentlichen Ereignisbefragungen geht eindeutig hervor, daß auch der forscherisch-evaluativen Auseinandersetzung mit der eigenen Tätigkeit ein bedeutsamer Anteil am subjektiv erlebten Kompetenzgewinn zugeschrieben wird; ein Anteil, der erheblich über andere ausbildungsdidaktische und berufspraktische Einschätzungen hinausgeht. Dieses Ergebnis hat uns wegen früherer Erfahrungen mit Projekten nicht überrascht, zumal es mit der Beobachtung einhergeht, daß Studierende die forschungsmethodischen Kolloquien mit großem Engagement und Interesse besuchten. Sie steht jedoch im eklatanten Widerspruch mit der beobachtbaren geringen Bereitschaft (bis Ablehnung) von Berufspraktikern, ihre Tätigkeit zu evaluieren. Wir sind geneigt anzunehmen, daß diese oft vorfindbare Distanz der Berufspraktiker zur (Selbst-)Evaluation auf die mißliche Situation in bundesdeutschen Universitäten zurückführbar ist, dort auf Fragen der Berufspraxis-Evaluation in der Methodenausbildung weitgehend zu verzichten. Mir scheint hier das Projektstudium gegenwärtig die beste Möglichkeit zur Korrektur zu bieten, da nur dort die anspruchsvolle Verknüpfung von theoretischer Arbeit, praktischer Anwendung von Wissenschaft und ihre methodischen Kontrollmöglichkeiten angemessen vermittelt werden kann.

**LITERATUR:**


BELSCHNER, W., GOTTWALD, P. & KAISER, P.F.: Zur Kompetenz des Klinischen Psychologen für Prävention und Präventionsforschung. In: Minsel, W.R. & Scheller, R. (Hrsg.): ***Prävention. Brennpunkte der Klinischen Psychologie.*** München: Kösel, 1981, 194-212.

BIRTSCH, V.: ***Evaluation klinisch-psychologischer Ausbildung und empirische Analyse eines praxisbezogenen Grundkurses.*** Phil. Dissertation, Universität Heidelberg, 1977.

BIRTSCH, V.: Problemorientierte Ausbildung als Anleitung zur Integration psychotherapeutischer Modelle und Techniken. In: Birtsch, V. & Tscheulin, D. (Hrsg.): ***Ausbildung in Klinischer Psychologie und Psychotherapie.*** Weinheim: Beltz, 1980, 229-239.

BIRTSCH, V. & TSCHEULIN, D. (Hrsg.): ***Ausbildung in Klinischer Psychologie und Psychotherapie.*** Weinheim: Beltz, 1980.

BÖCKER, P., FIEDLER, P.A., GIESE, E., KRIWETT, M., LESZKE, H., ROHLFS, S., SCHÄUBLE, W. & SÜSS, R.: Entwicklung und Durchführung eines Mediatorentrainings für Mitarbeiter in der Heimerziehung. In: ***Verhaltenstherapie in der psychosozialen Versorgung.*** Sonderheft II/1978 der „Mitteilungen der DGVT". Tübingen, 1978, 213-228.

BREUER, F.: ***Beratung und Therapie in der Praxis.*** Heidelberg: Quelle & Meyer, 1979.

BREUER, F. & SEEGER, F.: Erfahrungen und erste Ergebnisse aus Interviews mit praktisch tätigen Psychologen in Beratung und Therapie. ***Mitteilungen der DGVT,*** 11, 1979, 258-276.

BUCHKREMER, G. & FIEDLER, P.A.: Angehörigentherapie bei schizophrenen Patienten. In: Helmchen, H., Linden, M. & Rüger, K. (Hrsg.): ***Psychotherapie in der Psychiatrie.*** Heidelberg: Springer, 1981a, 141-145.

BUCHKREMER, G. & FIEDLER, P.A.: ***Differentielle Psychotherapie zur Rückfallprophylaxe bei schizophrenen Patienten.*** Vortrag, 7. Internationales Symposium über die Psychotherapie der Schizophrenie. Heidelberg, 1981b.

CHRISTOPH, S. & KARUTZ, K.: ***Wissenschaftliche Begleitung und Evaluation der praxisorientierten Schwerpunktausbildung „Erwachsenenpsychiatrie".*** Unveröffentlichte Diplomarbeit. Universität Münster, 1981.

FICHTER, M., WITTCHEN, H.K. & DVORAK, A.: Klinische Psychologen im Beruf – Ergebnisse einer empirischen Untersuchung. In: Birtsch, V. & Tscheulin, D. (Hrsg.): ***Ausbildung in Klinischer Psychologie und Psychotherapie.*** Weinheim: Beltz, 1980, 37-53.

FIEDLER, P.A.: Wider die Methodenintegration: Argumente für eine problemorientierte Psychotherapie. In: Schultz, W. & Hautzinger, M. (Hrsg.): ***Klinische Psychologie und Psychotherapie. Bd. 1.*** Tübingen/Köln: DGVT/GwG, 1980(a), 43-50.

FIEDLER, P.A.: Adaptives Praxislernen im klinisch-psychologischen Projektstudium. In: Birtsch, V. & Tscheulin, D. (Hrsg.): ***Ausbildung in Klinischer Psychologie und Psychotherapie.*** Weinheim: Beltz, 1980(b), 185-199.

FIEDLER, P.A. & BUCHKREMER, G.: Psychotherapie bei Patienten mit schizophrenen Störungen. In: Bastine, R., Fiedler, P.A., Grawe, K., Schmidtchen, S. & Sommer, G. (Hrsg.): ***Grundbegriffe der Psychotherapie.*** Weinheim: edition psychologie, 1982.

FIEDLER, P.A. & BUCHKREMER, G.: ***Psychotherapie bei Patienten mit schizophrenen Störungen. Indikation und Kombination verhaltens- und sozialtherapeutischer Ansätze.*** Vortrag auf dem 2. Kongreß für Klinische Psychologie und Psychotherapie. Berlin, 1982.

FIEDLER, P.A., CHRISTOPH, S., KARUTZ, U. & BUCHKREMER, G.: ***Universitäre Praxisausbildung in Klinischer Psychologie. Das Münsteraner Ausbildungsprojekt „Erwachsenenpsychiatrie". Eine evaluative Studie.*** In Vorbereitung, 1982.

FIEDLER, P.A. & EICKELS, N.: Kooperation, Transparenz und Veränderung: Auf dem Weg zu einer lern- und personzentrierten Psychotherapieforschung. In: Fiedler, P.A. (Hrsg.): ***Psychotherapieziel Selbstbehandlung. Grundlagen kooperativer Psychotherapie.*** Weinheim: edition psychologie, 1981, 133-154.

GROEGER, W.M., WITTCHEN, H.K., DVORAK, A. & FICHTER, M.: Zur klinisch-psychologischen Schwerpunktausbildung im Rahmen des Studienganges „Psychologie": Eine empirische Analyse. Teil 1. ***Psychologische Rundschau,*** 30, 1979, 180-197.

KLEIBER, D.: Berufliche Sozialisation zum Klinischen Psychologen durch Hochschule und Praxis. In: Keupp, H. & Zaumseil, M. (Hrsg.): ***Die gesellschaftliche Organisierung psychischen Leidens.*** Frankfurt: Suhrkamp, 1978.

KEUPP, H. & v. KARDORFF, E.: Psycho-soziale Basisqualifikationen. Überlegungen zur Ausbildung von Psychologen im Gesundheitswesen. ***Mitteilungen der DGVT,*** 12, 1980, 649-673.

**Kontaktadresse:** Prof. Dr. P. Fiedler
Psychologisches Institut
Hauptstr. 47-51
6900 Heidelberg

# Praxisnahe psychotherapeutische Grundausbildung im Psychologiestudium. Versuch einer Realisierung[1]

*H.R. Ambühl, F.M. Caspar, K. Grawe, S. Grawe und H.P. Müller*

Angesichts der Tatsache, daß heute in der BRD wie auch in der Schweiz eine Mehrheit der Studenten den Schwerpunkt ihres Studiums in der Klinischen Psychologie setzt, ist die Frage nach den Ausbildungsinhalten eines solchen Studiums von zentralem Interesse.

Bei unseren Überlegungen zu den wünschenswerten beruflichen Qualifikationen eines Klinischen Psychologen gehen wir nicht primär von der Frage aus, in welchem spezifischen Tätigkeitsfeld er einmal tätig sein wird. Wir fragen also weniger danach, ob jemand später in einer psychiatrischen Klinik, in einer Beratungsstelle, einer psychotherapeutischen Praxis oder einem multidisziplinär besetzten Team einer gemeindenahen Einrichtung arbeiten wird, sondern wir fragen uns, was kann und sollte ein *Psychologe* an speziellem Wissen und Fähigkeiten einbringen, wo immer er einmal arbeiten wird.

Was kann ein Psychologe zur psychosozialen Versorgung beitragen, das nicht schon vom Arzt, von den pflegerischen Berufen, vom Sozialarbeiter oder anderen Berufen mit nichtpsychologischen Ausbildungsgängen geleistet wird?

Für den psychologischen Therapeuten heißt die spezifisch psychologische Frage, mit der er an das Phänomen psychischer Störungen herantreten kann: Wie setzt sich der Klient auf der Grundlage seiner psychischen Voraussetzungen zu seiner konkreten Lebensumgebung in Beziehung, wie entstehen daraus seine psychischen Probleme, und welche Möglichkeiten bestehen für ihn, sich in anderer Weise zu seiner Umgebung in Beziehung zu setzen, ohne daß die bisherigen psychischen Probleme daraus resultieren?

Konkret hat nun eine solche Sichtweise für die Ausbildung in Klinischer Psychologie folgende Konsequenzen:
Erstens soll der Student lernen, mit einem Menschen so umzugehen, daß er dabei Rechnung trägt, wie sich dieser Mensch selber gerne zu seiner sozialen Umwelt in Beziehung setzen möchte.
Zweitens soll er lernen, aufgrund dessen, wie sich der andere Mensch zu ihm und zu seiner sonstigen Umwelt in Beziehung setzt, dessen Probleme mit seiner konkreten Lebensumgebung besser zu verstehen.
Drittens soll er schließlich lernen, mittels verschiedener Interventionen zur Verringerung der psychischen Störungen beizutragen.

Ein so ausgebildeter Psychologe sollte unserer Meinung nach in der Lage sein, nach

1) Kurzfassung des Vortrags am 18.2.1982.

kurzer Einarbeitungszeit in einem spezifischen Tätigkeitsbereich seine praktischen Kompetenzen nutzbringend anzuwenden. Zudem befähigt ihn dieses Wissen auch, psychotherapeutisch im engeren Sinn tätig zu sein. Einschränkend muß man hierzu allerdings sagen, daß es sich dabei nur um eine fundierte Grundausbildung handeln kann, die nach Abschluß des Studiums noch durch kontrollierte Praxiserfahrungen erweitert werden müßte. Wir halten die Universität für den geeigneten Ort, die einzelnen Psychotherapieformen und -methoden kritisch zu hinterfragen und zu entideologisieren. Wir bemühen uns daher, verschiedene Therapiemethoden in die Ausbildung zu integrieren.

Wir fassen Psychotherapie als einen heuristischen Prozeß auf. Unter Heuristiken verstehen wir Such-, Entscheidungs- und Handlungsregeln, die für eine Lösung eines Problems zwar keine Garantie geben, dafür aber komplexe Problemräume so reduzieren, daß sie für den Problemlöser handhabbar werden. Dabei gehen wir davon aus, daß ein Therapeut eine Menge von therapeutischen Heuristiken im Sinne von *Wenn-dann-Beziehungen* zur Hand hat, die er flexibel je nach Vorliegen bestimmter situativer Bedingungen zur Anwendung bringen kann.

Für die Ausbildung hat eine solche Auffassung des therapeutischen Geschehens bedeutsame Konsequenzen. Wenn Therapie nicht als etwas aufgefaßt wird, das nach feststehenden und genau beschriebenen (algorithmischen) Regeln ablaufen soll, sondern eher als ein schöpferischer (heuristischer) Prozeß, so verlangt dies vom Therapeuten vor allem die Fähigkeit zu flexibler und eigenständiger Planung.

An der Universität Bern versuchen wir eine praxisnahe psychotherapeutische Grundausbildung folgendermaßen zu realisieren:

Mit der Neubesetzung des Lehrstuhls für Klinische Psychologie durch Klaus Grawe wurde eine „Klinisch-psychologische Praxis- und Forschungsstelle" eingerichtet, die sowohl für die Psychotherapieforschung wie auch für die Ausbildung die praktische Durchführung von Psychotherapien ermöglichen soll.

Bei den Klienten, die an dieser Stelle behandelt werden, handelt es sich in der Regel um Personen mit Ängsten, Minderwertigkeitsgefühlen, Depressionen oder psychosomatischen Beschwerden. Mittels Einwegscheiben, Ton- und Videoaufnahmen sind sämtliche Therapien, die an dieser Stelle durchgeführt werden, einer optimalen Supervision und Aufzeichnung zugänglich. Für die Supervision der Ausbildungstherapien stehen eineinhalb Psychologenstellen vollzeitlich zur Verfügung. Bei der von uns für wünschenswert gehaltenen Intensität der Supervision reicht diese Kapazität aus, um innerhalb eines Jahres 15 Ausbildungskandidaten bei der praktischen Therapietätigkeit zu supervidieren. Bei der Studentenzahl an der Berner Universität reichen diese Plätze zur Zeit aus für alle, die diese Ausbildung machen wollen.

Die praktische Ausbildung läßt sich in drei Phasen aufteilen, nämlich in eine Vorbereitungsphase, eine Einstiegsphase und eine Durchführungsphase.

In der *Vorbereitungsphase* werden psychotherapeutische Grundfertigkeiten vermittelt. Dabei handelt es sich vor allem um bestimmte therapeutische Interventionsmethoden, von denen heute erwiesen ist, daß sie bei richtigem Einsatz einen positiven Effekt haben.
Diese Techniken werden in der begleitenden theoretischen Auseinandersetzung in

ihrer historischen Entwicklung dargestellt, schließlich aber aus dem ideologischen Kontext einer Therapieschule wieder herausgelöst. Sämtliche Grundkurse beinhalten einen intensiven Übungsteil, in dem praktische Vorgehensweisen vermittelt und geübt werden.

Für den Eintritt in das Therapieplanungsseminar, das wir als eigentlichen *Einstieg* in die Therapiepraxis betrachten, müssen Arbeitsnachweise über die Beschäftigung mit den therapeutischen Grundfertigkeiten erbracht werden.
Das Therapieplanungsseminar hat zum Ziel, die Ausbildungskandidaten unmittelbar auf die Übernahme einer eigenen Therapie vorzubereiten. Hierzu werden die von uns als wichtig erachteten Aspekte einer Psychotherapie einzeln ausführlich behandelt. Im Mittelpunkt des Seminars steht die Vermittlung einer bestimmten Sicht- und Herangehensweise an einen Klienten mit psychischen Störungen. Die Studenten werden intensiv darin trainiert, zu Beginn einer Beratungs- oder Therapiestunde vor allem darauf zu achten, wie sich der Klient zu dieser Situation und dann allgemein zu seinen Interaktionspartnern in Beziehung zu setzen versucht. Demzufolge wird die Therapieplanung nicht in erster Linie von bestimmten Symptomen des Klienten, sondern von dessen „interaktionellen Plänen" abhängig gemacht. Aus der durch eine Vertikale Verhaltensanalyse (VVA) erarbeiteten Planstruktur wird abgeleitet, wie eine gute therapeutische Beziehung zum Klienten hergestellt werden kann, welchen Stellenwert seine Symptome im Hinblick auf seine jetzige Lebensgestaltung haben, welche Ziele angestrebt werden könnten und an welchen Ansatzstellen mit bestimmten therapeutischen Techniken angesetzt werden könnte. In diesem Kontext kommen also einzelne psychotherapeutische Techniken losgelöst von ihrer ideologischen Herkunft dann zum Einsatz, wenn sie sich mit den interaktionellen Plänen des Klienten vereinbaren lassen, als Mittel zur Veränderung von bestimmten Störungen sich bewährt haben und mit dem Störungsmodell, das dem Klienten vermittelt wird, kompatibel sind.

Unser hauptsächliches Ziel ist also, den Studenten zu befähigen, sich für eine zwischenmenschliche Problemsituation eine Gesamtkonzeption zu erarbeiten, aus der er Schlüsse für seine Beziehungsgestaltung und die konkrete Therapieplanung ableiten kann.
Parallel dazu wird dem Studenten konkret veranschaulicht, was in der Therapie tatsächlich abläuft. Dies geschieht dadurch, daß er an einer laufenden Therapie hinter der Einwegscheibe teilnimmt, ebenso an den Vor- und Nachbesprechungen. Damit soll erreicht werden, daß der Sprung von der theoretischen Grundausbildung zur eigenen praktischen therapeutischen Tätigkeit so klein wie möglich wird. Darüber hinaus soll das Teilhaben an der Praxis den einzelnen auch motivieren, eigene Unzulänglichkeiten besser wahrzunehmen und zu korrigieren, bevor er selber mit einem Klienten konfrontiert wird. Diesen Zweck verfolgen auch die Leistungsnachweise, die von den Studenten erbracht werden müssen, bevor sie legitimiert sind, über einen Zeitraum von etwa einem Jahr hinweg eine eigene Therapie zu übernehmen.

Diese *Durchführungsphase* besteht aus drei Teilen, die unterschiedliche Funktionen haben.

1. *Therapiesupervision.* In der Regel bilden dieselben Gruppen, die schon zusammen die Grundfertigkeiten geübt haben, auch die Supervisionsgruppe. Im Rah-

men dieser Gruppe werden nun die einzelnen Therapien durchgeführt. Konkret heißt dies, daß ein Gruppenmitglied Therapeut ist, während die anderen zusammen mit einem Mitarbeiter als Supervisor hinter der Einwegscheibe die Therapie mitverfolgen und Sitzung für Sitzung mit dem Therapeuten vor- und nachbesprechen. Der Arbeitsaufwand für eine Sitzung beträgt in der Regel zwei Stunden, eine halbe Stunde Vorbesprechung, eine Stunde Durchführung und eine halbe Stunde Nachbesprechung. Im Zentrum dieser Besprechungen steht der konkrete Therapieverlauf, das Planen von einer Sitzung zur nächsten.

2. Anders liegt der Schwerpunkt beim *Fallseminar,* das wöchentlich 2stündig stattfindet. Hier steht nicht die konkrete Therapieplanung und auch nicht das konkrete Interaktionsverhalten des Therapeuten im Vordergrund des Interesses, sondern hier geht es primär um die Konzeption, die sich die Gruppe vom Klienten und dessen Problemen im Laufe der Therapiedurchführung erarbeitet hat. Die Gruppe hat die Aufgabe, eine möglichst umfassende Analyse der interaktionellen Pläne (VVA) eines Klienten vorzustellen und darüber zu berichten, was sie daraus für Schlüsse für die konkrete Therapieplanung gezogen hat.
3. Das dritte Element in der Durchführungsphase bildet eine *therapiebezogene Selbsterfahrungsgruppe.* Wir legen jedem Ausbildungskandidaten nahe, daß er sich über die sonstige Ausbildung hinaus mit seinen eigenen Verhaltensweisen als Mensch bzw. als Therapeut auseinandersetzt, wobei wir ihm die Form einer solchen Selbsterfahrung nicht vorschreiben. Von uns aus machen wir das Angebot, in einer Gruppe, die von einem Mitarbeiter geleitet wird, eine therapiebezogene Selbsterfahrung einzugehen. Es handelt sich dabei um ein Forum, in dem anhand von einigen Ankerfragen diejenigen Belange, die mit der Person des Therapeuten im Rahmen seiner Tätigkeit zusammenhängen, zur Sprache kommen.

Anhand einer Abbildung soll die psychotherapeutische Grundausbildung nochmals zusammenfassend dargestellt werden:

| | |
|---|---|
| **Vorbereitungsphase:**<br>5./6. Semester | Erarbeiten von therapeutischen Grundfertigkeiten und Wissen:<br>– Informationserhebung und Problemanalyse<br>– Gesprächsführung<br>– Symptombezogene Therapiemethoden<br>– Training sozialer Fertigkeiten<br>– Kognitive Therapiemethoden<br>– Erlebnisaktivierende Therapiemethoden<br>– Theorie: Historische Entwicklung, theoretische und empirische Grundlagen der einzelnen Interventionsmethoden |
| **Einstiegsphase:**<br>7./8. Semester | Therapieplanung unter dem Aspekt der Vertikalen Verhaltensanalyse (VVA), Integration der verschiedenen Therapieelemente:<br>– Theorie und Praxis der Therapieplanung<br>– Seminare über spezielle Störungsbilder und Interventionsmethoden |
| **Durchführungsphase:**<br>9./10. Semester | Praktische Erfahrungen als Therapeut:<br>– Durchführung einer eigenen Therapie unter Supervision<br>– Psychotherapeutisches Fallseminar<br>– Therapiebezogene Selbsterfahrungsgruppe |

Die hier skizzierte Ausbildung findet über einen Zeitraum von etwa drei Jahren hinweg statt. Rechnet man die zu dieser Ausbildung erforderlichen Zeitstunden auf, so kommt man etwa auf 700 Stunden. Dies liegt im oberen Bereich dessen, was von den einzelnen Therapieverbänden für eine vollständige Therapieausbildung gefordert wird. Auch für die Mitarbeiter erfordert eine solche Ausbildung einen großen Zeitaufwand, so daß sich ein solches Konzept nur dann verwirklichen läßt, wenn der Schlüssel Lehrpersonal-Studenten günstig ist. Wir sind der Meinung, daß sich eine solche Ausbildung auch den Klienten gegenüber nur dann verantworten läßt, wenn eine individuelle Supervision jeder Therapie durch einen erfahrenen Mitarbeiter gewährleistet wird.

**Kontaktadresse:** Psychologisches Institut der Universität
Gesellschaftsstr. 49
CH-3012 Bern

# Praxisorientierte Ausbildung im Diplomstudiengang Klinische Psychologie [1]

*J. Lohmann, P. Aymanns, G. Behrendt-Engel, O.Mittag und H. Sittauer*

Praxisorientierte Ausbildung im Diplomstudiengang Klinische Psychologie wird hier verstanden als die Vermittlung von Basiskompetenzen im praktisch-psychologischen Handeln, wie es zu einer ersten Orientierung in der späteren Praxis erforderlich ist. Unter praktisch-psychologischem Handeln werden dabei *alle* psychologisch begründeten Maßnahmen und Entscheidungen verstanden, die ein Psychologe bei der Lösung von Problemen eines Klienten oder einer Gruppe von Klienten trifft. Praxisorientierte Ausbildung stellt somit keine Therapieausbildung im engeren Sinne dar.

Psychologisches Handeln in der Praxis setzt psychologisches *Wissen* (Bedingungs-, Anwendungs- und Methodenwissen), psychologische *Fertigkeiten* sowie die Realisierung psychologischer *Haltungen* voraus. Das praxisorientierte Ausbildungsangebot darf daher das curriculare Lehrangebot zu den Bereichen Grundlagenvertiefung, Methodik und Anwendung im Diplomstudiengang Psychologie nicht ersetzen oder einschränken, sondern sollte als Erweiterung und Ergänzung der bestehenden Ausbildung betrachtet werden.

An der Universität Trier wird ein Modellversuch „Praxisorientierte Ausbildung im Diplomstudiengang Klinische Psychologie" durchgeführt. Der Modellversuch wird vom Bund und vom Land Rheinland-Pfalz finanziert; er wird im September 1982 nach vierjähriger Laufzeit abgeschlossen werden. Im Rahmen dieses Modellversuches wurden vier praxisorientierte Kernveranstaltungen für Studierende des Diplomstudienganges Psychologie konzipiert und über drei Jahre erprobt. Die vier Veranstaltungstypen sind aufeinander bezogen; ihr zeitlicher Anteil am gesamten Lehrangebot im Diplomhauptstudium beträgt etwa 10%. Die folgende Darstellung der vier Veranstaltungen umfaßt die Formulierung von übergeordneten Lernzielen, die Art der Veranstaltungsdurchführung sowie eine Zusammenfassung der zu diesem Zeitpunkt vorliegenden Evaluationsergebnisse.

## Anwendungspraxis I: Beobachtung praktisch-psychologischer Arbeit

Die Durchführung der Veranstaltung „Anwendungspraxis I" orientiert sich an folgenden vier Lernzielgruppen: Der Studierende soll die vielfältigen und praktischen Probleme in der psychologischen Behandlung von Klienten kennenlernen; er soll psychologisches Wissen auf eine beobachtete Behandlung anwenden lernen; er soll die Planung, Durchführung und Bewertung einer psychologischen Behandlung kennenlernen; er soll Erfahrungen sammeln über die Bedeutung des eigenen Erlebens bei der Beobachtung oder Durchführung einer Behandlung.

1) Der vollständige Vortrag ist auf Anfrage bei J. Lohmann, Psychologisches Ambulatorium an der Universität Trier, Schneidershof, 5500 Trier, erhältlich.

Die Veranstaltung wird für Studierende des 5. Fachsemesters angeboten; sie wird wöchentlich durchgeführt, ist zweistündig und soll die Teilnehmerzahl von 20 nicht überschreiten. Die Studierenden beobachten in der Veranstaltung über eine Einwegscheibe oder auf einem Videoschirm eine gleichzeitig ablaufende psychologische Behandlung. Nach Abschluß der Behandlungssitzung wird die vorangegangene Arbeit mit dem Klienten im Rahmen eines Seminars besprochen. Besondere Berücksichtigung finden hierbei: (1) das Erleben der beobachtenden Studierenden, (2) Interaktionsmerkmale und Interaktionsauffälligkeiten aus der Behandlung und (3) die Anwendung von Theorien, Methoden, Verfahren, Techniken und Strategien in der Behandlung des Klienten.

Die Evaluationsdaten sowie die Beurteilung durch Veranstaltungsleiter und Veranstaltungsteilnehmer ermutigen nicht, die Veranstaltung „Anwendungspraxis I" in dieser Darbietungsform oder aber zu diesem Zeitpunkt fortzuführen. Vielmehr erscheint es auch aus Kapazitätsüberlegungen heraus sinnvoll, den Studierenden nicht mit der gesamten Informationsfülle einer aktuell ablaufenden Behandlung zu konfrontieren, sondern Ausschnitte aus einer oder mehreren Behandlungen vorzustellen, die einer sinnvollen Lernsequenz entsprechen. Erste Erfahrungen hiermit wurden bereits gemacht, wobei es allerdings noch gilt, eine optimale Veranstaltungsform zu finden.

### Anwendungspraxis II: Vermittlung und Einübung von Basisfertigkeiten

Die Durchführung der Veranstaltung „Anwendungspraxis II" orientiert sich an folgenden vier übergeordneten Lernzielen, die aus allgemeinen Theorien zur sozialen Interaktion und Kommunikation abgeleitet wurden: Der Studierende soll lernen, Informationen vom Klienten möglichst vorurteilsfrei aufzunehmen; er soll lernen, Informationen vom Klienten psychologischem Wissen zuzuordnen; er soll lernen, hypothesengeleitet Informationen zu erheben; er soll lernen, problemlösende Informationen dem Klienten verständlich anzubieten.

Die Veranstaltung wird für Studierende des 6. Fachsemesters angeboten und umfaßt sechs Sitzungen mit je fünf Semesterwochenstunden. In jeder Gruppe befinden sich 4-6 Studenten. Ein Veranstaltungsleiter betreut jeweils zwei Gruppen. Der Übungsstoff wird in Rollenspielen erarbeitet. Die Systematisierung der Basisfertigkeiten sowie die einzelnen Übungen folgen den oben formulierten Lernzielen:

- Zum Bereich *Informationsaufnahme* werden folgende Übungen durchgeführt: wörtliches Wiederholen einer Äußerung; Paraphrasieren einer Äußerung; Analyse der in einer Äußerung enthaltenen Informationen.
- Zum Bereich *Informationsverarbeitung* werden folgende Übungen durchgeführt: Formulierung von Annahmen über die Bedeutung einer Klientenaussage; Verbalisierung der in einer Aussage des Klienten enthaltenen Probleme; Formulierung von Bedingungshypothesen zu einem Problem des Klienten.
- Zum Bereich *Informationsgewinnung* werden folgende Übungen durchgeführt: Fragen stellen zu inhaltlich unterschiedlichen Problemen; Wiedergeben der Bedeutung, die in einer Klientenaussage enthalten ist.
- Zum Bereich *Informationsdarbietung* werden folgende Übungen durchgeführt: Erklären psychologischer Begriffe; Darstellung psychologischer Zusammenhänge;

Abgeben persönlicher Stellungnahmen zum Problem des Klienten, zum Verlauf der Behandlung und zum Interaktionsgeschehen.

Die Evaluation der Veranstaltung „Anwendungspraxis II" wurde bislang nur im Diskurs zwischen Veranstaltungsleitern und Veranstaltungsteilnehmern durchgeführt. Die numerische Evaluation ist noch nicht abgeschlossen; die Rohdaten werden zur Zeit ausgewertet. Zur numerischen Evaluation wurden von den Studierenden 33 Videoszenen zur Psychologe-Klient-Interaktion beurteilt; darüber hinaus wurde ein Fragebogen vorgegeben, mit dem Aspekte einer psychologisch günstigen Haltung erfaßt werden sollen. Die Studierenden beurteilen die Veranstaltung durchweg positiv. Sie betrachten das Programm als hilfreich für ihre Arbeit mit Klienten, berichten, daß sie mehr Kompetenzen erworben und mehr Zutrauen in eigenes psychologisches Handeln gewonnen haben, daß sie ihre Haltungen gegenüber den Klienten, der eigenen Person und dem psychologischen Handeln bereits erheblich verändert hätten und nicht zuletzt, daß es ihnen nach Absolvierung des Programms leichter gefallen ist, psychologisches Wissen auf praktische Probleme anzuwenden. Die Veranstaltungsleiter sind mit der Veranstaltung ebenfalls überwiegend zufrieden, sehen allerdings die Gefahr, daß die erworbenen Fertigkeiten auf alle möglichen Gesprächssituationen unreflektiert angewendet werden.

### Anwendungspraxis III/IV: Praktisch-psychologische Arbeit unter Anleitung/Supervision

Die beiden Veranstaltungen „Anwendungspraxis III/IV" unterscheiden sich nur unwesentlich in der Art ihrer Durchführung. In beiden Veranstaltungen arbeitet der Studierende unter direkter Anleitung mit Klienten, Klientengruppen oder in Institutionen. Dem Studierenden wird jedoch in zunehmendem Maße mehr Eigenständigkeit eingeräumt und abverlangt, soweit dies den Klienten gegenüber vertretbar ist. Die Durchführung der Veranstaltungen orientiert sich an den folgenden übergeordneten Lernzielen: Der Studierende soll lernen, psychologisches Wissen (Theorien, Modelle, empirische Befunde) auf eine praktisch-psychologische Problemstellung anzuwenden; er soll lernen, kurz- und langfristige Behandlungsstrategien zu entwickeln, zu begründen, durchzuführen und zu evaluieren; er soll lernen, psychologische Analyse- und Veränderungsmethoden anzuwenden und zu begründen; er soll lernen, einschränkende Bedingungen in der Behandlung mit einem Klienten zu berücksichtigen; er soll lernen, eigenes Verhalten und Erleben in der Interaktion mit dem Klienten sowie eigene Werthaltungen und Einstellungen zum Problem des Klienten zu reflektieren.

Die spezifischen Lernziele für diese Veranstaltung werden für die einzelnen Ausbildungsgruppen und darüber hinaus auch für den einzelnen Studenten individuell formuliert, da sowohl der Ausbildungsstand, das individuelle Lerntempo des einzelnen Studierenden und nicht zuletzt auch die unterschiedlichen Anforderungen der Behandlung eine individuelle Festlegung der Lernschritte verlangen. Die Veranstaltung findet wöchentlich statt und umfaßt vier Semesterwochenstunden; die Teilnehmerzahl ist auf vier Studenten begrenzt. Der wöchentliche Ablauf der Veranstaltungen sieht drei zeitlich voneinander getrennte Sitzungen vor: Zunächst wird ein zweistündiges Seminar angeboten, in dem die folgende Behandlungssitzung nachbereitet wird. Die Veranstaltungsteilnehmer legen hierzu einen schriftlich ausgearbeiteten Bericht vor. Im Anschluß an die Seminarsitzung, frühestens ein Tag danach, wird die Behandlung mit dem Klienten durchgeführt. Nach der Behandlungssitzung findet eine Supervisionssitzung statt.

Die Evaluation der Veranstaltungen „Anwendungspraxis III/IV" wurde mit Hilfe eines veranstaltungsbegleitenden Fragebogens sowie durch die Beurteilung der Studierenden und Veranstaltungsleiter durchgeführt. Außerdem wurde zum Ende der Veranstaltung „Anwendungspraxis IV" ein Test vorgegeben, bei dem die Studierenden Handlungsstrategien und Handlungsalternativen zu einem schriftlich vorgestellten fiktiven Behandlungsverlauf entwickeln sollten. Die Veranstaltungen werden von den Beteiligten als studienmotivierend und effektiv angesehen.

Kritisch wurde angemerkt, daß die Behandlung eines Klienten für jeden Studierenden ein in unterschiedlichem Ausmaß belastendes, wenn nicht gar krisenschaffendes Ereignis darstellt, da der Studierende sich und anderen seine Kompetenzen zum praktisch-psychologischen Handeln offenlegen muß. Weiterhin ist der zeitliche Aufwand in dieser Veranstaltung sowohl für den Studierenden als auch für den Veranstaltungsleiter außerordentlich hoch. Die vorgesehene Veranstaltungszeit von vier Semesterwochenstunden wird in der Regel bei weitem überschritten. Der hohe Strukturierungsgrad der Vorbereitung einer Sitzung schränkt darüber hinaus viele Studierende in ihrer natürlichen Spontaneität bei der Arbeit mit dem Klienten ein, auch wenn dies andererseits eine gewisse Sicherheit für sie bietet. Schließlich stellt die Arbeit vor der Kamera oder Einwegscheibe für alle Beteiligten anfangs ein Problem dar.

Trotz dieser nicht unwesentlichen Probleme und Bedenken sehen Studierende wie Veranstaltungsleiter diese Art der praktischen Arbeit mit dem Klienten als wesentlich für die persönliche, studienbezogene und berufliche Entwicklung des Studierenden an. Auch die Lernfortschritte, die sich deutlich in der numerischen Evaluation zeigen, sprechen für diese Ausbildungsform, da alle bisher ausgebildeten Jahrgangsgruppen erhebliche Verbesserungen in ihrem psychologischen Handeln zeigen.

Zum Schluß soll noch einmal der Stellenwert praxisorientierter Ausbildung an der Universität verdeutlicht werden. In der psychologischen Landschaft zeigen sich heute gegensätzliche Einstellungen zur praxisorientierten Ausbildung. Einerseits wird gefordert, daß die praxisorientierte Ausbildung einer postgraduierten Ausbildungsphase vorbehalten bleiben solle. Die Ausbildung im Diplomstudium solle dagegen vorwiegend grundwissenschaftliche und methodische Inhalte umfassen; eine praxisorientierte Ausbildung im Diplomstudium führe zu technologischem, unwissenschaftlichem Handeln. Die andere Seite fordert, daß mehr als bisher eine praxisorientierte Ausbildung bereits im Grundstudium realisiert werden solle, da das Ziel der universitären Ausbildung eine optimale Berufsvorbereitung sei.

Nach der hier vertretenen Auffassung stellt die theoretische, methodische und methodologische Ausbildung eine unabdingbare Aufgabe universitärer Ausbildung dar. Erst die Anwendung dieses psychologischen Wissens in der praktisch-psychologischen Arbeit unterscheidet schließlich den Diplompsychologen in seinem Handeln von anderen Berufsgruppen in denselben Tätigkeitsfeldern. Mit dem hier dargestellten Modellversuch wurde jedoch auch die Erfahrung gemacht, daß sich bei den Studierenden gerade durch die praxisorientierte Ausbildung eine deutlich erhöhte Motivation herausgebildet hat, sich mit theoretischen und methodischen Grundlagen auseinanderzusetzen, um das eigene psychologische Handeln zu optimieren. Theorien und Methoden erhalten somit für den Studierenden ihren Sinn in der praktischen Anwendung. Dies, so glauben wir, soll weiterhin Unterstützung finden.

**Kontaktadresse:** J. Lohmann
Psychologisches Ambulatorium an der
Universität Trier
Schneidershof
5500 Trier

# Konstanzer Halbjahrespraktikum
# Konzeption und erste Erfahrungen [1]

*Gesine Wabra*

## 1. Konzeption und Ziele des Halbjahrespraktikums

Seit dem Wintersemester 1979/80 wird an der Universität Konstanz ein Halbjahrespraktikum für Psychologiestudenten im Diplomstudiengang realisiert. Die zur formalen Gestaltung entwickelten Richtlinien sehen die Praktikumsdurchführung obligatorisch im 7. Semester vor und legen eine wöchentliche Arbeitszeit von ca. 40 Stunden fest. Die Anleitung der Praktikanten muß von einem Diplompsychologen geleistet werden.

Das Halbjahrespraktikum verfolgt im wesentlichen zwei Zielsetzungen: Das Praktikum soll das aktive Kennenlernen eines psychologischen Berufsfeldes ermöglichen; das bedeutet selbständige Anwendung psychologischer Arbeitstechniken und Vorgehensweisen durch die Praktikanten unter Anleitung und Supervision eines Psychologen (Prinzip des „learning by doing"). Ferner soll das Halbjahrespraktikum als Korrektiv für die Ausbildung an der Hochschule fungieren, um künftig eine stärkere Orientierung der Studieninhalte an den Erfordernissen der Praxis zu erreichen.

Das Halbjahrespraktikum kann an allen psychologisch arbeitenden Institutionen abgeleistet werden, sofern die dort tätigen Psychologen sich zur Betreuung der Praktikanten bereit erklären.

## 2. Praktikumsorganisation und -betreuung

Um einen Informationsaustausch mit Vertretern der Praxis zu etablieren, bestehen persönliche Kontakte zwischen der Universität und den praktikumsgebenden Institutionen. Die dabei gewonnenen Informationen werden den Studenten in Form von Praktikumsstellen-Kurzbeschreibungen im Rahmen der Praktikumsberatung und -vermittlung zugänglich gemacht.

Zur Vorbereitung auf das Halbjahrespraktikum findet im Semester vor Praktikumsbeginn ein Praktikantenseminar statt, das der Informationsvermittlung über Praktikumsstellen und Praktikumserfahrungen dient.

Während des Praxissemesters sind die Studenten von der Universität beurlaubt, erhalten aber weiterhin BAföG-Förderung, sofern sie ihr Praktikum in der BRD leisten.

Im Verlauf des Halbjahrespraktikums werden zwei Treffen an der Universität zum Erfahrungsaustausch angeboten; ferner wird das Praktikum durch einen Besuch jeder Praktikumsinstitution begleitend betreut.

---

1) Kurzfassung des Vortrags am 18.2.1982.

## 3. Zusammenfassung erster Evaluationsergebnisse

Im Rahmen der fünfjährigen Erprobungsphase des Halbjahrespraktikums wurde an den Studenten des 2. Praktikantenjahrganges vor und nach Absolvierung des Praktikums eine schriftliche Befragung durchgeführt. Die Untersuchung vor Praktikumsbeginn zielte auf die Erhebung der Erwartungen und Zielvorstellungen der Studenten im Hinblick auf das Halbjahrespraktikum ab, während die Nachbefragung die Praktikumserfahrungen und deren Bewertung durch die Studenten erfassen sollte.

Betrachtet man die Erwartungen und Zielvorstellungen der Studenten vor Praktikumsbeginn im Vergleich mit den Praktikumserfahrungen und -bewertungen nach Abschluß des Praxissemesters, ergibt sich folgendes Bild:

– Die Studenten absolvierten das Halbjahrespraktikum überwiegend in Beratungsstellen, psychiatrischen Krankenhäusern bzw. Kliniken und Rehabilitationseinrichtungen, ferner auch in Fachkliniken, Forschungseinrichtungen und sonstigen psychologisch arbeitenden Institutionen.

**Tabelle 1:** Verteilung des 2. Praktikantenjahrganges auf die praktikumsgebenden Institutionen

| Art der Institution | Anzahl der Stellen | | Anzahl der Plätze | | Anzahl der Praktikanten total | | männl. P. | | weibl. P. | |
|---|---|---|---|---|---|---|---|---|---|---|
| | abs. | % | abs. | % | abs. | % | abs. | % | abs. | % |
| Beratungsstellen | 18 | 29 | 21 | 26 | 12 | 33 | 3 | 19 | 9 | 45 |
| psychiatrische Krankenhäuser | 12 | 19 | 16 | 20 | 8 | 22 | 2 | 13 | 6 | 30 |
| Fachkliniken | 13 | 21 | 13 | 16 | 1 | 3 | 1 | 6 | 0 | |
| Rehabilitations-einrichtungen | 7 | 11 | 14 | 18 | 7 | 20 | 4 | 25 | 3 | 15 |
| sonstige Institutionen | 6 | 10 | 9 | 11 | 5 | 14 | 4 | 25 | 1 | 5 |
| Forschungs-institutionen | 6 | 10 | 7 | 9 | 3 | 8 | 2 | 13 | 1 | 5 |
| Summe | 62 | | 80 | | 36 | | 16 | | 20 | |

– Die Eingangserwartungen an das Praxissemester haben sich für die Studenten weitgehend erfüllt.

– Die seitens der Universität formulierten Praktikumsziele:
  - aktives Kennenlernen eines psychologischen Berufsfeldes,
  - Erwerb vorwiegend praktischer Kenntnisse und Fertigkeiten,
  - Orientierungshilfe für das weitere Studium durch Interessenfokussierung,
  - Entscheidungshilfe für die spätere Berufstätigkeit,

  werden in ähnlicher Weise auch von den Studenten vor Beginn des Praktikums artikuliert und durch die Praxiserfahrung als weitgehend erfüllt beschrieben. Die Antworten der Studenten lassen den Schluß zu, daß sie darüber hinaus vor allem in der Erweiterung der persönlichen Erfahrung ein wesentliches Praktikumsziel sehen, das durch einen Zuwachs an „Selbsterfahrung" im Praktikum in den meisten Fällen erreicht wurde.

- Innerhalb der Praktikumstätigkeit arbeiteten die Studenten vorwiegend in den Bereichen Diagnostik, Beratung und Therapie. Abgesehen von den diagnostischen Tätigkeiten, die in diesem Umfang von den Studenten vor Praktikumsbeginn nicht angestrebt wurden, entsprachen die Tätigkeitsfelder den Wünschen der Praktikanten.
- Die Aufgaben der anleitenden Psychologen in den Praktikumsinstitutionen deckten sich weitgehend mit den Arbeitsbereichen der Praktikanten, in denen sie überwiegend selbständig arbeiten konnten.
- Die Studenten erwarben im Praktikum genau die praktischen und theoretischen Kenntnisse, nämlich praktische und theoretische Therapie- und Beratungs- sowie Diagnostikkenntnisse, die sie dort gewinnen wollten, nämlich klinisch-psychologische Kenntnisse theoretischer und praktischer Art.
- Die Erwartungen im Hinblick auf Kooperation und positives Arbeitsklima in den praktikumsgebenden Institutionen wurden in den meisten Fällen im großen und ganzen erfüllt, ebenso der Wunsch nach relativ großer Selbständigkeit bei der Durchführung der Praktikantentätigkeiten.
- Nicht ganz so positiv bewerteten die Studenten den Bereich Anleitung und Supervision. Regelmäßige Anleitungszeiten (im Umfang von ca. zwei Stunden pro Woche) sind in den praktikumsgebenden Institutionen eher die Ausnahme.
- Die Interessenfokussierung auf den Bereich „Klinische Psychologie" hat sich durch die Praxiserfahrung verstärkt, vor allem das Interesse an therapeutischen Interventionsstrategien und Ansätzen. Die einseitige Schwerpunktsetzung spiegelt die starke Motivation der Studenten zur Auseinandersetzung mit praxisbezogenen klinisch-psychologischen Inhalten wider und weist auf einen Mangel an entsprechenden Angeboten im Rahmen des Studiums hin.
- Berufsvorstellungen und -wünsche konnten durch das Halbjahrespraktikum zumindest teilweise konkretisiert bzw. abgeklärt werden.
- Die Mehrzahl der Studenten beurteilte auf dem Hintergrund der Praktikumserfahrungen das vorangegangene Studium als wenig nützlich zur Vorbereitung auf die Tätigkeit in einem Praxisfeld.
- Die gegenwärtig realisierte Form der praktikumsbegleitenden Betreuung (2 Praktikanten-Treffen an der Universität; 1 Besuch der Praktikumsstelle durch die Praktikumsbeauftragte) fand bei rund 50% der Praktikanten Zustimmung.
- Die Mehrzahl der Studenten kann ihre Praktikumsstelle weiterempfehlen, vor allem wegen des positiven Arbeitsklimas und der guten Zusammenarbeit sowie aus inhaltlichen Gründen, wobei die Breite des Tätigkeitsfeldes eine wesentliche Rolle spielt.
- Die Funktion des Halbjahrespraktikums änderte sich für die Studenten durch die praktische Erfahrung nicht. Vor und nach dem Praktikum sahen sie den Hauptzweck dieser Praxisphase in der Möglichkeit, praktisch zu arbeiten und in der Hilfestellung zum Erkennen der eigenen Fähigkeiten bzw. bei der Abklärung des Berufswunsches.

## 4. Soziale und rechtliche Rahmenbedingungen

Neben den überwiegend positiven Erfahrungen und Bewertungen des Halbjahres-

praktikums durch die Studenten nehmen sich die sozialen und rechtlichen Rahmenbedingungen weniger gut aus.
Da das Halbjahrespraktikum nicht nur Bestandteil der Hochschulausbildung, sondern auch – bedingt durch den Wechsel des Lernortes – partiell in die Arbeitswelt integriert ist, ergeben sich für die Studenten einige rechtliche und soziale Probleme.

Aus rechtlicher Sicht behalten die Studenten auch während des Praxissemesters den Studentenstatus bei. Dieser Sichtweise liegt die Auffassung zugrunde, daß das Halbjahrespraktikum obligatorischer Ausbildungsbestandteil und damit rechtlich den übrigen „normalen" Semestern gleichgestellt ist. Der Studentenstatus soll den rechtlichen Anspruch der Studenten auf Ausbildung gewährleisten und die Einflußmöglichkeiten der Universität auf die inhaltliche Gestaltung der Praktika sichern. Unmittelbar mit diesem Rechtsstatus verbunden ist der Verzicht auf angemessene Vergütung der geleisteten Arbeit im Praktikum. Als Konsequenz ergibt sich für die meisten Studenten eine erhebliche finanzielle Mehrbelastung, vor allem bedingt durch Zweitunterkunft am Praktikumsort bzw. Fahrtkosten, die besonders die Studenten trifft, die nicht durch BAföG gefördert werden und auf eine bezahlte Tätigkeit während des Studiums angewiesen sind. Sozialversicherungsrechtlich besteht derzeit Uneinigkeit darüber, ob Praktikanten der Versicherungspflicht unterliegen oder nicht; ein richterlicher Entscheid dazu steht noch aus. Gegenwärtig bedeutet das Praxissemester sozialversicherungsrechtliche Ausfallzeiten für die Studenten.

Als Alternative bietet sich der von studentischer und gewerkschaftlicher Seite geforderte Arbeitnehmerstatus für die Praktikumszeit an. Während des Praxissemesters bestünde dann zwischen Student und Praktikumsstelle ein arbeitnehmerähnliches Ausbildungsverhältnis, dessen soziale und finanzielle Ausgestaltung in Tarifverträgen zwischen Gewerkschaften und Arbeitgeberverbänden vereinbart werden müßte. Dieses Modell bietet mehrere Vorteile: die Studenten würden während der Praxisphase vom Personal- bzw. Betriebsrat – sofern in den praktikumsgebenden Institutionen vorhanden – vertreten werden, der ihnen vor Ort besser als die Hochschule helfen könnte, ihre legitimen Ausbildungsansprüche durchzusetzen. Ferner wäre mit dieser Lösung ein weiteres Ziel der Praxisorientierung im Studium realisierbar, nämlich das Erfahrbarmachen der sozialen Dimension von Arbeit. Das Prinzip „learning by doing", ein wesentliches Ziel des Konstanzer Halbjahrespraktikums, ließe sich hier gut mit dem Anspruch auf Entgelt für konkret geleistete Arbeit verbinden.

Sollte es zu einer Änderung des rechtlichen Status der Praktikanten im Sinne einer Arbeitnehmerregelung kommen, stellt sich allerdings vermehrt das schon jetzt spürbare Problem der Praktikumsstellenbeschaffung, zumal von Jahr zu Jahr – die Tendenz ist bis in die neunziger Jahre hinein steigend – eine größere Anzahl an Studenten in Praktikumsinstitutionen untergebracht werden muß (im Wintersemester 1979/80 waren es 34, im Wintersemester 1982/83 werden es 76 Praktikanten sein).

Eine vor allem für die betroffenen Studenten zufriedenstellende Lösung der sozialen und rechtlichen Probleme sollte seitens der Universität noch vor Ablauf der Erprobungsphase des Praktikums gefunden werden.

## 5. Zur Integration des Praxisteiles ins Hauptstudium

Die angestrebte Einbettung des Halbjahrespraktikums ins Studium konnte bisher nicht im konzeptionell intendierten Ausmaß realisiert werden. Das geht recht deutlich aus den Einschätzungen der Studenten hinsichtlich der Praxisrelevanz des vorangegangenen Studiums hervor. Nur *eine* offiziell zur Vorbereitung auf das Praktikum eingerichtete Lehrveranstaltung, das Praktikantenseminar, kann nicht die Integrationsarbeit leisten, die in anderen, besser dafür geeigneten Veranstaltungen, z.B. Lehrveranstaltungen der Anwendungsfächer, unterbleibt bzw. nur marginal stattfindet. Zusätzlich trägt die Konzeption einer eigens für die Praktikumsorganisation und -betreuung bestimmten Stelle zur Isolierung des/der Praktikumsbeauftragten von den lehrenden Mitgliedern der Fachgruppe und zur Abspaltung des Praxisteiles von den übrigen theoriebezogenen Veranstaltungen bei.

Die durch die Praktikumstätigkeit angeregten Diplomarbeits-Fragestellungen sollten nicht die einzige Verbindung zwischen Studium und Praxis bleiben.

**Kontaktadresse:** Dipl. Psych. Gesine Wabra
Fachgruppe Psychologie der Universität Konstanz
Postfach 5560
7750 Konstanz 1

# Weiterbildung in Klinischer Psychologie
# Supervision und Selbsterfahrung

Herausgeber:

Dieter Tscheulin
Psycholog. Institut der Universität – Lehrstuhl II
Ludwigstr. 6, 8700 Würzburg

## Vorwort

Supervision und Selbsterfahrung sind sicherlich nicht die einzigen Gebiete einer klinisch-psychologischen Weiterbildung nach dem Psychologiediplom oder einem anderen, die psychotherapeutische Grundausbildung abschließenden Examen. Aber sie sind die bisher am meisten reflektierten und dokumentierten – und wahrscheinlich auch die für die Praxis notwendigsten – Inhalte.

Die folgenden Beiträge liefern Argumentationen dafür, daß Supervision und Selbsterfahrung in der Weiterbildung des Klinischen Psychologen oder anderer Berufsgruppen einen breiten Raum einnehmen müssen. Und es fällt auf, daß dabei spezifische Begrifflichkeiten unterschiedlicher Schulorientierungen mehr und mehr an Bedeutung verlieren. Ob diese „stillschweigende Integration" unterschiedlicher methodischer Vorgehensweisen und Begrifflichkeiten Ausdruck einer größeren Praxiserfahrung oder einer geringeren empirischen Forschungsanstrengung ist, sei dahingestellt. Die vorgetragenen Argumentationen überzeugen, Fragen und Hypothesen sind aufgestellt, eine empirische Prüfung steht noch weitgehend aus. Die Ausbildungsforschung wird sich stärker auch diesem Gebiet zuwenden müssen.

# Selbsterfahrung[1]

*Simone Grawe*

## 1. Begriff und Hintergrund

Der Begriff Selbsterfahrung meint die Beschäftigung mit sich selbst, und er berührt damit die Frage nach der eigenen Identität.

Zugleich mit der Beschäftigung mit der eigenen Persönlichkeit wird auch eine Zielvorstellung vermittelt, nämlich kongruent zu leben, mit-sich-im-Einklang-zu-leben, in sich selbst die Mitte finden. Es gibt viele synonyme Bezeichnungen für dieses Ziel. Weit mehr als das Erreichen des Ziels steht die mühselige Entdeckung des eigenen Selbst im Vordergrund und damit auch das Aufdecken von mannigfachen Spannungsfeldern, in denen der Mensch lebt.

Die Frage nach der eigenen Identität und damit zusammenhängend fast zwangsläufig die Aufdeckung von Inkongruenzen im Inneren und nach außen nimmt in der Philosophie, in der Religion, in der Literatur und in der Psychologie breitesten Raum ein.

## 2. Selbsterfahrung in der Verhaltenstherapie

Die Durchführung von Selbsterfahrungsgruppen war zunächst gedacht als ergänzender Baustein zu der verhaltenstherapeutischen Ausbildung. Die offizielle Bezeichnung hieß damals noch „Selbstmodifikation" und sah als Beschäftigungsinhalt vor, daß jeder Teilnehmer ein „spezifisches, zu veränderndes Problem" bearbeiten solle. Eine weitergehende Selbsterfahrung wurde nicht erwartet und durch diese Normgebung auch verhindert. Aber auch nachdem sich Ausbilder in Therapie schon einig waren, daß auch für Verhaltenstherapeuten eine weitergehende Selbsterfahrung – und zwar in ihrer eigenen Therapierichtung – wünschenswert wäre, konnte sie nur sehr unzureichend, also weiterhin nur zur Bearbeitung externaler Probleme durchgeführt werden. Das bisherige Denksystem in der Verhaltenstherapie machte es schwer, in quasi philosophischen Termini zu denken, und eine verhaltenstherapeutische Sprache für den Gegenstand der Selbstreflexion, für Identität und Identitätssuche gibt es nicht.

Was in der Gesprächspsychotherapie von Anbeginn der Ausbildung selbstverständliche Beschäftigungsinhalte sind, nämlich das *Ich* einer Person, ihr ideales Konzept von sich, ihr reales oder verzerrtes Selbstbild, also die Diskrepanzen zwischen den Konzepten, die Inkongruenzen auch zwischen Sprechen und Handeln, Stimme und Wort, Wunsch und Erfüllbarkeit, Absicht zu handeln und Angst davor – das waren für die Verhaltenstherapeuten zu keiner Zeit ihrer Ausbildung relevante Beschäftigungsinhalte, und so ist es auch nicht verwunderlich, daß Verhaltenstherapeuten zur Durchführung von Selbsterfahrung, wie wir sie verstehen, die denkbar magersten Voraussetzungen mitbringen.

---

1) Kurzfassung des Vortrags.

Beziehungsaspekte werden in der Verhaltenstherapie zwar nicht mehr außer acht gelassen, sie stehen jedoch keineswegs im Vordergrund. Nach wie vor ist man in der Verhaltenstherapie mehr auf das Verhalten konzentriert, insbesondere auf das Fehlverhalten. Die lebensgeschichtlichen Ursachen dieses Fehlverhaltens wurden in der klassischen Verhaltenstherapie als vernachlässigenswert angesehen.

Verhaltenstherapeuten empfanden es häufig schon als Zumutung, daß sie – mehr durch Ausbildungsrichtlinien verordnet und weniger durch Einsicht diktiert – in sogenannten Selbstmodifikationsgruppen ihre eigenen Verhaltensweisen in den Mittelpunkt kritischer Betrachtung rücken mußten. Im Zuge der neueren Ausbildung, nach der die Durchführung einer guten Verhaltenstherapie nicht mehr ohne die Einbeziehung der Therapiebeziehung gesehen wird, soll der Verhaltenstherapeut sich plötzlich mit seiner ganzen Person zur Diskussion stellen. Geht man davon aus, daß auch die ursprüngliche Wahl der therapeutischen Ausbildungsrichtung nicht zufällig ist, dann kann man etwas von der Empörung, aber auch der tiefen Verunsicherung nachfühlen, wenn solche Selbsterfahrungsgruppen für Verhaltenstherapeuten zur Verordnung werden.

### 3. Einige konkrete Anhaltspunkte zur Durchführung von SE-Gruppen

Wenn ich im folgenden eine mögliche Art der Durchführung beschreibe, so muß ich weitgehend Begriffe entweder aus der Umgangssprache oder aus anderen therapeutischen Richtungen heranziehen.

Im Laufe der letzten Jahre habe ich – zum Teil allein, zum Teil in Absprache mit Kollegen – verschiedene Formen der Durchführung ausprobiert. Nach vielen Unzufriedenheiten haben wir eine Form gefunden, die einen optimalen Arbeitsablauf ermöglichte und aus der Sicht der Teilnehmer und der Gruppenleiter sehr gute Ergebnisse erzielte.
„Gute Ergebnisse" möchte ich etwas global definieren als das Erreichen des Ziels, mehr über sich zu erfahren: Wer bin ich, wer möchte ich sein, lebe ich gemäß meinen Wünschen, meinen Motiven, meinen Begabungen?

Den klarsten Anhaltspunkt im Sinne von „Ergebnissen" liefern ganz konkrete Veränderungen der einzelnen Teilnehmer, ob sie sich nun in verändertem Aussehen und dem beobachtbaren Verhalten zeigen, oder ob sie sich äußern in der Schilderung eines veränderten Selbstkonzeptes.

Als Zeitraum hat sich die Dauer eines Jahres bewährt; die Anzahl der Stunden liegt etwa bei 100 Arbeitsstunden mit zusätzlicher, gemeinsam verbrachter Freizeit.

Wir fanden es sehr günstig, in 1-2 Monaten Abstand sogenannte Blocks durchzuführen, die jeweils 1-2 Tage dauerten. Innerhalb dieser Blocks war es so, daß sich die Gruppe über mehrere Stunden einem einzigen Gruppenmitglied widmete.
An einem Arbeitstag von ca. zehn Stunden hatten also drei, selten vier Mitglieder Gelegenheit, sich ausführlich mit sich zu befassen.

Als günstigste Gruppengröße erschienen uns sechs Teilnehmer. Größten Wert legten wir darauf, daß zu den einzelnen Treffen wirklich alle Teilnehmer kommen konnten. Es gab an jedem Gruppentreffen bestimmende Themen, die sich auch von Gruppe zu Gruppe nicht wesentlich unterschieden. Es fiel uns auf, daß diese Themen quasi den Mikroverlauf eines Lebens nachzeichneten.

Wir begannen die Gruppenarbeit mit einem zweitägigen Treffen, in dessen Verlauf sich jeder Teilnehmer vorstellte. In diese Vorstellung, die für jeden mindestens zwei Stunden in Anspruch nahm, gingen ein die eigene Lebensgeschichte, aber auch die persönlichen Ziele und Ideale und die Frage, wie weit diese verwirklicht werden können.
Sinn der Vorstellung ist – neben dem gegenseitigen Kennenlernen – vor allem das Kennenlernen der eigenen Person.

In diesen ersten Sitzungen geht es darum, für das gegenwärtige Verhalten relevante Pläne herauszufinden und zu ergründen, wie und wodurch es zu diesen Plänen kam. (Dazu die Lebensgeschichte.) Mit „Plänen" meine ich die Pläne im Sinne der VVA, wie sie auf diesem Kongreß von Klaus Grawe und F. Caspar vorgestellt wurden.
Die Arbeit des Gruppenleiters besteht in diesen Sitzungen darin, auf die Anhaltspunkte zu achten, an denen sich Dissonanzen im individuellen Selbstkonzept zeigen können, also Hinweise für Nicht-mit-sich-eins-Sein, für Diskrepanzen zwischen Wünschen und Handeln, zwischen Selbst und Rolle, aber auch zwischen dem Selbstbild und dem Bild, das die Gruppe sich macht.

Die ersten beiden Treffen dienen dazu, der eigenen Identität auf die Spur zu kommen. Wir setzen alle Mittel ein, die diesem Ziel dienlich sein können, z.B. auch die Anweisung, in der Nacht vor dem nächsten Treffen besonders auf die Träume zu achten, um so evtl. einige der nichtbewußten Pläne greifbar zu machen.
Das dritte und vierte Treffen kann dazu dienen, zu sammeln, was diese ausführliche Selbstdarstellung und die darauffolgenden Überlegungen, aber auch die Hinweise aus der Gruppe bereits an Einsichten vermittelt haben.
Nach dem anfangs generierten Zustand von Verwirrung, Verunsicherung und Angst vor der Aufdeckung von Widersprüchen und Diskrepanzen im Ich, zeigt sich jetzt eine gewisse Konsolidierung und zugleich auch eine erste Veränderung im konkreten Verhalten.

An dieser Stelle, also etwa beim vierten oder fünften Treffen, ist es Zeit für die Auseinandersetzung mit der beruflichen und sozialen Identität, d.h. ich als Psychologin, ich als Psychologe, ich als Familienvater, als Hausbauer; ich als Karrierefrau oder -mann, ich als Mutter, ich als Therapeut.

Die Auseinandersetzung mit der beruflichen Identität unterstützen wir konkret mit einer Reihe von Ankerfragen, die jeder sich stellen soll, zum Beispiel:
- Was hat mich bewogen, Psychologie zu studieren? In welcher äußeren und inneren Situation befand ich mich?
- Wie sehe ich meine Position als Psychologe in der Interaktion mit anderen (z.B. als Ratgeber, Lebenshelfer, Techniker im Sinne des social engineer, als Missionar, als Detektiv oder als Nachhilfelehrer)?
- Woraus beziehe ich in der beratenden oder therapeutischen Situation meinen Gewinn?
- Wie gehe ich bevorzugt an Probleme heran: eher pragmatisch, eher philosophisch, eher moralisch?

Diese Fragen können natürlich nicht losgelöst vom Menschenbild der jeweiligen therapeutischen Auffassung gesehen werden.

Weitere Fragen zur Auseinandersetzung mit der beruflichen Identität sind:
- Mit welchen Klienten komme ich besonders gut aus und warum, und welche Klienten provozieren mich, verunsichern mich, kränken mich?
- Mit welcher sozialen Rolle oder Stellung identifiziere ich mich bevorzugt (z.B. mit den Schwachen, den Verlierern, mit den Lebenskünstlern; innerhalb von Paartherapien eher mit den Verlassenen; innerhalb von Familientherapien eher mit den Kindern oder mit den Eltern)?
- Wieviel Nähe kann ich herstellen und auch aufrechterhalten, wieviel Distanz muß ich mir unbedingt bewahren?
- Welche Pannen passieren mir am häufigsten in Therapien (z.B. Nähe-Distanz-Problem, Streit um Positionen).

Für Studenten, die erst mit ihrer Therapieausbildung beginnen, liegt ein Nachteil darin, daß sie eigentlich nur darauf warten können, welche Fehler sie machen werden. Man kann diese Fragen kaum prospektiv bearbeiten; man kann aber die Wahrnehmung für solche Prozesse schärfen. Ein Vorteil liegt darin, daß die Ausbildungsgruppe, in der die Therapie geplant und genau durchgesprochen wird,[1] den jeweiligen Therapeuten sehr frühzeitig im Hinblick auf diese Fragen beobachten und auf mögliche Schwierigkeiten hinweisen kann.

Bei der Auseinandersetzung mit der sozialen Identität ergeben sich auch Fragen zu Partnerschaft und Partnerwahl (etwa beim sechsten oder siebten Zusammentreffen):
- Warum habe ich diesen Partner und keinen anderen? Wenn ich mich über seine/ihre schwer erträglichen Seiten beklage, welche Seiten bei mir vermögen diese Unerträglichkeiten gerade zu schützen? Wie verhalte ich mich selbst in Partnerschaften? Wozu möchte ich den Partner? Oder, warum bin/bleibe ich allein? Erhalte ich vom Partner das, was ich mir vor allem wünsche und wenn nicht, warum bin ich bereit, darauf zu verzichten?

Wir haben oft die Arbeit unterstützt, indem wir für einen Teilnehmer exemplarisch einen sogenannte Planstruktur erstellen ließen; der Teilnehmer selbst und die Gruppe versuchten, alle für diesen Teilnehmer verhaltensrelevanten Pläne zu sammeln. In der Hauptsache konnten diese Pläne von den Gruppenmitgliedern selbst beobachtet werden; einige wurden auch hypothetisch erschlossen. Dieses Vorgehen ist besonders dann nützlich, wenn es sich um Gruppenmitglieder handelt, die besonders viel Aggression bei den anderen erzeugen, und die daher ständig „unter Beschuß" stehen; aber auch Gruppenmitgliedern, die eigentlich unantastbar sind, weil sie sich besonders „korrekt", d.h. den Gruppennormen konform verhalten, die sich also durch keinerlei auffallende oder unangenehme Verhaltensweisen angreifbar machen, kommt man damit etwas näher. (Abgesehen davon sollten die Vorgehensweisen, die man in der Arbeit mit Klienten anwendet, auch einmal selbst erfahren worden sein.)

Spielen Autoritätskonflikte eine große Rolle in der Gruppe, so kann ein zufällig oder geplantes leiterloses Treffen sehr aufschlußreich sein. Es legt häufig die Macht-

1) Ich verweise auf den Vortrag über das Ausbildungskonzept zur Therapieausbildung von H.R. Ambühl auf diesem Kongreß.

verhältnisse in der Gruppe schneller und schonungsloser offen, als wenn dies zum expliziten Thema eines Treffens gemacht wird. Trotzdem sollten die Beziehungen in der Gruppe, zum Gruppenleiter und evtl. übergeordneten Systemen zu einer Zeit in der Gruppenarbeit offengelegt werden: Sind Kohäsion, Arbeitshaltung, Offenheit und gegenseitiges Vertrauen zufriedenstellend, so genügt ein Ansprechen dieser Fragen zu einem relativ späten Zeitpunkt (8./9. Treffen) und dann quasi schon als eine Art Bilanz.
Lassen die obengenannten Gruppenfaktoren zu wünschen übrig, müssen sie zum frühestmöglichen Zeitpunkt thematisiert werden, oft ehe überhaupt mit der eigentlichen inhaltlichen Arbeit begonnen werden kann.

Das letzte Treffen kann eine Art „versöhnlicher Ausblick" sein mit den Fragen:

- Woraus beziehe ich Sicherheit und Stärke?
- Was haben mir meine Eltern und andere einflußreiche Personen vermittelt, was ich gut gebrauchen kann?
- Was habe ich für Fähigkeiten und Mittel, um trotz meiner Erziehung trotz meiner Herkunft, für mein psychisches und physisches Wohlergehen zu sorgen?
- Was macht mich attraktiv für andere? Gibt es alternative Existenzen, und wie sähen die für mich aus? Wer/wie würde ich keinesfalls sein wollen?

Die letzten Fragen könnten eine neue Runde der Selbsterfahrung, quasi auf einer autonomeren, die Gruppe überdauernden Ebene einleiten.

**Kontaktadresse:** Dr. Simone Grawe
Psychol. Institut d. Universität
Gesellschaftsstr. 49
CH-3012 Bern

# Argumente für mehr Selbsterfahrung in der Verhaltenstherapie[1]

*Lothar Wittmann*

Die Diskussion um die therapeutische Kompetenz – und die damit unmittelbar zusammenhängende therapeutische Selbsterfahrung – ist in den letzten Jahren nur mühsam vorangekommen. *Ringler* (1980) und *Lutz* (1981) haben Vorschläge unterbreitet, hinter die hier noch einmal zurückgegangen werden soll mit der grundsätzlichen Frage nach dem *Wozu* und *Woraufhin* der Selbsterfahrung in der Verhaltentherapie.

Betrachtet man den therapeutischen Prozeß interaktionell (und praxisgeleitet schulenunabhängig), dann muß die interaktionell steuernde Funktion der therapeutischen Selbstwahrnehmung hervorgehoben werden. Als wichtigste, die Selbstwahrnehmung verzerrende Größe kann die Angst angesehen werden, die sich in der Therapie an den Anforderungen des Patienten (v.a. Kompetenzerwartungen an den Therapeuten) entzündet. „Gestörte" Selbstwahrnehmung führt zu blinden Flecken und interaktioneller Rigidisierung, die in – dem Patienten nicht förderliche – Schlüssel-Schloß-Interaktionen einmünden kann. Den Schlüssel zur Aufhebung solcher Konstellationen hält der Therapeut in der Hand, wenn er die Bedingungen seines eigenen Wahrnehmens und Handelns über seine Selbstreflexion im Prozeß wie in der Supervision besser verstehen kann. Und hier geht es vor allem um die Erschließung eigener unbewußter Angstverarbeitungsmechanismen ausgehend von scheinbar unspezifischen Indikatoren (z.B. Langeweile, Gereiztheit, physiologische Reaktionen).

Warum ist nun die Abarbeitung des Therapeuten an der eigenen Angst und ihren Indikatoren im therapeutischen Problemlösungsgeschäft überhaupt wichtig? Es lassen sich zwei Gründe anführen: Selbstwahrnehmung und Selbstreflexion sind entscheidende Prozeßdiagnostika, d.h. sie liefern Hypothesen (= *Sensibilisierungsfunktion*).

Von gleicher Bedeutung dürfte ihre *Modellfunktion* sein, denn die Angstbearbeitung des Therapeuten wirkt – primär nonverbal vermittelt – modellhaft. Was der Therapeut bei sich selber nicht wahrnimmt, steuert doch den Prozeß. Ein meidender und verleugnender Umgang mit der eigenen Angst vermittelt sich als modellhafte „Problemlösungsstrategie", während die Abarbeitung an der eigenen Angst im Sinne eines Coping-Modells wirken kann (siehe *Wittmann* 1981).

Auf dem Hintergrund dieser Betrachtung des therapeutischen Prozesses sind an den Therapeuten hohe Anforderungen zu stellen. Seine Kompetenz erweist sich über das Technische hinaus in seiner Selbstwahrnehmungs- und Selbstreflexionskompetenz. Und dies ist die allgemeinste und einfachste Begründung für mehr therapeutische Selbsterfahrung in der Verhaltenstherapie.

1) Kurzfassung des Vortrags; eine ausführlichere Version dieses Beitrags erscheint unter dem Titel „Selbsterfahrung in der Verhaltenstherapie – wozu?" in den Mitteilungen der Schweizer Gesellschaft für Verhaltenstherapie.

Praktisch sollten drei Ebenen der Selbsterfahrung unterschieden werden:

1. Therapeutische Selbsterfahrung als Eigentherapie in dyadischen wie in Mehrpersonen-Settings mit dem Ziel der Bearbeitung blinder Flecke und interaktioneller Rigidisierungen. Dabei ist daran zu denken, eine solche Selbsterfahrung immer wieder einmal zu suchen – und zwar bei kompetenten Lehrtherapeuten.
2. Technikeigenerfahrung als in Selbsthilfe zu vermittelnde Erfahrung selbstverwendeter Techniken – mit dem Ziel eines prophylaktischen Klientenschutzes.
3. Therapeutenzentrierte Supervision analog Balint-Prinzipien als ständige, berufsbegleitende Qualifizierung in der Wahrnehmung eigener Kommunikationsprobleme mit dem Patienten. Der Wert solcher Supervisionsarbeit steigt mit dem Grad der Selbsterfahrung der Beteiligten – wie alle klinische Erfahrung zeigt.

Die Realisierung eines solchen Supervisions- und Selbsterfahrungssystems ist schwierig, zumal die Frage der Ausbildung von Lehrtherapeuten völlig ungeklärt ist. Ausreichende Transparenz durch Forschung und eine direkte Interessenvertretung der betroffenen Therapeuten/Klienten sind unbedingt notwendig, um unkontrollierten Abhängigkeitsverhältnissen gegenzusteuern.

**LITERATUR:**

LUTZ, R.: Verhaltenstherapeutisch fundierte Selbsterfahrung. *Verhaltenstherapie und Psychosoziale Praxis,* 13, 1981, 608-618.

RINGLER, M.: Selbsterfahrung und therapeutische Kompetenz in der Verhaltenstherapie. In: Schulz, W. & Hautzinger, M. (Hrsg.): *Klinische Psychologie und Psychotherapie, Band I, Kongreßbericht DGVT/GwG.* Tübingen/Köln, 1980, 231-242.

WITTMANN, L.: *Verhaltenstherapie und Psychodynamik. Therapeutisches Handeln jenseits der Schulengrenzen.* Weinheim: Beltz, 1981.

**Kontaktadresse:** Lothar Wittmann
Heinrich-Heine-Str. 19a
3550 Marburg

# Möglichkeiten von Supervision für im sozialen Bereich Tätige

*J.-Olaf Wittern und Percy Melville*

## 1. Einleitung

Nach Durchsicht der maßgebenden Literatur konnten wir zwar eine Vielfalt von Supervisionsansätzen und -definitionen feststellen, eine umfassende Theorie psychologischer Supervision gibt es jedoch u.E. nicht. Alle Supervisionsansätze haben formal das Ziel, methodisches Arbeiten im sozialen Feld zu entwickeln. Im Bereich der Klinischen Psychologie ist Gegenstand der Supervision auch das, was für die jeweilige therapeutische Schule wesentlich ist. Hierfür qualifizierte Supervisoren stehen nur beschränkt zur Verfügung.

## 2. Ein Supervisionskonzept

Im folgenden möchten wir ein Supervisionskonzept vorstellen, das wir in Anlehnung an *Gudjons* (1977) und *Raguse-Stauffer & Raguse* (1980) entwickelt haben und zur Zeit empirisch untersuchen. Folgende Vorüberlegungen sind bei diesem Konzept wirksam:

- Supervision ist „. . . eine methodisch angelegte Beratung, die problemorientiertes Lernen ermöglicht" (*Strömbach et al.* 1975).
- Supervision ist für alle Berufsgruppen aus dem sozialen Bereich notwendig und möglich.
- Eine in unserem Sinne ausreichende, angemessene Supervision kann nach Anleitung auch ohne Betreuung durch eine hochqualifizierte Fachkraft geschehen.
- Da unser Ziel eine selbstgeleitete und erfolgreiche Arbeitsgruppe ist, sollte die Supervisionsarbeit anhand eines Konzeptes erfolgen, das leicht erlernbar und modifizierbar ist. Es sollte trotz „Schlichtheit" eine angemessene und im Rahmen des Notwendigen tiefe Fallarbeit erlauben. Unser Angebot geht dabei an Personen, die in einem direkten und kontinuierlichen Arbeitszusammenhang stehen oder zumindest einen ähnlichen beruflichen Kontext aufweisen.
- Wir wollen nicht von vornherein einen Schwerpunkt legen auf überwiegend persönlichkeitsbezogene oder gesellschaftsbezogene Fallarbeit, sondern beide Aspekte berücksichtigen, was u.E. zu angemesseneren „Lösungen" führen wird.
- Eine Wahrnehmungserweiterung im sozialen, emotionalen und kognitiven Bereich, das hauptsächliche Ziel unseres Supervisionsansatzes, befreit den Menschen zu selbstbestimmten, für ihn persönlich angemesseneren und daher wertvolleren „Lösungen" auch von Problemen des beruflichen Alltags.
- Wenn auch mit Irrtümern, Abweichungen, Umwegen und Mißverständnissen gerechnet werden muß, so glauben wir doch, daß die Teilnehmer diese Erweiterung des eigenen Wahrnehmungskonzeptes „zum Guten" nutzen werden.

- Unabhängig von der jeweiligen konkreten Vorgehensweise bei der Fallarbeit wollen wir Werte und Einstellungen vermitteln. Wir propagieren, daß Offenheit, Vertrauen, Zuhören und überhaupt eine gelungene Kommunikation sowie Solidarität in der Suchhaltung der Teilnehmer Voraussetzung für die aktuelle Gruppenarbeit sind, wie auch für die Fortführung der Gruppe in Selbsthilfe. Unsere Werte/Einstellungen sollten nicht per Diktat vorgegeben, sondern einerseits modellhaft durch unser Leiterverhalten vermittelt, und andererseits durch eine explizite Wertediskussion zur Sprache und zur Reflexion gebracht werden.

### 2.1 Das Vorgehen innerhalb einer Sitzung

Unser Konzept innerhalb einer einzelnen Sitzung ist in vier stark strukturierte Phasen gegliedert (s. Abbildung 1). Zu jeder der Phasen haben wir Ziele formuliert, die durch die vorgeschlagenen Handlungsanweisungen, zum Teil auch durch die vorgeschlagene Abfolge, erreicht werden sollen. Generelle Ziele sind z.B., die Problemwahrnehmung und die Solidarität in der Suchhaltung zu fördern. Über die Handlungsanweisungen hinaus führen wir aus einer Fülle einige Beispiele einfacher, methodischer Hilfen, die keinen erfahrenen Gruppenleiter benötigen, oder Hilfsfragen an. Diese dienen dazu, die einzelnen Handlungsanweisungen zu konkretisieren.

Auf kasuistische Beispiele zum Verständnis dieses Konzepts müssen wir an dieser Stelle aus Platzgründen verzichten. Zusammenfassend sei noch einmal aufgeführt, was wir als wesentlich, auch in Abgrenzung zu anderen Konzepten, an unserem Supervisionsmodell erachten:

- Dieses Konzept kann nach Anleitung von kollegialen Selbsthilfegruppen angewandt werden.
- Gesellschaftliche und institutionelle Bedingtheiten werden berücksichtigt.
- Die Nachbesprechung als festgelegte Arbeitseinheit ist geeignet, das Selbsthilfepotential zu fördern und die Gruppe an der Modifikation des Konzeptes zu beteiligen.

### 2.2 Das Vorgehen über die Zeit

Unser Vorgehen über die Zeit gliedert sich in drei Phasen:

| | |
|---|---|
| – Phase der Anleitung | – ca. 15-20 Sitzungen |
| – Phase der Überleitung | – 1 x wöchentlich 2 1/2 bis 3 1/2 Stunden |
| – Phase der Selbstleitung | |

mit dem Ziel, daß eine Supervisionsgruppe als Selbsthilfegruppe weiterarbeitet.

In der *Phase der Anleitung* kennen wir drei Möglichkeiten, soziales Lernen zu initiieren:

- die Fallarbeit am Modell,
- themenbezogene Sitzungen,
- Bearbeitung von Störungen.

Sinn und Zweck dieser Sitzungen ist es, die Teilnehmer mit der Vorgehensweise und den damit verbundenen Werthaltungen vertraut zu machen, sie in die praktische Arbeit unter Anleitung einzuüben und ihnen eine Entscheidung für oder gegen eine Weiterarbeit in Selbsthilfe zu ermöglichen.

| Phase | Ziele | Handlungsanweisungen[1] | Beispiele methodischer Hilfen / Hilfsfragen |
|---|---|---|---|
| I. Eingangsphase | – Die Arbeitsfähigkeit der Gruppe wird hergestellt | – Befindlichkeit der Teilnehmer feststellen (evtl. „Reste" der letzten Sitzung ansprechen) | – Blitzlicht, Gesprächsrunde |
| | – Festlegung des Themas/Falles für die Sitzung | – „Fälle", Themen, Anliegen sammeln und entscheiden<br>(– Moderator auswählen) | – „Keine Themen/Fälle" als Supervisionsproblem thematisieren (Ängste, Ansprüche?) |
| II. Aktionsphase | – Erweiterung der Problemsicht<br>– Beteiligung des Supervisanden und der Gruppe auch auf der emotionalen Ebene<br>– Zunehmende Offenheit | – freier Fallbericht | – Aktives Zuhören<br>– Gesprächsrunde: „Das wesentlichste Element (Wort/Satz des Berichtes) |
| | | – Auseinandersetzung m.d.Fall<br>– Identifikation(en) | – Brainstorming-Methode („Ich"-Aussagen)<br>– Supervisand prüft, was für ihn bedeutsam ist<br>– Wie reagiert die Gruppe auf den Fall? (Spiegelungsphänomen) |
| | | – Austausch der Gruppenteilnehmer über das eigene Erleben (Sharing)<br>– Wie habe ich den Supervisanden erlebt? (Feedback)<br>– Wie fühlt sich der Supervisand | |
| III. Phase der kognitiven Aufarbeitung und Neuorientierung | – Erkennen von Hintergründen/Zusammenhängen des Problems (auch mit den gesellschaftlichen und institutionellen Anteilen)<br>– (evtl.) Auffinden von neuen/alternativen Handlungsstrategien | – Wie definiert der Supervisand sein Problem jetzt | |
| | | – Fragen der Gruppe zum Problem | – Einbeziehung auch sozialer und gesellschaftlicher Anteile |
| | | – Bildung von Hypothesen über die Bedingung des vorgetragenen Problems | |
| | | – Überprüfung der Ziele des Supervisanden | – Sind Veränderungen (noch) gewollt? |
| | | – (evtl.) „Lösungen" sammeln und entscheiden | – Brainstorming, z.B. „Was würde ich tun, wenn ich an X Stelle wäre?"<br>– Transfer auf den Schulalltag beachten |
| | | – Sitzung beenden | |
| **Pause** (z.B. für Datenerhebung / informelle Gespräche) | | | |
| IV. Nachbesprechungsphase | – Transparenz des Gruppenprozesses herstellen<br>– Überprüfung des Moderationskonzeptes | – „Was ist heute in der Gruppe abgelaufen?"<br>– „Was ist unklar, was soll so bleiben, was soll geändert werden?" | – (evtl.) ansprechen: Störungen, Gruppennormen, Moderatorenverhalten, Beteiligung, Selbsthilfe |

1) Allgemeine Handlungsanweisung: Der Supervisand kann jederzeit seine Arbeit beenden.

**Abbildung 1:** Moderationskonzept für Supervisionssitzungen

Nach dem Prinzip „learning by doing" verzichten wir von Anfang an auf jede Form von gruppendynamischen Kennenlern- oder Kommunikationsübungen usw. Ebenso vermeiden wir im folgenden aller Sitzungen nach Möglichkeit jede Form von therapeutisch-hierarchischen und abhängigkeitsstiftenden Interventionen. Wir sind offen für mögliche Abweichungen vom Kontrakt einer berufsbezogenen Fallarbeit:

Notwendigerweise dann, wenn Störungen innerhalb der Gruppe eine aufmerksame und erfolgversprechende Zusammenarbeit nicht möglich erscheinen lassen, aber auch bei dem Wunsch nach einer für alle Teilnehmer wichtigen Besprechung eines etwa generelleren Themas, losgelöst von der speziellen Problematik eines einzelnen.

In der *Phase der Überleitung* wird die zukünftige Selbstleitung problematisiert und vorbereitet, etwa durch das Bearbeiten von Themen wie z.B.: „Wie wollen wir den Übergang gestalten? Welches Zutrauen habe ich, welche Befürchtungen?" oder: „Was können wir machen, wenn Schwierigkeiten auftauchen?"

In der *Phase der Selbstleitung* soll die Gruppe ohne professionelle Hilfe eigenverantwortlich weiterarbeiten können.

## 3. Erste Ergebnisse

Ergebnisse empirisch kontrollierter Gruppenarbeit liegen bislang von zwei Gruppen mit je zehn Lehrern und zwei Anleitern mit 18 bzw. zwölf Treffen vor. Wir sind der Meinung, daß unser Konzept für die Arbeit von Gruppen aus allen sozialen Bereichen verwendbar ist. Die Ergebnisse einer Zwischenbefragung sind positiv und ermutigend, haben aber nur vorläufigen Charakter. Die Teilnehmer geben beispielsweise an: „Aus der Fallarbeit konnte ich wesentliche Ergebnisse mitnehmen" (66% der N = 20 Lehrer). „Auch wenn ich keinen Fall vortrug, konnte ich mit Gewinn an der Sitzung teilnehmen" (90%). „Ich konnte Ergebnisse praktisch umsetzen" (50%). „Das Vorgehen nach der Struktur des Supervisionskonzeptes war hilfreich" (90%). „Ich glaube, daß wir als Selbsthilfegruppe weiterarbeiten können" (50%).
Als günstige Voraussetzung für die selbständige Durchführung von Fallbesprechungen wird z.B. genannt: „Alle können gut zuhören und sich in den Supervisanden einfühlen ..." oder: „Ich habe den Mut, meine eigenen Ansichten einzubringen, und wir sind bereit, interpersonelle Störungen zu klären ..."

**LITERATUR:**


GUDJONS, H.: Fallbesprechungen in Lehrergruppen. *WPB,* 29, 1977, 372-379.

RAGUSE-STAUFFER, B. & RAGUSE, H.: Ein TZI-Modell der Supervision. *Gruppenpsychotherapie und Gruppendynamik,* 15, 1980, 78-90.

STRÖMBACH, R., FRICKE, P. & KOCH, H.-B.: *Supervision. Protokolle eines Lernprozesses.* Freiburg i. Br., 1975.



**Kontaktadresse:** Dr. J.-Olaf Wittern & P. Melville
Psychologisches Institut III d. Universität Hamburg
Von-Melle-Park 5
2000 Hamburg 13

# Ausbildung zur Teamfähigkeit von Gemeindemitarbeitern durch gestalttherapeutische und psychodramatische Fortbildung

*Hans-Heinz Damm*

Institutionen wie die Kirche und ihre Verbände verlieren seit den sechziger Jahren nicht zuletzt durch die mangelnde Teamfähigkeit ihrer leitenden Mitarbeiter zunehmend mehr Mitglieder. Dabei ist durchaus Bereitschaft zur Anpassung an neuere Entwicklungen i.a. vorhanden; doch kann diese Bereitschaft noch keine begleitende und gestaltende Teamfähigkeit mit integrativer Kraft ersetzen. Während früher in Zeiten der Großgruppen (über 50 Teilnehmer) kybernetische und verwaltungsmäßige Fähigkeiten vor allem vom Leiter gefordert wurden, werden von ihm heute im Bereich der mittleren und Kleingruppen mehr qualifizierte Team- und Integrationsfähigkeit verlangt.

Unter Teamfähigkeit lassen sich – gemeindepsychologisch gesehen – sehr verschiedene Potenzen eines Mitarbeiters zusammenfassen, der in oder mit Gruppen arbeitet: Dazu gehören Selbstwahrnehmung und Fremdwahrnehmung, Einfühlungsvermögen und kreative Aggressivität, Spontaneität und Rollenflexibilität, sprachliche Differenzierungsfähigkeit, Authentizität und Offenheit, Verschwiegenheit gegen Dritte und nicht zuletzt Belastbarkeit.

Hierbei geht es nicht um Eigenschaften, die etwa bei einem Einstellungsgespräch der Reihe nach geprüft werden können. Sondern es geht um Fähigkeiten, die oft unter gesellschaftlichen Zwängen verkümmert sind und neu entwickelt werden müssen. Die Hoch- und Fachschulausbildung legt viel Gewicht auf Wissensvermittlung, Denkfähigkeit und kognitive Beurteilung von Problemen, Fällen und Strukturen. Sie zielt meist auf eine künftige kybernetische Rollenfunktion des Kandidaten in der jeweiligen Hierarchie des Wissens, des Könnens oder der Macht, in die er entlassen wird. Doch der so fixierte Sozialarbeiter, Pädagoge oder Theologe erfährt in der Praxis der Leitung von Zielgruppen oft, daß diese Fähigkeiten nur beschränkt interessieren. Besonders jüngere Leute laufen ihm weg, wenn er – „menschlich" – nicht mehr zu bieten hat als Wissensvermittlung und Leistungsforderung.

Wenn nun Mitarbeiter der Institutionen merken, daß ihnen in der Praxis etwas Wesentliches im Umgang mit Menschen fehlt, suchen sie nach Möglichkeiten der Fortbildung zur Teamfähigkeit. Und nun eben nicht mehr über Wissensvermehrung, sondern über die Selbsterfahrung.

Eine unter diesen im Bereich der Evangelischen Kirche von Berlin angebotenen Möglichkeiten ist die Fortbildung zum Soziotherapeuten in Gestalt- und Psychodrama-Gruppenleitung. Die über drei Jahre laufenden Kurse mit je 15 Teilnehmern sind stets rasch ausgebucht. Es melden sich Ärzte, Sozialpädagogen, Krankenseelsorger, Psychologen, Vikare und Lehrschwestern, d.h. durchweg Teilnehmer, die beruflich mit Menschen zu tun haben. Ein wichtiges Auswahlkriterium dabei ist, ob der Bewerber bereit ist, sich selbst authentisch einzubringen und auch in Frage stellen zu lassen. Unter authentisch verstehen wir die Übereinstimmung von Wort, Gefühl und Körpersprache. Die Bereitschaft hierzu kann über das „soziale Atom" getestet werden. Dabei externalisiert der Teilnehmer seine Beziehungsstrukturen im Spiel mit Bauklötzen und Figuren. Er spricht nicht nur *über* seine Bezugspersonen, sondern auch *zu* ihnen. Indem er dann deren Rolle übernimmt, antwortet er sich selbst und kommt meist rasch in seine tieferen Gefühlsschichten hinein. Sind mehrere Teilnehmer beim Einführungsgespräch, so können auch andere Teilnehmer Rollen übernehmen, die er doppelt, was bereits Teamarbeit erfordert. Ein weiteres – beabsichtigtes – Ergebnis dieses Spieltests ist, daß der Bewerber ganz buchstäblich auf den Boden kommt und die Spielsituation des Kindes erlebt in der Wahl zwischen Farben, Formen und Figuren. Vielfach entdeckt er dabei, daß das Kind in ihm noch sehr viel flexibler, spontaner und kreativer ist als die einstudierte Art begrifflicher Mitteilung des Erwachsenen.

Die Wiederentdeckung ursprünglicher Fähigkeiten, wie sie im natürlichen Kind oft noch vorhanden sind, ist eins der Ziele der Fortbildung. Dabei wird über den gestalttherapeutischen Ansatz Körperleben und Körpersprache im Hier und Jetzt bewußt erfahren und die Umwelt in diese Bewußtheit einbezogen. Dies „entlastet" u.a. die Kopflastigkeit von Diskutiergruppen und führt zu größerer Offenheit der Begegnung. Über den psychodramatischen Ansatz erleben die Teilnehmer ihr Rollenverhalten (Rollentausch), ihre Übertragungen (Antagonistenwahl), ihre Kreativität in der Selbstdarstellung im Spiel und ihre Integration durch die Selbstfindung und das Angenommensein in der Gruppe bei Durcharbeitung eines persönlichen Problems.

Hat sich nach den Einführungsgesprächen eine Gruppe gebildet, so verzichtet der Leiter auf funktional strukturierende Vorgaben. Die Teilnehmer erleben statt dessen z.B. gemeinsames Schweigen, das zunächst z.T. stumpf, ja peinlich, dann hörend und kreativ erfahren wird. Das Erspüren der Körperbefindlichkeit, ein Zwiegespräch mit einem persönlichen Gegenstand u.ä. führen aus den gesellschaftlichen Gruppenklischees heraus in die Mitteilung persönlicher Betroffenheit. Überraschend für viele Teilnehmer ist nicht nur diese Mitteilung innerer *Selbstwahrnehmung*, sondern auch das Experiment mit *Fremdwahrnehmung:* So z.B. wenn zwei Teilnehmer, die sich noch völlig fremd sind, ohne jede Befragung sich gegenseitig vorstellen. Sie setzen sich gegenüber, nennen ihren Namen und nehmen sich etwa zehn Minuten averbal von Kopf bis Fuß wahr, wobei (etwa) ein Stoffball zwischen ihnen hin- und herwandert. Dann stellt sich der eine hinter den andern, nennt dessen Namen und erzählt – frei vermutet – im Ichstil dessen Biographie, Interessen, Familienbeziehungen. Es ist immer wieder für die Beteiligten überraschend, wieviel davon „stimmt", d.h. averbal erfaßt und übertragen wird. Am Schluß dieser Runde berichtigt und ergänzt jeder Teilnehmer die Fantasie-Vorstellung von sich, was oft Anlaß zu viel Heiterkeit und Nähe ist. In jedem Fall wird die Fremdwahrnehmung geschärft und das Interesse an ihr geweckt – und damit eine weitere Voraussetzung zur Teamfähigkeit.

Die dabei gleichzeitig geübte Form des Doppelns führt zur Stärkung auch des *Einfühlungsvermögens.* Das Psychodrama entwickelt von Spiel zu Spiel diese Fähigkeiten mehr; denn wer sich nicht in die Lustgefühle und seelischen Schwierigkeiten (Angst, Eifersucht, Rivalität, Liebesverlust) einfühlen kann, wird kaum teamfähig werden.

Aus dem mitgebrachten und bewußt werdenden Konflikt- und „top-experience"-Material ergibt sich dann die Psychodramaarbeit der Gruppe, die im Unterschied zur Gestalttherapie und Psychoanalyse wirklich zur Mitarbeit gebraucht wird. Denn wenn die Konfliktszene nachgespielt wird, wählt der Protagonist als Regisseur sich die Mitspieler aus, die gestalt- oder wesensmäßig seinen Bezugspersonen entsprechen. Meist vollzieht sich hier ein Übertragungsvorgang, der sich im Verlauf des Spieles soweit steigert, daß der Protagonist sich schließlich ganz situationsgetreu verhält (z.B. den Kindheitsdialekt wieder spricht), weint oder zittert wie einst vor der Mutter. Damit auch die Mutter situationsgetreu reagiert, übernimmt der Protagonist zwischenzeitlich ihre Rolle im Rollentausch. Die Rollenübernahme wie auch der Rollentausch erfordert stets neue Einfühlung, was durch die jeweils aufgebaute Szenerie erleichtert wird.

Während nun in der Psychoanalyse der Therapeut alle *Übertragung* auf sich zieht und dementsprechend in einem längeren Prozeß auch wieder lösen muß, löst sich im Psychodrama die Übertragung auf die Protagonisten nach der Beendigung des Spiels im Sharing und Feedback ganz zwanglos. Was bleibt, ist das nacherlebte „Zweite Mal" einer früheren Szene, deren Trauma nun integrativ bearbeitet ist, die „sur-plus-reality" Morenos. Einfühlendes Doppeln kann auch für den Umgang mit Abwehr und Widerstand des Protagonisten wichtig werden. Wer in der Gruppe auch immer den Grund der Abwehr zu erspüren meint, doppelt direkt oder paradox den Widerstand des Protagonisten und holt ihn damit u.U. aus der Selbstblockierung heraus.

Mit der Steigerung des Einfühlungsvermögens von Spiel zu Spiel geht auch die *Rollenflexibilität* einher. Denn jeder in der Gruppe kann in jeder Rolle vom Kleinkind bis zum verstorbenen Großvater gewählt werden und erlebt sich darin. Dazu kommen Gruppenspiele, wo Märchen-, Tier- oder Maskenrollen übernommen werden. Indem jeder nicht nur sich, sondern auch den andern in den verschiedensten Rollen erlebt, lockert sich sein spezifisches Rollenverhalten z.B. als Arzt, Schwester oder Pfarrer zusehends auf. Dadurch bekommt er auch in seinen Berufsgruppen mehr Kontaktmöglichkeiten als zuvor. Vertreter dieser Berufsgruppen und der Sozialarbeiter klagen oft, daß es kaum zu innerlich aufdeckender und begleitender Fürsorge bzw. Seelsorge kommt im Rahmen des beruflichen Rollenverhaltens. In der Fortbildung stellen sie zunehmend fest, wie durch die geschärfte Selbst- und Fremdwahrnehmung, das Einfühlungsvermögen und die Rollenflexibilität sie bei ihrer Klientel genau das erfahren, was sie vorher vermißt hatten – nämlich Offenheit und Vertrauen.

*Aggressivität* ist bei Personen, die im Sozialbereich und in der Kirche tätig sind, oft so tabuisiert, daß sie nicht im Vordergrund ausgetragen wird, wo sie kreativ sein könnte. Sie wird vielmehr in den Gefühls- und Gesprächshintergrund gedrängt, wo sie in der Regel destruktiv wirkt. Ganze Klinikstationen und Gemeinden werden ineffektiv in ihrer Arbeit, weil ein latenter Streit zwischen ihren Mitarbeitern jede Kooperation verhindert. In der Psychodramagruppe werden unterdrückte Aggressionen

## Soziometrischer Introtest der Fortbildungsgruppe 80/82

| Name der testierenden Person: ______ | aktiv teilgenommen, ins Erleben hineingekommen und dieses ausgedrückt als | | | | | | | dabei gezeigtes Maß an | | | | | | | | | spezielle Bemerkungen: ***(für Grad.)*** S = Souveränität I = Improvisationsvermögen C = Cooperationsfähigkeit |
|---|---|---|---|---|---|---|---|---|---|---|---|---|---|---|---|---|---|
| Name der Getesteten: | Gruppenmitglied | Protagonist | Antagonist | Doppler | Feedbackgeber | (Co)Leiter (nur bei ***Grad.***) | Sharinggeber | sprachliche Differenzierungsfähigkeit | Spontaneität | Rollenflexibilität | Einfühlungsvermögen | Selbstwahrnehmung | Fremdwahrnehmung | Belastbarkeit | Kreative Aggressivität | (Co)Leitungsfähigkeit (nur bei ***Grad.***) | |
| 1 | | | | | | | | | | | | | | | | | |
| 2 | | | | | | | | | | | | | | | | | |
| 3 | | | | | | | | | | | | | | | | | |
| 4 | | | | | | | | | | | | | | | | | |
| 5 | | | | | | | | | | | | | | | | | |
| 6 | | | | | | | | | | | | | | | | | |
| 7 | | | | | | | | | | | | | | | | | |
| 8 | | | | | | | | | | | | | | | | | |
| 9 | | | | | | | | | | | | | | | | | |
| 10 | | | | | | | | | | | | | | | | | |
| 11 | | | | | | | | | | | | | | | | | |
| 12 | | | | | | | | | | | | | | | | | |
| 13 | | | | | | | | | | | | | | | | | |
| 14 | | | | | | | | | | | | | | | | | |
| 15 | | | | | | | | | | | | | | | | | |

| | | | |
|---|---|---|---|
| | | | |
| | Bewertungs-Skala: | +3, +2, +1, 0, -1, -2, -3 | |
| SELBST als | Protagonist (Problem, Szenen): | Antagonist (Rolle als . .): | |
| | | | |
| | | | |
| als | Leiter bei . . . | | |
| | | | |

nicht nur in der Spielszene nacherlebt und ausagiert. Auch in der Gruppe selbst vorhandener Ärger, Wut und andere Störungen werden offen ausgesprochen und ggf. adäquat ausagiert bis zu Ringkämpfen unter bestimmten Regeln, die Verletzungen ausschließen. Dabei wird nicht selten erlebt, daß das Austragen der Aggressivität neue Gefühle von Nähe und Kooperation auslöst.

Andererseits müssen Differenzen auch ausgehalten werden gegen alle Harmonisierungswünsche. Die *Belastbarkeit* eines Gruppenmitglieds wächst, wenn Aggressionen nicht verdeckt, sondern offen ausgetragen werden. Im Trainingsfeld der Gruppe kann jeder auch das Maß seiner individuellen Belastbarkeit finden, das ihn vor Zusammenbrüchen seines inneren Systems z.B. in Partnerschafts- oder Kollegenkonflikten bei seelischer Überlastung schützt.

Schließlich wird die Fähigkeit zu *sprachlicher Differenzierung* je nach Person und Situation sowie die Beachtung der Körpersprache im Hier und Jetzt durch die Gruppenbegegnung im Laufe von zwei Jahren eingeübt. Die Offenheit in der Gruppe macht gleichzeitig den Schutz der Verschwiegenheit gegenüber Dritten zur Selbstverständlichkeit, zumal andernfalls sofort eine scharfe Reaktion der Gruppe zu erwarten wäre.

Nach einem Jahr, d.h. 24 Fortbildungseinheiten von je sieben Stunden, erfolgt der erste Introtest der Gruppe. Hierbei beurteilt jeder Teilnehmer jeden nach den anfangs genannten Fähigkeiten (s. Musterblatt). Entsprechend der Beurteilung hat im zweiten Jahr jeder die Möglichkeit, auf bestimmte Mängel zu achten und sie bis zum Graduierungstest auszugleichen (21 FE). Nach der Graduierung erprobt der Teilnehmer seine Fähigkeiten als Coleiter oder in seinen berufsbezogenen Gruppen, in die er behutsam Gestalt- und Psychodramaelemente einbringt. Dabei verbleibt er noch ein Jahr in Supervision, um sein eigenes Verhalten kritisch zu überprüfen und auch mit Diagnostik sowie Krisenintervention umgehen zu lernen. Erst nach dem Supervisionstest ist seine Graduierung abgeschlossen (60 Fortbildungseinheiten à 7 Std).

Als Ergebnis kann nach dieser Fortbildungsarbeit unter Berücksichtigung gemeindepsychologischer Perspektiven, die von Fall zu Fall variieren, als signifikant festgestellt werden, daß sich nicht nur die Team- und Integrationsfähigkeit der Mitarbeiter erweitert, sondern sie diese Fähigkeit auch ihren eigenen Gruppen vermitteln, die zuvor durch Fluktuation, Ideologie- und Theoriegegensätze in ihrem Bestand gefährdet waren.

**Kontaktadresse:** Dr. Hans-Heinz Damm
Stolpmünder Weg 9
D-1000 Berlin 27